U0044773

用生命博取自由（下）

周繼能——

編著

目錄

回眸與沉思

「老卒友」陳斯駿先生 —————————————

回眸與沉思

南中國的知青偷渡潮
——廣州培英中學老三屆調查

阿陀

　　廣州培英中學，前身是美國基督教長老會委派那夏禮博士於1879年在廣州沙基創辦的一間書院「安和堂」，其後不久改名「培英書院」，並於1890年發展為正規中學，是中國開始現代教育的第一批學校之一（該教會同期先後在廣州香港等地創辦的中學還有真光、培道、培正、聖心、青年會、協和、聖三一、興華、美華、中德、真中、明德等校）。1953年培英中學改名廣州第八中學，文革後1984年恢復培英中學原名。

　　一九六六年文革開始之前，培英中學是廣州市排名前十的優秀中學。這間百年名校師資力量雄厚，學校有科學館、圖書館、大禮堂、大型足球運動場，還有全市中學獨一無二的江邊游泳場。當時全校共有初高中二十九個班（初中17，高中12），總共一千四百個學生，學校規模是有史以來最鼎盛的時期。

　　一九六八年底，文革暴風驟雨式群眾運動階段漸漸結束，中小學重新開課，全國城鄉幾乎所有中學的六屆中學生同時「畢業」，其中大部分人被分配安置到農村或國營農場。培英中學當時「留城」（包含升高中）和其他原因沒下鄉的學生約有三、四百人，其餘將近百分之八十的初高中學生共約一千人都不得不上山下鄉。培英和當年廣州市絕大多數中學一樣，下鄉安排主要分去海南（或湛江）國營農場和在省內農村這樣兩大方向：其中去海南島的將近三分之一，投親靠友回鄉或到其它地方農村插隊的也有約三分之一，地點多在廣州周邊地區，餘下略多於三分之一的400人左右，大部分第一批被定向安排在珠江三角洲，位於廣州和香港之間珠

江航道旁的番禺縣六個公社,其餘的第二、第三批被分到東莞縣或博羅縣農村。

一九七一年,整個廣東農村的廣州老三屆知青,在下鄉兩年以後,主要以珠江三角洲中山、番禺、東莞、寶安及惠陽等地區為跳板,開始了大規模的知青逃港潮,培英知青成了這次大潮的其中一股潮頭,下鄉番禺的知青將近一半人捲入偷渡,該校更有兩位數的男女生不幸葬身波濤……

關於這次背景特殊,規模浩蕩,情狀慘烈,影響深遠的知青逃港潮,無論官方還是民間,至今沒見任何文字專門記載研究。

第一部:培英中學老三屆知青逃港調查

一、逃港人數統計

自1971年至1974年,培英老三屆知青共有兩百多人偷渡香港,他們主要是分配番禺、東莞及博羅等地的同學,也有小部分是原來在其它地方下鄉插隊的。他們中大部分人在歷盡千難萬險,經多次失敗以後,終於登陸香港島(以及澳門)。其餘除少數失敗折回最終放棄偷渡以外,還有不少不幸罹難於途的。

根據筆者隨機對十個班(初三全部四個班和初二一個班及高三全部五個班)專門調查,據不完全統計,這十個班曾參與偷渡人數加起來,共有71人,已經確認偷渡成功的有54人(80%),中途死亡6人(8.6%),其餘除了失敗退回原地的,幾乎每個班都還有數名下鄉同學長期失聯失蹤,是否因為偷渡?生死如何?皆無法確認。

如果以此類推,全校29個班平均每班應該有7.1人曾偷渡,全校偷渡總人數應該就是200人左右,成功到達香港(以及澳門)的應該是150人左右(全校學生的十分之一)。這個數字也從另一途徑得到證實:

七十年代中期,在香港的培英和真光(偷渡)校友來往密切,經常聚會。每聚必有飯局,於是就要數人頭訂位、收款。據當時的熱心組織者真

光校友歐國梁回憶：兩校參與聚會的人常在二百到二百二十之間，加上一些沒出席的，在港的兩校偷渡學生應有三百人上下。兩校總人數接近，分配同一範圍，偷渡的情況也相似，以此推算，培英有約200人偷渡，其中150人左右成功的估計應是可信的。

這個數字意味：全校老三屆畢業生起碼百分之十偷渡到了香港。

下農村插隊同學參加偷渡比例約百分之二十，其中主要原因是下鄉地點臨近水道，有便利因素，珠江三角洲地區的知青捲入偷渡，接近下鄉該地區人數的一半。

要統計出準確的偷渡數字幾不可能，不要說事隔四十年，即便是事發當年也很難，原因是偷渡總在暗中進行，有些人失敗後悄悄返回原地並無人知曉。幾乎所有失蹤者都是「生不見人死不見屍」，其中只有部分能夠通過家人基本判斷為死亡，另一些恐怕永遠無法確認。但這從另一個角度也證明筆者的調查數字還是比較保守的，實際偷渡及死亡人數應該更多。

二、知青逃港原因

廣州中學生逃港在文革高潮的1967、1968年就已零星出現，1968年年底下鄉以後逐漸增多，但大規模外逃，基本還是在1971年以後的事。時間點之所以發生在下鄉兩年以後，除了熟悉環境和準備偷渡需要一定時間，共同的主要原因是對留在農村的個人發展前途悲觀絕望。

1、經濟上翻身之日無期

培英同學主要被分配在番禺縣的南沙、欖核、靈山、大崗、黃閣和萬頃沙等六個公社（真光中學也被安排在同一地區）。這一帶位處珠江三角洲，是一代代人圍海造田開墾出來的一塊富饒美麗的土地。

知青第一次可以放開肚皮吃到香噴噴「新米」，比城裡限量供應的壓倉陳年米不知道好多少倍；蔬菜都是自留地種的，不用花錢且新鮮；每逢生產隊刮魚塘、殺豬宰牛時還可以打打牙祭。

下鄉第一年，政府下撥每人230元的安置費。由於改造空置房或搭建簡易住房（草寮）花費不多，不少地方將餘款作為生活費補助發給知青，

一般都有（每月）10元上下。那時的物價低，油鹽醬醋花不了幾個錢，這是一個很重要的保障。

少管束，較自由，距離廣州又那麼近——當天都可以來回……相對於全國各地大部分下到窮鄉僻壞的知青而言，應該說他們已經是得天獨厚、非常幸運的了。但即便是這樣，知青在經濟上也普遍是捉襟見肘的。

當時南沙公社最富裕的生產隊一個工分的分值最多也就是一角多錢，但大多數生產隊分值只是七、八分錢的水準，差的二、三分錢也有。假定分值一角錢，一個強勞力一天滿分十分，值一元，全年可有三百多元。知青一般不屬強勞力，評個七、八分就不錯了，一年出滿勤，好的情況下也就分兩百塊錢左右，生產隊扣去全年糧食和魚肉油糖賬等，辛苦一年，發到手已所剩無幾。如果所在生產隊分配水準低，或者自己回城多出勤少，年底不但沒錢分，還倒欠生產隊的。特別是第二年停發津貼以後，一半以上的知青經濟上不得不靠家人接濟。不管報紙上如何宣傳，廣州人對省港兩地生活水準的巨大差異都是心知肚明的，知青又普遍收聽香港電臺的廣播，兩相對比，希望改變處境，嚮往富裕的生活的願望也是人之常情。下鄉第二、第三年，在嚴酷的現實面前，學生時代的理想主義已經蕩然無存，部分知青決心鋌而走險尋找自己的幸福。

2、政治上被歧視難以改變

1968年培英中學老三屆的分配方案基本是三個地點：留城、海南和下農村。初中每班大約都有20%的名額留校上高中，這些人都要求是出身好的「紅五類」，高中留校當輔導員或參軍的，也多是軍幹子弟等「紅五類」。去海南國營農場要經過一定的政審，出身不好的人即使到了那裡，在嚴密的組織體制內，也難有好的發展。許多家庭背景政治條件差一些的同學選擇下農村，其中的因素也包括鄉下相對自由一些，管得不那麼嚴。但其實農村一樣也是講階級路線的，初三（2）班張×恕，因為出身不好，文革中又捲進過武鬥，分配時哭著要求去海南被工宣隊拒絕，下鄉頭兩年勞動很拼命，下面生產隊推選為知青積極分子，上面一查檔案就壓住不批，後來他選擇蹈海。高三（5）班梁×中，和弟弟在同一個隊，出工

滿勤，副業也搞得好，生活還不錯，但考慮到自己出身不好，將來有什麼機會也輪不到自己，最後還是跑了。初二（5）班的蔡×梅，文革前是班長，文革開始以後當工程師的父親成了牛鬼蛇神，她被同班同學批鬥，下鄉以後也跑了。

同樣是下鄉，同等的經濟條件下，有的人留，有的人跑，原因當然很多也很複雜，要看香港那邊有沒有親戚接應落腳，要衡量自己身體條件在路上吃不吃得消，要自問有沒有冒險的膽量等等。但還有一個重要的因素，就是從自身的政治條件估量自己留下來可能的發展前途。學校分配已經把學生人為地分成「留城」和「下鄉」兩個等級，下鄉後又再分為「可信任」和「不信任」兩個層次，知青底層多逃港就不足為奇了。

3、個人所長得不到施展

有的知青所在的生產隊分紅不錯，自己也被信任培養，最後還是跑了，這又是什麼原因呢？

高三（6）班陳×成，下鄉後勞動積極，加上身體強壯，領悟快，不久就成了農活好手，和農民強勞力一樣拿10個工分，他憑自己扎實的物理知識基礎，在抗洪搶收的關鍵時刻修好了隊裡抽水機，後又畫圖設計備料親手幫助生產隊裝起了碾米機，從此農民不用再辛苦撐船到公社墟鎮碾米廠碾米。當地農民對他很信任，讓他當上基幹民兵，在主要是防偷渡的邊防哨所值班，長達兩年都沒偷渡，最後還是突然不辭而別，當時農民都覺得不可思議。

四十年後的今天，筆者就這個問題請教陳×成。陳答：我的一個哥哥是北大畢業，在香港的哥哥也是高級工程師，「周身執照」（滿身都是通過各種專業技能考核的不同證書）。自己本來1966年一心是要考大學的，現在放我到農村，我能做的最多也就是這樣了，一輩子，怎麼心甘？

和陳×成同樣想法的高中學生不在少數，培英高三級五個班，共有三十四人以上參加過偷渡，可能是全校六個年級中相對人數比例最高的。據當年高三的班主任饒成葆和余柏茂老師回憶：文革前高三級已考過畢業試，成績相當不錯，當時經過摸底，估計這屆畢業生的大學升學率將超過

以往歷屆，可見這批學生的整體文化素質比較高，自然每個人對自己的期望值也高，不願意屈就農村一輩子。

4、身處有利偷渡的環境

其實知青面臨的困境不論東西南北，全國皆然，為什麼唯獨南中國的知青會偷渡，且成潮流？原因很簡單：第一是南方相對開放，一般市民長期嚮往香港生活方式。南方人多有親朋戚友在港澳，因此普遍對香港這個有更高生活水準的社會有一個基本認知，這不是任何強勢的宣傳可以抹去的；第二是廣東毗鄰港澳，水陸兩通，五十年代初封關以後偷渡就沒停過。有這樣的歷史淵源，廣州知青偷渡港澳就順理成章了。

培英中學偷渡比例高於當時大多數其他中學，還有兩個特殊有利條件：

第一是分配的下鄉點主要集中在番禺六個公社，是平常人不可以隨便進出的準邊防地區，因為臨近通往香港的珠江航道，依靠平時農耕使用的交通工具小艇就可能逃到香港；第二是學校原本就有自己的游泳場，絕大多數學生都會游泳，因此即使因為投親靠友等原因下鄉其它地方，也有相當數量的知青從陸路到寶安後海灣（深圳灣）或經惠州大鵬灣泅渡過香港。

三、一條千難萬險的不歸路

當年偷渡香港有多難？說難也有不難的──筆者同班同學陳×津最近在電話中對筆者說：別人以為過香港有幾難，其實好易，一路上航標燈，順住棹艇（划船），天光就到啦！

確實，一次成功，有驚無險的幸運者也是有的，但畢竟只是極少數。就像這位陳同學，他本人也是第二次偷渡才成功的，而且中間有一次擺在面前的機會他放棄了，原因是剛從監倉放回來，體力不濟，結果他幸運逃過一劫──那船人當晚就在這條航道上全軍覆沒。

和大多數偷渡者大同小異，培英知青的逃港之路有不少人經歷了如下幾部曲：熟悉情況，籌劃準備，闖關上路，經歷失敗……

熟悉情況──對於主要分配在珠江三角洲的培英人，因為多是乘船

走水路，首要掌握的就是水文知識，每年只有九月到來年三月的半年「水期」可以上路，根據潮汐變化，每月也只有幾天是順風順水的——否則誰也不夠體力划船過去。但這幾天裡會不會遇到颱風？能不能避開民兵的哨卡？都是未知數，所以剛開始落腳未定的知青，就是有心要走，也不敢輕易上路。

至於在邊防區以外一般走陸路，最後要游水過去的知青，難度就更大了，能不能進入邊防區都是一個問題，所以首先要到處找過來人「教路」（可能要付報酬，至少「請飲茶」）。摸清沿途哨卡位置、山頭路徑、水流情況及海面巡邏規律等。

籌劃準備——為什麼前述培英高三的五個班比初中的五個班成功率要高得多，死亡率則低得多？年齡是很主要一個原因——高年級的比較成熟冷靜，通常計劃周密，另外更高的知識水準也有助成功。

遠在畢業分配以前，1968年夏天，培英中學有高三學生胡×雄等在武鬥混亂中進入廣州外貿大樓，無意中發現牆上有珠江三角洲的高倍放大地圖，有人用手比劃一下，原來番禺、寶安等好些地方和香港只是一水之隔，一碼之遙，去香港比往廣州還近。當即就用半透明的信箋紙覆蓋在地圖（局部）上，用筆描摹複印下來，之後這張地圖在高三部分同學中輾轉傳抄。不久得知本校分配地點正在地圖範圍，一些人大喜過望，原來不願下鄉的也改變主意爭取下去。

下去以後，他們還做了長期的準備工作，如觀察潮汐變化，計算水流風向等（絕不會像一些初中生那樣未摸清情況就莽莽撞撞下水最後導致失敗）。

一般決定行期後，就要找偷渡工具。

水路靠船，有經濟能力的湊錢悄悄買一條，不然就偷，偷還不能打「窩邊草」——偷本隊的艇會犯眾怒，萬一失敗回來無法面對，多數偷鄰隊的，或到墟鎮碼頭趁亂解一條。

陸路可能要弄一輛自行車和乾糧準備長途跋涉，當時進入邊防區都得要證明。或塗或改，各顯神通。筆者住在廣州豪賢路的一個表親，自已沒

有偷渡，卻利用照相顯影曬相的原理仿造出幾可亂真的假證明，幫助好幾個朋友成功偷渡。

闖關上路——每一個偷渡者的故事都是驚心動魄的傳奇。

經歷失敗——大多數偷渡者都不是一次成功的，「落格」（坐牢）兩三次很普遍。筆者的同學黃×漢在電話裡說：我都記不清走過幾多次了，十次八次恐怕都不止。據另一位老同學張×恕回憶，第一次他和黃×漢一起偷渡，半途農用艇入水不得不登島，被邊防軍的狼狗發現，抓住後捆在樹林裡打了一夜霧水，後來關押時黃又被臭蟲咬得生殖器發炎，結果發高燒大病一場……幸虧這位黃同學不是每次失敗都被抓住，他只給關了兩次，後來終於成功了。我所知培英偷渡者最高紀錄是失敗六次，「落格」六次，最後是看守邊防的民兵同情他，把他送了上船……

關押期間惡劣的環境和揪心的饑餓令每一個經歷者終身難忘，還好每次關押的時間都不太長，一般不超過一個月就通知大隊派人來領回去了，於是養好身體恢復元氣後又「再接再厲」。最為可怕的是有的地方私設土牢懲罰偷渡者，高三吳×光曾因偷渡在順德坐過「竹牢」，他曾向同學描述：

「竹牢」——一種竹編的長方形的籠子，寬窄僅可容一人直立，如果腿軟想蹲下，四面鋒利如刀片的竹篾就會割到，關一次就遍體鱗傷。

順德還有「水牢」——水中立一椿，頂部僅一尺寬，人坐其上，雙腿必垂入水中，只好站或蹲，時間長不免困乏，跌落水中，落湯雞，重新爬上椿……如此往復。

在偷渡中最容易受到傷害的是女性，有的人被狼狗撕咬以後終生生活在恐懼的夢魘中，有的人因為月經期間長時間浸泡在冰冷的海水中導致終生不育，有的人被民兵抓住以後羞辱強姦，呼天不應，入地無門。

大多數人失敗了都會再來，直至成功，但也有為數不少的失敗者，永遠不可能再有下一次了。

四、葬身伶仃洋的培英人

培英老三屆學生1968年畢業分配以後，四散各方，直到近年生活安定，大部退休以後，才逐漸恢復聯繫，越來越頻繁聚會。於是原來不大為人所知的某某同學當年在偷渡中死亡或失蹤的消息才逐漸傳開。但一般知道的也僅限於本班、本年級或同一下鄉地點的同學，多半以為是個別的偶發意外事件。培英中學有漂亮的校史館，但校史上對當年老三屆的偷渡和死亡不著一字。

1、已經調查發現八名死者

筆者至今還沒有能力完成對全校29個班的全面調查，但就是前述最近抽查的十個班，也已經證實有六人死亡，加上筆者瞭解到的其他班兩人，總共在十二個班發現八名死者，他們是：

沈南武（初一（5）班）——培英數學老師沈文武之子，下鄉偷渡翻船死亡。

彭樹淦（初二（1）班）——下鄉偷渡死亡，資料闕如。

蔡靜雯（初二（1）班）——女，文革前是班長，因為工程師父親文革中被揪鬥。蔡靜雯也被同班同學批鬥，還逼其改名。下鄉後數次偷渡都不成功，最後一次失蹤。

何榮祖（高三（4）班）——根據同班同學黃天源紀實文學《魂飄大海》，歸納如下：插隊博羅，條件很差，經濟拮据，不是靠家裡寄錢就是向生產隊預支分紅。1973年春節前，第一個寒流將至的夜晚，瞞著母親和家人，第三次「起錨」（偷渡）。送行的朋友勸他：起風了，今晚是不是不走？他豪氣地回答：風高夜黑，正是好時機，哪能放棄？一個月後，同行的朋友已經被返解押回生產隊批鬥，他杳無音訊。

傅穗生（初三（4）班）、梁成根（初三（4）班）、梁啟光（初三（4）班）、梁啟成（初一（7）班）——傅穗生、梁成根和梁啟光三人是同班同學，梁啟成是梁啟光弟弟。四人都插隊在南沙公社。傳說一九七二年年初海上偷渡遇風翻船死亡。由於這是目前已知是培英人在偷渡潮中最

大的集體死亡事件，筆者專門做了追蹤調查，以下是三段材料拼接。

2、追索梁成根之死

同班同學岑×棉回憶：我和梁啟光住一個「寮」（茅草房），那天他們四個都來了，在我這裡吃飯。梁成根不是我們隊的，他是東瓜宇大隊的。我隱隱約約知道他們是商量「督卒」（偷渡）之事。吃過飯後他們就動身了，當時不知道他們是上路。大約過了十幾二十日，年尾，快過年了，梁啟光的姐姐到我這裡來找弟弟，說她家在香港沒親戚，應該不會是……我回答，那天你兩個弟弟在我這裡吃完飯就走了，其餘我什麼都不知道。送他倆的姐姐一出門，她就大哭，說現在沒有一點音訊。

第二天我回到廣州，約了幾個同學去芳村梁成根家——他們是水上居民，大概因為相信他懂水，他們才約了一起走。結果梁成根的母親一點都不知道他兒子走了，以為他還在農村。以後聽說是颱風翻船死了的，都沒有辦法證實，不過我記得他們走的那天晚上是起風了。

初三（2）班陳×津回憶：「那天晚上，他們來到我這裡，槽船大隊。我知道他們要走，我剛剛放出來，渾身散了，沒有力氣跟他們走。我癱在床上，是江×給他們做的飯。他們吃過飯走了，以後就聽說翻船死了，到底是怎麼死的，只有他們自己知道。」

初三（2）班江×回憶：「我不記得給他們做過飯，不過後來是聽說他們被罾網掛住才死的。」

初三（4）班趙×琦回憶：「1973的7月中，我碰到沙螺灣大隊的民兵營長劉金喜，他笑嘻嘻地問我是否知道誰叫梁成根，我如實對他說了。劉又問我是否知道梁如今在何處，我說不知道。原來，一年多前，劉曾接到寶安縣來的通報，說在一具知青的屍體上找到一張『南沙公社 東瓜宇大隊』的證明，屍體被寶安漁民的拖網船所撈到的，然後就扔到寶安讓沙堆埋葬了。我想不會是他吧。1973年10月，我到了香港，向同學打聽他們的下落，但沒有任何人知道。可是在人們口中相傳，他們幾人，和梁啟光的弟弟，在他們出海的當晚就被颱風捲沒了。快四十年了，他們幾位從此就從人間消失掉」。

第二部：對南中國知青偷渡潮的觀察與思考

當年廣州上百間中學老三屆下鄉知青的偷渡情況如何？這是一段被當軸者刻意隱瞞，也不可能查得清的一段歷史。筆者之所以將之定位為「第三次逃港潮」，原因一是因其規模，二是因其影響。

培英中學的偷渡只是整個廣州知青逃港潮的一個縮影。

一、廣州老三屆知青偷渡的規模

範圍：全市每間中學都有學生捲入

培英中學老三屆偷渡調查是不是特例？有沒有代表性？筆者可以肯定回答，當時的偷渡是全市規模的，可以說百分之百涉及到每間中學，差別只是由於下鄉分配地點或其他因素，各校偷渡人數多少才有所分別，估計按一千人一間學校平均計算，每校逃港幾十人是很平常的。雖然不可能有全市中學的偷渡資料可以查證，但相信各校的老三屆人都能證實這一點。筆者也隨機抽樣調查過幾個學校班級：

九中初三（2）班55人，下鄉37人，大部分分在寶安和花縣，偷渡6人，成功6人。

二十二中（真光）初三（4）班54人，大部分下鄉番禺等地，偷渡6人，成功5人，死亡1人。

二十二中（真光）初三（5）班42人，大部分下鄉番禺等地，偷渡7人，成功6人，死亡1人。

華師附中初三（3）班51人，大部分下鄉到東莞等地，已知偷渡並成功1人。

三中初三某班約60人，大部分下鄉高要等地，偷渡的主要是投親靠友等原因下鄉寶安等地的同學，大約5、6人偷渡。

一中高三共四個班，每個班有大約一半的人被分配下鄉增城新塘公社，除了一個（以軍幹、高幹和高級知識份子子女為主的）班沒發現有人

偷渡，其餘三個班證實已偷渡過港的就有20多人。

十中初二某班30多人，已知偷渡海外3、4人。

地域：遍及全省，以毗鄰港澳地區居多。

前述培英和真光中學偷渡人數，保守估計平均每班大約6至7人，大部分是下鄉番禺縣的，已經身處邊防，鄰近港澳，有地利之便的。當年老三屆分配中，學校分配地區主要是：寶安、東莞、博羅、增城、惠陽及番禺、順德、中山、珠海、新會、江門等地，有陸路或水路通港澳的，情況應該是大同小異。不光是這些地區知青偷渡的比例高，同時下鄉粵北、湛江、海南等其他地區的兄弟姐妹、同學朋友通過他們作為跳板逃港的也不少。當時廣州老三屆分配是面向全省農村的，大部分學校的分配下鄉地點遠離邊防，不具備直接偷渡的條件，但下鄉第二、第三年以後知青普遍逐漸越來越不安心留在農村勞動，紛紛返城。滯留城市期間，接觸到各種偷渡資訊，同學朋友相互影響下，許多人開始「練水」，偷渡不僅成了知青中半公開的話題，而且成了一種相當普遍的行動。全省各地農村，知青不管來自廣州那個學校，都或多或少有人偷渡。即使下到海南或湛江國營農場的知青，經濟有一定保障，環境相對封閉，管理比較嚴格，利用回廣州探親機會偷渡，也時有發生。

二、開始與結束

從廣州「文革」群眾運動興起，中學以致整個社會相繼進入「無政府主義」狀態的1966年夏末開始，一年又一年，直到70年代中期，廣州市珠江游泳場、海角紅樓游泳場、越秀山游泳場、大金鐘水庫、中大碼頭、二沙頭、白沙河……等地點，一直是當時中學生最活躍的地方。人人都心知肚明，在這裡練習游泳的十有八九準備「較腳」（偷渡）。筆者在天津念高三的表姐，1968年夏天到廣州來探親，街上常常看見青少年肩挎汽車內胎，開始不明所以，後來才知道是去游泳，可能和偷渡有關。

筆者目前調查所知老三屆最早準備偷渡的第一個案例就發生在1966年夏天。

根據真光中學初三（5）班曾×萍回憶，她最早練習游泳準備日後偷渡，是「文革」大串聯開始後，學校沒人管的時候。據此推斷，這個時間點應該是1966年夏天9、10月份。從這時間直到1970年9月實施偷渡，她常常在白沙河練習游泳，她說：當時江面上游泳的青少年很多，大家互不來往，其實彼此都心知肚明。曾本人之所以早於大多數人在下鄉前就已經計劃偷渡，皆因家庭出身不好，從小生活在陰影中，知道在這個社會制度下自己沒前途，「文革」期間管制約束一旦放鬆，這個16歲體弱多病原來不會游泳的女孩子，就以驚人的毅力開始了漫長的自我拯救之旅，最後經歷三日兩夜（棲荒島），空腹游到澳門。

筆者目前調查所知老三屆最早實施偷渡的案例發生在1967年4月。

真光中學初三（4）班的羅×超，在本人還沒有思想準備的情況下，1967年4月由香港的母親為他搭線安排船隻成功偷渡香港。其父因為歷史問題受到管制，早在六十年代初就已隻身偷渡香港。他母親則是大半年前通過蛇頭乘船偷渡的，至此全家人得以團聚。

筆者目前調查所知，老三屆中「文革」期間最活躍的造反紅衛兵個別人，在1968年夏天畢業分配前已嘗試偷渡。

偷渡者並非都和家庭出身問題有關，培英初三（3）班胡×雄，家庭出身工人，是早期被選上北京天安門接受毛檢閱的「紅五類」紅衛兵之一，後來成了造反派頭頭。1968年夏天，武鬥硝煙未散，下鄉動員還沒開始，他就神不知鬼不覺悄悄偷渡一次，雖然失敗回來，但無人知曉。後來，下鄉三年以後，他終於成功抵港。筆者對胡某進行過多次訪談，瞭解到他的偷渡動力是直接來自於廣州普通市民家庭對有更高生活水準的香港社會的本能嚮往，同時「文革」運動也鍛煉出青少年弄潮兒不怕死的膽量。

由於「偷渡潮」持續高漲，超過了港英當局應付的負荷，1974年11月，香港政府宣佈實施「抵壘政策」，中國非法入境者若在偷渡到香港後能抵達市區，便可在香港居留，如果偷渡者在邊境範圍被執法人員截獲，則會被遣返大陸。當局亦因此加強在邊境的管制，以減少非法入境者進入市區的機會。

1980年10月23日，香港政府宣佈取消「抵壘政策」，轉而採取「即捕即解」政策，所有非法入境者一經發現，即須被遣返中國大陸。大陸中國的統治者此時亦拋棄了毛澤東時代的烏托邦共產主義模式，起碼在經濟上放鬆了控制，進入了所謂的「改革開放」時期，大陸人的生活得以逐步改善，澎湃的知青偷渡潮逐漸式微乃至結束。

三、關於偷渡潮的另類思考

　　中國上山下鄉運動中獨一無二的南中國知青偷渡潮，既是一段不可以迴避的痛史，也是一項可歌可泣的壯舉，更蘊含了推動中國社會進步的歷史契因。

1、反映了中國知青運動中被掩埋的最浩大最沉重最悲慘的一段痛史

　　當年南中國知青共有多少人捲入這次偷渡潮？又有多少人死於非命？筆者只是一個身居海外的業餘研究者，慚愧自己沒有能力調查出確實的數字，只能提供隨機調查的結果。

　　迄今為止，詢查過的廣州三十多位不同學校或同校不同班級的廣州老三屆知青中，幾乎是百分之百的班級都有人捲入偷渡，每個班少則幾人，多則十幾人。以此類推，全廣州一百多間中學（含中專、技校），歷盡千辛萬險，屢試屢敗，屢敗屢試，百折不撓，前赴後繼冒死「投奔自由」的知青——老三屆知青和前後不同屆的知青，該有幾千幾萬人？試問全國上山下鄉運動中任何地方，可曾發生過如此長期，如此規模，如此激烈的抵制和反抗？

　　成千上萬的知青「投奔怒海」，其中的準確死亡數字永遠不可能被統計出來，但這個數字一定是非常驚人的，是可以推斷出來的。前述筆者僅隨機調查廣州培英中學29個班中的12個班，確認死亡八人（相對而言，「文革」中被迫害致死的老師二人，兩派學生都捲入廣州幾乎所有大型武鬥沒死一人）。該校老三屆主要分配地點靠近邊防的地區，偷渡者多使用較為安全的農艇，無需泅水，尚且如此，可以想像其它大多數學校偷渡者的命運有多兇險。下面是一位知青對偷渡罹難者駭人聽聞慘狀的回憶：

「1974年8月，第五次偷渡終於成功。游水五個鐘頭之後，我們三人在東平洲島上岸，到警署再解過香港——我們好幸運，三個月之後，當年11月香港實行「抵壘政策」，（內地非法入境者若偷渡進香港後，成功抵達市區，便可成為香港合法居民居留香港；若非法入境者在邊境禁區被執法人員截獲，則會被遣返內地）。香港警察將我們一共十七、八個偷渡客送上船，從東平洲島到香港島要走三四個鐘頭，中途所見，成世都記得，如果之前見過，我一定不敢偷渡。

——當時成海都是死屍，船走一段就見幾件，好多好多，不是一下子好多，是這邊幾件，那邊幾件，在「水抱」（注：粵語指救生圈）圓圈中間，剩得個上半身，頭部奔拉在「水抱」上，下半身已經被鯊魚吃了。周圍海水「紅噗噗」的。我們那條船的船員說撈一件看是怎樣死的，撈上來，膝蓋以下已經斷了，還吊著皮……同船還有幾個女的，說原來和她們一起有男的已被鯊魚吃了，有的是咬斷腳後流血死的。」（鄔×芝口述）

試問全國上山下鄉運動中，任何地方可曾發生過有比這一幕更慘烈的天地慟鬼神泣的悲劇？

歷史已經翻過這一頁，但知青運動中被掩埋的最大最沉重的一段痛史，難道不應給我們某種教訓和啟示？明白這一點，一代人的青春和生命才不會白白付出。

2、代表了十年浩劫中人民爭取人權的壯舉

在關於知青上山下鄉的討論中，有一種觀點，認為當時大多數人還是自願選擇這條道路的。這真是荒唐滑稽得可笑！如果羊群別無選擇被趕進羊圈，驅入屠宰場，你能說它們是「自願」的嗎？1968年的老三屆中學生畢業分配，沒有任何個人選擇、抗拒的餘地，「根正苗紅」的小部分學生被照顧留城、參軍，從沒聽說有誰會「革命」地表示主動放棄，這本身就是對上山下鄉光榮的一種諷刺。不公正地被安排下鄉的大部分學生，之

所以對命運沉默順從，絕大多數人其實是逼於無奈，多年來灌輸教育下的理想主義在逆境下確實起了一定的精神支撐作用，當時也喊出一些豪言壯語，但這不能代表下鄉知青的真實思想。所謂「消滅三大差別」，其中和每個人最有切身利害關係的是「城鄉差別」，涉世未深的學生不一定明白，在當時制度下，沒有了城市戶口對自己將來一生的嚴重後果，但父母是一定心知肚明的。不管口號喊得多麼冠冕堂皇，無論毛本人的理想藍圖多麼宏大，上山下鄉運動從實際操作的第一步開始——剝奪這些城市人的城市戶籍，特別是其中一半還是未滿十八歲的男女青少年，就已經是專制制度下對人權的粗暴踐踏。從這個角度重新審視南中國知青偷渡潮——被驅離城市又在農村無法紮根生存的社會邊緣人，用最激烈的方式反抗上山下鄉運動，奮起冒死追求個人生存的基本權利，這正是「文革」浩劫中人民奮起爭取人權的偉大壯舉，對中國歷史向前發展起到了積極的正面推動作用。

3、體現了中國歷史的正確進步方向

給這段歷史定位，把千千萬萬知青付出青春和生命代價的抗爭看作僅止於個人幸福意義上的可以理解的追求，是遠遠不夠的，因為這一批當年叛離「共同富裕」的「社會主義康莊大道」，選擇走個人發展的「資本主義邪路」的青少年，正是最勇敢的歷史先行者。

南方的知青群體，相較於全國其它地方知青，有鄰近港澳的特殊地理條件，形成了此起彼伏的偷渡大潮。無獨有偶，十多年後，震驚世界的波瀾壯闊的中國改革開放大潮也是在同一地區卷起。

這不只是一種偶然的歷史巧合，兩者之間更有一種內在的聯繫：

偷渡，是人民對一種社會制度的義無反顧的否定和揚棄。是對西方民主自由制度的出自本能的認同和追求。

開放，是執政黨對自身制度的檢討和部分否定，是對西方社會制度的部分認同和學習吸收。

七十年代前期的老三屆人知青偷渡潮，只是前後持續三十多年的百萬廣東人民大偷渡歷史中的一個片段。正是人民前赴後繼用生命抗爭，

才最終迫使執政黨內的有識之士作出讓步，順應時代潮流，打開國門，使「文革」浩劫中被折騰得奄奄一息、一窮二白、民不聊生的國家重新煥發生機。

逃港知青從來不是英雄，他們只是社會底層的「卑賤者」，他們的行為哪怕再勇敢，多數人的動機也只是追求個人幸福。他們和劉文學、向秀麗、焦裕祿、雷鋒、郭鳳蓮、歐陽海、金訓華、李雙雙、江水英……這些和知青同時代被體制宣傳樹立起來的不食人間煙火的「英雄典型」有天壤之別。

逃港知青從來不是英雄，他們只是一些平平凡凡的老百姓，他們哪怕觀念再超前，也遠遠達不到林昭、遇羅克、楊曦光、顧准……等思想者的深度和高度，何況他們多數人的動機也只是追求個人幸福。

但他們前赴後繼「撲網」、「蹈海」、「著屍」、「火龍」……不惜冒失去生命的危險追求個人自由的堅強意志，正是我們這個長期被主義奴化、漸行萎頓的民族最缺少的精神資源。他們自己或許不會意識到，當他們不願屈從苟生，力圖把握自己命運之時，他們已經成為歷史的先行者。他們衝開重重深鎖的國門或許只是想改變自己，結果改革開放的歷史大潮由這縫隙而起，洶湧澎湃，勢不可擋，中國因此而改變。

據說當年蛇口開發區最早開始破土動工時，在沙灘上曾挖出不少白骨。一座舉世矚目的現代化新城，就是這樣聳立在無數偷渡者的白骨之上。

今天，南海之濱除了「開荒牛」和「珠海漁女」的城徽，是不是還應該為那些無足輕重的小人物，為眾多的偷渡者群體，安置另一座塑像？

——他們也是歷史的締造者，誰也沒有權利將他們遺忘！

四、美麗新世界

重讀英國作家阿道司・赫胥黎（Aldous Huxley）（注）寫於1931年的反烏托邦小說《美麗新世界》（Brave New World），對赫胥黎的歷史預見歎為觀止。

赫胥黎筆下的「美麗新世界」是一個分工嚴密的社會，人人各安其

位，沒有凍餒之虞，也沒有選擇之權，每個人從生到死都受控制，任何人都沒有個性，習慣於服從，視惡劣的生活環境和艱苦的勞動為幸福。因此這是一個快樂的社會。

如果你懷疑這種快樂，國家會幫助你用催眠術校正異端的思維；如果你感到不愉快，國家就提供一種叫「唆麻」的精神麻醉藥物讓你忘掉不愉快。人們失去了思考的權利，失去了創造力，把它們全都交給了統治者，甚至連家庭、愛情和父母也不需要，因為國家的箴言是：「共有、統一、安定」——國家利益才是至高無上的！

1958年建立的農村人民公社是中國特色「美麗新世界」雛形，1966年開始的「史無前例的無產階級文化大革命」推而廣之把整個中國「公社化」，就是要打造「史無前例」的「紅彤彤」的「美麗新世界」。知識青年上山下鄉運動只是「美麗新世界」實驗中的一環。我們現在還有許多老知青對那段歷史情不斷，理還亂，對當年的理想主義深深懷念，依舊陷在「美麗新世界」的迷思中不能自拔。南中國偷渡潮中的知青，紅色歷史對他們幾乎不著一字，認為他們是異類，是走「邪路」的人，和現在熱播的電視劇《知青》裡面極力塑造的那位胸懷大志帶領老百姓走「共同富裕」道路的陝北知青趙某，是「兩股道上跑的車，走的不是一條路」，他們只是上山下鄉運動中的逃兵……但是，但是只有他們，才是真正的清醒者！

「血沃中原肥勁草，寒凝大地發春華」。

三十多年前，老三屆人中的一部分人，不惜生命前赴後繼勇敢追求的那個真實的「美麗新世界」——民主自由富足的世界，才真正代表了中國人民的幸福未來！

（謹以本文紀念在大時代中為追求幸福理想葬身南海波濤的同學：梁

成根、傅穗生、梁啟光、梁啟成、沈南武、彭樹淦、蔡靜雯、何榮祖、王漢傑⋯⋯）

2013年1月31日

五稿於芝加哥

（注）：阿道司・赫胥黎（Aldous Huxley，1894—1963），一位多產的英國作家，共寫作了50多部小說、詩歌、哲學著作和遊記，其中最著名的作品是長篇小說《美麗新世界》。

《美麗新世界》主要刻畫了一個距今600年的未來世界，物質生活十分豐富，科學技術高度發達，人們接受著各種安於現狀的制約和教育，所有的一切都被標準統一化，人的欲望可以隨時隨地得到完全滿足，享受著衣食無憂的日子，不必擔心生老病死帶來的痛苦，然而在機械文明的社會中卻無所謂家庭、個性、情緒、自由和道德，人與人之間根本不存在真實的情感，人性在機器的碾磨下灰飛煙滅。

感慨繫之話「起錨」

黃東漢

（一）希望能喚起一代人的記憶

在香港的知青相當一部分是當年的「起錨」客，「起錨」本指船舶開航的意思，但在那瘋狂的年代，在一群特定的人群（廣東知青）中，卻有另外一個意思，在廣東當年一提起這一專有名詞，人們都知道那是指偷渡。「起錨」是一種賭博，參與者要押上自己的前途與生命，那時參與這個「賭博」的廣東知青為數不少，有的贏了，有的輸了。

人生如夢，幾十年後回顧一下，今天中國的改革開放已過三十年，人民的生活有了很大的提高，我不知我們「起錨」的一群到底是贏了還是輸了。留下來到了今天，我們或許也會有不錯的物質生活，但是，我們享受了幾十年的那種自由，這裡會有麼？當局雖然在1979年以「非法探親」的名義對我們從輕發落，但是，對於當年廣東知青大量偷渡的歷史，官方諱莫如深。縱觀現今國內外的文藝作品以及網站，有關這方面的文章幾乎沒有。可歷史就是歷史，事實就是事實，你不提不等於沒有發生，中國的知青史如果缺了廣東知青大「起錨」這一段就不完整。隨著時間的流逝，「起錨」和全國的知青史一樣，快要從我們這一代人的記憶中消失了。我在這裡把我所知的有關「起錨」的往事整理一下寫出來，雖然只是冰山一角，但希望能喚起一代人的記憶，以警醒後世。

當年成功的「起錨」者

（二）我的「民兵」身份

我的下鄉地點是寶安縣南頭公社南山大隊，出門就是後海灣，海灣對面就是香港，生產作業養蠔經常在後海灣進行，那麼香港對於我來說就是伸手可及了。

當年由於我下鄉的地方是在最前沿的海邊，所以一來馬上成了民兵，晚上要站崗放哨。站崗放哨不是為了防「帝國主義入侵」，而是「反偷渡」——防止外逃。由於人手少，放哨時都是單個的在海邊躲起來放暗哨。我第一次半夜裡放哨，當地的民兵隊長就對我說：「如果看到集體偷

渡，你一人一槍要注意安全，在這裡夜間集體逃亡是常有的事。」我隊的民兵從不抓人，白天開工時，經常聽到他們說昨夜又看到幾十人從××地方下海了。當地不少人常說：「都是鄉里鄉親的，大家都說同一方言，下不了手，睜一隻眼閉一隻眼讓他們過去就算了，說不定不知什麼時候自己也會走上這一條路。」我在海邊站了不少次崗，幸運的是我從沒遇上大規模的集體「起錨」，但遇到一次的事卻令我畢生難忘。

那是一天晚上，我一個人放哨，我正在打瞌睡，忽然一個濕漉漉的傢伙在我面前站起來，那傢伙問我這裡是香港的什麼地方？這個蠢東西竟然把我們這裡當成是香港新界了，更令我吃驚的是在手電筒光的照射下，那傢伙竟然是個我認識的人，一個同校下放到相鄰大隊的知青，一個昔日在學校球場上的球友。他也認得我，雙方驚呆了幾秒鐘，鑒於往日球場上的友誼，我把他帶到我住的屋子。第二天一早對人說他是來探我的，然後就把他送走了。當然也少不了罵他一頓「以後聰明點，哪兒燈光亮往哪兒游，別再栽到老子手裡。」

當地鄰村有一個農村姑娘，20歲長得胖胖的，喜歡穿白衣裳，當地人都喜歡叫她「肥妹」。幾個月前她青梅竹馬的男朋友走了，她身邊的朋友、同學、親人越來越少，一天夜裡為了追尋親情與愛情，一個不會游泳的姑娘單獨抱著一個球下了海。第二天早上八、九點我們在海邊開工的時候，突然有人在高呼「肥妹在海裡！」所有人馬上向遠處望去，果然見到一個小白點在遠處漂浮。也許是她運氣好，天明時她已經漂過了中間線，中方的炮艇沒有開過去捕撈，不久岸上的人看到一艘香港漁船開過去把她救起了，幾天後從香港傳過來的消息說肥妹平安與香港家人團聚了。

雖然「階級鬥爭」將人性泯滅，但在鄉民中人情味還是存在的，我的鄰村有一對林姓的知青兄弟，第一次「起錨」失敗了，給五花大綁的綁在公社大門口，由於那兩兄弟平時表現不錯，人緣也好，當地駐軍的指導員經過一看見，馬上把他們擔保了出來，理由是交給我們帶回去進行再教育，免去了那兩兄弟進「大倉」、食四兩米之苦。「大倉」是當年關押逃亡者的拘留所，據進去過的人說：「人多的時候，別說躺下，就連站著也

覺擠迫。」至於四兩米就是當年對進「大倉」的人的「伙食」標準，一天四兩米，半個月下來，人自動瘦了一圈。林氏兄弟雖然給保了出來，回到生產隊裡過一過堂還是免不了的。當年我們那裡經常舉行對偷渡失敗者進行「再教育」的批鬥會。開會的時候，失敗者站在臺上先作一輪「深刻」的思想檢查，然後是幹部和社員發言，對其進行再教育。這樣的批鬥會剛開始的時候還比較認真，但到後來，「起錨」成功的人越來越多，來開會的人越來越少，大家開會的興趣越來越低，漸漸地批鬥會就有點變了質，變成好像是歡迎失敗者重新回來的歡迎會。主持批鬥會的幹部一般都很有分寸和技巧，因為他們也知道世事如棋，「今日留一線，它日好相見」。如果今天對人狠，難保它日站在臺上挨鬥的不會是自己。如果被鬥者是知青，那就更加多幾分同情分，這些遠離家庭的孩子，也不要太難為他們了。

　　據一位多次被批鬥的人回憶說，在批鬥會上他們最喜歡高喊的毛語錄是「下定決心，不怕犧牲，排除萬難，去爭取勝利！」每當臺上臺下都高叫這一口號時，有些人會笑出來，因為他們知道，此時此刻，那句語錄的真正含義是什麼，批鬥會通常都會在嬉笑怒罵、亦莊亦諧的氣氛中結束。對於挨過批鬥會的知青來說，這一回是挺過去了，但從今以後，他們將自動成為新的階級敵人，新的專政對象，今後入黨，入團，提幹，回城，升學等好事將會永沒他們的份，在今後的日子裡，在新的運動中他們將會不斷的挨鬥。為了前途，他們必須不斷的「起錨」下去，直到成功為止。

　　當年當局為了堵截內地其他地方的人「起錨」，在東莞縣和寶安縣交界處，即樟木頭以南建起了第一道封鎖線。在那全民皆兵的年代，在封鎖線以南的寶安縣境內，是路路設卡，村村設防，經常有真槍實彈的軍警和民兵搜捕逃亡者。「起錨」者一進入了寶安縣，就不能走大路，不能靠村，只能在夜間翻山越嶺。在寶安縣境內大部份地方都是丘陵小山，由封鎖線起到邊境這幾十里山路，今天開著小轎車在高速公路半小時就過去了。但當年「起錨」的大多數是20歲左右的年輕人，他們生活經驗不足，手中只有簡單的地圖，指南針及小量乾糧，白天不能走，只能躲藏在

山上的草叢中，晚上依靠微弱星光緩慢的前進，往往一個晚上走不了幾里路，這幾十里山路「起錨」者們往往要走一個星期左右，好運的才能到達邊境。逃亡者在這幾十里山路中既要趕路，又要躲避軍警的追捕，還要遭受蚊叮蟲咬、毒蛇野狗的襲擊，再加上饑渴，運氣不好的遇上軍警被捕，前功盡廢。好運的遇上那些好心的上山砍柴的農民，好心人看到這些筋疲力盡，饑腸轆轆的小青年，多數都會給他們指明方向，教他們如何繞過軍警。「起錨」者多數會結隊同行，由那些有多次「起錨」經驗的識途老馬帶路。在夜間，一幫人在山裡很容易失散，但不要緊，很容易又會遇上另一幫人，一個眼神，幾句說話就能重新形成新的組合繼續上路。那年頭生活在封鎖線內的知青和原居民都有邊防證，出入都要帶上，當時的邊防證一證難求，擁有一張邊防證真的羨煞旁人，因為在封鎖線內生活的人「起錨」時比外面的人方便得多，成功的機會大得多。

下鄉一年零三個月後，我也「起錨」去了香港，我從反偷渡的「民兵」，變成了偷渡者，也算是一種角色轉換了。

（三）令人唏噓的悲喜劇

好運氣的到了邊境，也不一定成功。當年過境的路線主要有三條，中間那條由福田到沙頭角這20公里左右是陸路，翻過鐵絲網就成（中、英各一道噢）。但這一路防守最嚴密，現代化的鐵絲網加上林立的崗哨及警犬，逃亡者很難從這裡過去，但也有少數成功的例子。東線沙頭角以東是大鵬灣，這裡風大浪急，又有鯊魚，風浪和鯊魚常常令到逃亡者葬身大海或魚腹，因此這裡防守要松一些。西線從福田一直到蛇口是後海灣，這裡因為靠近珠江口，海水淡些，所以沒有鯊魚，海面雖寬，但有些地方水很淺，遇上大落潮的日子，只剩下中間一條小水道。但水淺並不好走，一旦陷在泥灘裡寸步難行，踏到了蠔田更加會遍體鱗傷。但由於風浪較小，加上軍警防守比中央陸路要松些，所以後海灣是「起錨」者越境的熱門地點。

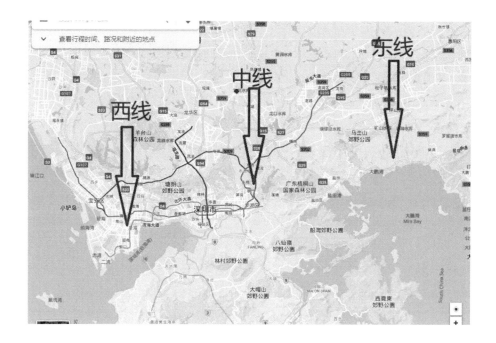

　　千辛萬苦到了海邊，還要面對茫茫大海，要在黑夜裡游過海峽，才算成功，這就要求每一個「起錨」者要有高強的游泳技術和體力。當年為了能成功「起錨」，倒流回廣州的知青都會到當時為數不多的泳池裡去練水，一下池就是一千米、二千米，一小時、兩小時不靠池邊地苦練。1969年夏天我倒流回廣州時，在泳池裡就有三小時不靠邊的記錄。為了提高實戰訓練水準，不少人還會到珠江裡去游長途。老一輩的廣州人都應該記得在60年代尾至70年代末在廣州西村水廠到「石門返照」的一段十公里左右河面上，經常有準備「起錨」的人在實練。他們把衣服脫下來放進塑膠袋，用繩子捆好拖著游，潮漲時去，潮退時返，這樣的實練比在泳池裡練更加有效用。

　　一個人怕不怕死，夠不夠朋友，不能只聽他說的，真要到了生死關頭，才能看得出來。而在生死關頭，一瞬間的錯誤，將會悔恨終生。下面兩個事例，都是我身邊朋友的真人真事，聽落都會令人感慨萬分。

第一個是臨危搶球膽，悔疚一生。主角是我的小學同學，一姓胡，一姓董，本來胡、董兩家是親家，姓胡的姐姐嫁給了姓董的哥哥。在那年頭，姓胡的因為父親是廣州一間中學的校長，他自然的就成了「黑七類」而下鄉去了，而姓董的也當了知青。由於感到前途無望，他們相約一起「起錨」，同行還有一個姓張的。千辛萬苦他們到了大鵬灣，夜裡下了海，由於風浪大，他們的水性又不那麼好，在風浪中姓胡的球膽破了，喝了不少海水，在生死一線的時刻，在求生的欲望中他本能的把在旁邊姓董的球膽搶了去。姓董的沒了球膽，很快就沉下去了。而這一切都看在附近姓張的眼裡，姓胡和姓張的最後上了岸，但因為姓胡的搶了姓董的球膽而令其身亡，姓張的從此看不起他，兩人成了冤家。噩耗傳回廣州，姓董的母親哭哭啼啼的拿著一把菜刀到親家胡家去斬人，為兒子報仇。這斬人的一幕給我另一個同學看到，從此傳了開來。姓胡的因為自己害死了姓董的，從此也永遠活在痛苦的陰影裡，悔疚一生。一上岸就以難民的身份移民加拿大，改革開放已經三十年了，我們都已經回廣州不知多少次了，但他愧對親友，一直躲在加拿大不敢回來。九十年代初，他姐姐一家移民加拿大，姓胡的把自己經營的餐廳送給姐夫，但仍然得不到董家的原諒。

　　另一個例子就剛剛相反，一對周姓姐弟，一繩牽生死。姐姐身形纖瘦，弟弟略胖，姐弟二人千辛萬苦在1973年夏天的一個黃昏來到了後海灣的海邊。一到海邊就立刻躲進紅樹林水中，他們剛到的那一晚，一個強大的颱風剛好在後海灣登陸，海面上波濤洶湧，兩姐弟不敢此時渡海。為了不被大浪沖散，姐弟二人用一條長繩一人一端捆好，兩人通過一條繩子連在一起。夜裡風浪越來越大，學過物理的人都知道，波浪到達岸邊的時候，由於地形的改變會變得更高。半夜裡小山一樣的大浪把身形纖瘦的姐姐無數次的舉起，欲將其吞噬，弟弟一手抓住紅樹林的樹枝，一手死死的拉著拴著姐姐的繩子不放，即使巨浪也把他吞沒了，他也不放手，一次又一次把將被卷走的姐姐拉回身邊。和巨浪博鬥了整整一夜的姐弟倆終於捱到了天明，颱風漸漸遠去，海面平靜了一些，但白天不能行動，兩姐弟

必須在水裡再浸一天，晚上才能行動。到了晚上，已經在水裡浸了一天一夜，又冷又餓筋疲力盡的兩姐弟用僅余的體力開始游泳。在大海中泳術較好、身形纖瘦的姐姐游得較快，弟弟泳術較差游得慢，加上體力所餘無幾，在海中幾次沉了下去，但姐姐絕不放手，雖然她知道如果不解開繩子，最終可能會兩人都同歸於盡。在危難中姐姐也沒有放棄弟弟，她也一次次把弟弟拉回身邊。最後他們勝利了，天明的時候，筋疲力竭的姐姐把奄奄一息的弟弟拖過大海，爬上了香港新界的沙灘。這兩姐弟都是我的好朋友，他們姐弟情深，生死一繩牽的事蹟在我們知青「起錨」者的一群中流傳很廣，成為大家的美談。那兩姐弟經過了這次生死劫難後，在以後的幾十年人生中，姐弟情維繫得非常好，即使後來各自婚嫁成了家，兩個家庭的聯繫比起很多家庭都親密，是我們一群人的典範。

　　一般「起錨」客都是十多二十歲左右的年輕人，非不得已都不會走上要用生命作賭注的「起錨」之路。我班的同學C君就是例子，C君人長得挺帥，學習成績又好，更拉得一手好小提琴，學生時代就已經是女生眼中的白馬王子。「文革」中他一馬當先投身運動，上山下鄉時他也到惠州的一條小村去「接受貧下中農的再教育」。下鄉初期他仍懷著滿腔革命激情與幾個知青搞起了一個馬列主義研究小組，要在農村繼續對馬列主義的探討。可能這個小組的名字起得不好，如果叫毛澤東思想學習小組則可能會沒問題。不久這個小組被當局發現，認為他們搞異端邪說，馬上把他們全部抓起來。只經過簡單初步審訊，就把C君判了個現行反革命，關了九個月監牢。從牢裡出來後，C君從一個「革命青年」真的變成一個思想「反革命」，殘酷的現實逼迫他不得不重新考慮自己今後的前途，終於他也選擇了「起錨」這條路。由於他下放的地方離東莞樟木頭不遠，他有信心一定能成功，然而命運弄人，開始的時候他運氣太差，一次又一次給人抓住，關進「大倉」。在兩年多時間裡他「起錨」八次都失敗了，在牢裡的時間比放出來的多。但他明白一個「現行反革命」身份的人，又「起錨」過那麼多次，在那時的中國還有什麼前途可言，他必須一直「起錨」下去，直到成功為止。終於皇天不負有心人，1973年夏天他成功了，第九

次「起錨」，他與同伴到了大鵬灣，夜裡抱著「浮床」下了海。他的「浮床」是用兩塊塑膠布縫在一起，用燙斗（熨斗）壓邊自製而成的。那時候市面上根本不會有浮床、水泡、救生圈等東西賣，就算有也不敢公開去買，一買就等於向人說你或你的家人有人準備「起錨」了。C君的「浮床」下水不久就洩氣作廢了，他靠一身在廣州練水得來的過硬泳術和一點運氣，並且幸運地沒遇上鯊魚，經過一夜的搏鬥，終於爬上香港新界的海岸。C君到了香港後，因為其在中國是「現行反革命」，所以去領身份證時不敢以真姓名去領，頭幾年半夜裡經常發惡夢，夢到大陸公安越境來抓捕他。直到幾年後他看到大陸的政情不會再反復了，才去香港政府生死註冊處把姓名改了回來。

人只有在劫難中，在生死關頭才會顯露出其真正的本性。很多情侶在「起錨」中發生了矛盾而分手，但「起錨」也締造了人間很多美滿姻緣，我的朋友謝姑娘與郭先生就是後者。謝姑娘人長得秀美，高挑的身材，是個人見人愛的美人胚子。因為「家庭成份不好」，中學畢業後下放到高要縣一個小村做知青，而郭君樣貌平凡，老實人一個，但他下放在博羅縣——一個臨近邊防的地方。

謝姑娘為了「起錨」方便，通過友人介紹認識了郭君。很快兩人就談好了條件實行假結婚，登記之後謝姑娘就名正言順的搬到郭君那裡準備「起錨」了。假結婚幾個月後，他們起程了，幾天後歷盡艱辛快到海邊了。就在這時他們遇到搜山，在慌亂中他們雙雙跑了很久，謝姑娘跑不動了，眼看就要一齊給抓住，在這緊急關頭郭君對她說：「我知你不愛我，但不要緊，我出去引開他們，以後的路你要自己走了。」說完馬上從躲藏的地方跑出去，把追兵引走，但跑不多遠就被捕了。就在這一刻，謝姑娘感動極了，她躲在草叢中避開了追兵，不久遇到了另一夥人，加入了他們的隊伍，當晚幸運地下了海，平安抵達香港。謝姑娘在香港對我們說：「他（郭君）來不了我等他，他來了我跟他過一輩子。」幾個月後郭君也過來了，謝姑娘沒有食言，現在他們倆在美國早已兒女成群，事業有成了。

當年我們下放寶安縣的知青是幸運的一群，「起錨」成功率很高，男的有近80%，女的有30%都走了，為什麼還會有人不走呢？，因為面對茫茫大海，並不是每個人都有勇氣用生命來做賭注的，尤其是女生。有些人本來有機會走，但他們選擇留下來，我所認識的就有兩個。一個是我班的女生沈同學，1969年夏天一個晚上她一個人在海邊站崗時，遇到同隊的民兵營長組織「起錨」，該民兵營長叫她放下槍和他們一起上船，她經短暫考慮後拒絕了。另一個例子是1975年我隊一個從山東來的黃姓男知青，由於日子越來越難過，我隊社員五十多人把他和生產隊的一條機帆船挾持到了香港，社員們邀請他一齊登岸，他拒絕了，一個人駕著機帆船回去了。這兩個人是不是比我們更加的「愛黨愛國」呢？也不見得。但他們有一個共同點，就都是幹部子弟，如果他們走了，那他們的父母就麻煩了。沈同學的父母兄姐都是廣州市高級幹部，所以學生時期很早就入了團，還當過團支部書記，臨下放時校黨委書記對她說，你去好好幹，一有機會我會把你優先調回來。如果她當時跟人跑了，那她的家庭牽連就大了。校黨委書記也真的沒忘記她，1974年大學招收工農兵學員時，就把她保送去了廣州外語學院英文系。她是不是特別愛國呢？1989年沈同學全家移民去了美國，只不過比我們遲了一點，也算殊途同歸。至於姓黃的男知青，因為當年他的父母在山東省還未「解放」，他一走父母的問題就更大了。1977年他父母的問題一經「解決」，馬上就把他調到深圳市去當幹部了。

香港知青拜祭偷渡罹難者

拜祭罹難者

（四）「起錨」路上的亡魂

　　近年來，我致力於打撈歷史，收集「起錨」往事，其中有不少是投奔自由途中的亡魂故事，我下筆泫然，心情沉重。

　　當年「廣州工讀600」的一位現旅居美國的同學說，當年他們偷渡時，日宿夜行，一晚間潛行中突然他們發覺少了一個女同學，黑暗中在大山裡怎麼找也找不到，天明時才發現她已摔死在大山中，眾人只好將她草草就地掩埋。廣東博羅縣楊川柑桔種植場的「胡鬍佳」說，他十次偷渡失去五個難友，並非全部死在海中，其中一個是在海邊被俘時，解放軍怕他會反抗，對著他的大腿捅了一刺刀，被送到拘留所的時候，由於是「叛

國投敵份子」，當局不予任何治療，幾天後傷口細菌感染發高燒，輾轉反側，哀嚎呻吟，在拘留所中痛苦地死去。可見當局對我們這些出於內部的新生敵人是多麼的痛恨。

廣州33中（66屆）初一的「華仔」對我說，1971年中他第一次「起錨」失敗，被囚於樟木頭的「格仔」裡。在「格仔」裡他看到一個眼白發藍的小矮個廣州仔，華仔與他混熟了後便問他，為什麼他的眼白會是藍的？那小矮個告訴他是驚恐過度而成的。他說他們七人晚上到了大鵬灣海邊，眾人準備下水之際，突然聽到帶有湖南口音的解放軍士兵的一聲大喝：不要動！七個人乍一聽見這一聲大喝，反應自然不一樣，喝聲過後槍聲響起，一排子彈掃射過來，七人中立即有六人中槍倒下，那小矮個說他感到子彈擦著頭皮飛過，幸虧長得矮，不然也沒命了。兩個解放軍之後走了出來，發現有他一個人沒死，就給了他一把鏟，叫他就地在沙灘上挖個坑把他六個同伴掩埋。今天如果在深圳這邊的大鵬灣畔發現人骨，那肯定是當年的逃亡者。當年駐守邊境的湖南籍士兵對逃亡者最兇狠、殘暴，所以我們這些逃亡者也最痛恨湖南籍的軍人。今天隨著時間的流逝，改革開放更加深入，我們這邊的人早已把仇恨放下了，他們那邊又怎麼樣？那些當年開過槍殺過人的士兵，現在還不太老，我希望他們也能良心發現，像當年駐守柏林圍牆的東德士兵一樣，為歷史做個見證。

一位（66）屆高三梁姓同學，對我說他的起錨往事。七十年代中期，他第一次起錨，三人走了幾個晚上，最後一晚在梧桐山上遇到民兵，其中一個民兵在黑暗中向他們開了一槍，那一槍不偏不倚正正擊中走在最後的那位同學。中槍者並未即時斷氣，民兵命令他倆把傷者抬回村去，路上中槍者自知不行了，頻頻呼叫：「對唔住了媽媽！」抬到村後也沒什麼救治，結果天亮前在村裡死去。天亮後村長吩咐他倆用船將死者運到水庫對面的山坡草草埋葬，然後把他倆押送到收容所。梁同學後來再次偷渡成功，幾年後改革開放了，他倆重走舊路回去尋找那條村莊，拜祭他們死去的同伴，結果真的給他們找到那條村，村長對他們說，開槍打死人的那個積極分子民兵不久前瘋了，可能是惡有惡報吧。

33中的「華仔」還跟我說起了那些年逃亡的故事，1972年中的一個夜晚，四個從廣州來的偷渡者正在橫渡大鵬灣，突然遇到了鯊魚。其中一人的腳掌被鯊魚咬去，他沒有死在海中，他的朋友也沒有放棄他，三人合力把他拖上岸，並告訴他已經到了香港。那被咬者因在海中失血過多，上岸後望了一眼香港，就在沙灘上死去。疲憊的倖存者唯有在沙灘上用手挖一淺坑，把他草草掩埋，再疊上石塊作記號。一個月後他們辦好了居留手續後重回這沙灘，找到埋屍處，搬開石頭，把已腐爛發臭的屍體挖出來，用一個大皮箱裝好運到和合石火葬場，把屍體燒成灰再托人帶回廣州他的家。

　　一個廣州知青對我說，當年他起了幾次都沒有成功，大返城時回了廣州。上世紀八、九十年代參加了深圳後海灣的建設，他親眼目睹了在後海灣的建築地盤上共挖出了幾百具人體殘骸，那些都是當年草草埋葬的逃港死難者。

黃東漢是香港5.1拜祭活動的組織者之一

（五）寄望歷史勿倒退

　　80年代初，深圳特區成立，中國大陸實行改革開放，人民的生活開始好轉，大家都有了希望，被逼上梁山而要「起錨」的人少了。但不是沒有，還有一些人為了追求更好的生活，或者要家庭團聚等種種原因而「起錨」的。這段時期「起錨」比起之前要安全及舒服得多，「起錨」者再不用翻山越嶺和游泳了，到公安局去領一張到深圳特區的通行證，到了邊境後再與蛇頭聯絡，花幾千元就可以進入貨櫃從陸路抵港，或晚上乘坐「大飛」，一種裝有高速馬達的舢舨從海上過來，我同學的一對小兒女就是在這個時期坐「大飛」抵港與父母團聚的。

　　逃亡潮給香港帶來了大量的勞動力，這對上世紀六七十年代香港經濟起飛幫助很大，但每天少則十幾人，多則百多人。漸漸地這一不經正途而來的人給香港政府帶來的人口壓力越來越大，終於在1974年11月港英政府實行「抵壘政策」（借用壘球運動的術語，成功抵達香港市區的偷渡者謂之「抵壘」，承認身份，反之則遣返）。這一政策初期收效不大，能突破中方的重重險阻，勝利上岸的人在各方親友的掩護下，輕易的就能衝破香港警方的攔截，順利抵壘。這情況延續到1980年代，大陸的經濟與人民的生活越來越好，「起錨」的人越來越少，加上香港警方攔截越來越嚴，能成功抵壘越來越難。到1980年10月，香港政府終於取消「抵壘政策」，「起錨」潮才基本平息。

　　我們為什麼要「起錨」，據大多數「起錨」而來的知青回憶說，當年在農村基本上是白幹，幹活所賺取的工分還抵不上所支取的口糧，很多知青索性倒流回城依靠父母。生活上的困難是其次，最主要是我們看不到前途，看不到希望。如果早知道1977有高考，又如果這次高考能提前幾年，讓我們早一點看到希望，那麼要冒生命危險的「起錨」者或會少很多人。我們基本上都是和全國其他地方的知青一樣，沒有背景，沒有門路，回城無法、升學無望的一群。由於地理的關係我們靠近香港，比別的地方多了

一條出路，一小部份先行者成功了，提醒很多後來者，既然不能後退，那就只能冒死向南，因為那邊還有一條出路。

我們這幫人抵港後，除了一小撮害群之馬（省港旗兵）外，絕大多數的人都老老實實地工作，勤勤力力地為自己的前途拼搏，今天香港的繁榮也有我們的一份貢獻。我們中有一部份人抵港後隨即轉赴美、加等地繼續學業，不少人後來還成了國際知名學者，為人類做出貢獻。留港的人經過幾十年努力，很多人都事業有成，成了知名企業家，大老闆。1979年國家特赦了我們，雖然我們還頂著「非法探親」不怎麼名譽的帽子，但大家都不計較了。我們中很多人從那一年起帶著從外面學到的經驗，技術和資金，紛紛回鄉投資、設廠，也為祖國的四化建設貢獻自己的一分力量。

今天隨著我國開放改革更加深入發展，人民的生活大大提高，上山下鄉早已成為歷史，我們廣東知青「起錨」也將隨著時間的流逝而將被人們淡忘。令到我們過去要被迫「起錨」的社會因素已經消失，我在這裡把一些往事重提，只是希望人們不要忘記那些不應忘記的事實。前事不忘，後事之師，我真希望中國從此告別過去，走自由民主之路，興旺發達，千萬不要重複我們這一代人的苦難，我們的子孫後代再也不用「起錨」了。

逃港知青五・一拜祭活動的起源
（外一篇）

陳克治

　　香港知青每年的五.一拜祭活動，初始於一項立碑義行，2014年5月1日，一班以當年逃港知青為主體的有心人在邊界一荒島立了一座無名碑，悼念當年不幸罹難的同路人，他們的初心凝聚了今天一大群人。

　　更遠的起源要追溯到差不多五十年前。

　　七十年代初，一些當年死裡逃生偷渡抵港的知青，每年都會在清明和重陽兩祭，禁區開放時來到邊界，向北遙拜曾經攜手走險而遇難的同路

人。最初只是三三兩兩，漸漸集結成群。隨著時間流逝，這群怒海浮生客都由青少年步入老年，但對亡友的思念卻沒有絲毫消退，反而有一個越來越強烈的共同願望：要為投奔怒海遇難的亡友建義塚、立墓碑。

最先由被流放到東莞的原廣州一中老三屆知青牽頭，幾經辛苦，多番找尋，再得邊界某村民的義助，覓得立碑地，並由盧舜平設計碑文、胡君出資訂造石碑。

立碑前作出具體分工安排：原廣州十四中的黃東漢負責對外總聯絡，聯絡各方逃港者及關注知青偷渡史的人；阿津聯絡當地有心人提供協助，負責租船及安排來回立碑地的駁艇兼統籌午饍；原廣州一中盧舜平、廣州五中鄧裕祥約同兩校同學負責購買祭品及立碑物料及搬運；陳君負責撰寫立碑祭文……

2014年5月1日，59位有心人到達立碑地。本來天氣預告那天多雲有雨，出乎意料天公作美，整日風和日麗。那天，由搬運水泥鐵枝、石碑等物料上山，以至開墾立碑地等粗重體力工作，全由這班長者親力親為，一氣呵成，天公助立碑，一舉了結了這班偷渡知青的多年心願。

碑文「越山越水越界 越海英魂永垂」落款「眾越港者立」，只能隱晦地紀念逃港罹難者，是因應政治氣候的現實，立碑者的義舉未經許可，也不合法，但合乎天理！碑石上沒有刻上立碑日期，為不影響村民，也沒有對外公開石碑的具體位置，亡魂會明白立碑者的苦心。拜碑活動在哀傷中結束，大家相約，有生之年，每年五一都來拜祭，年年歲歲永不相忘。

　　碑旁有一義塚，標示建於1912年，已長久保存了一百多年。誰料我們這個只有短短幾年的無名紀念碑，卻面臨被迫遷、鏟平。

　　本來，此事純屬這群有心人的私人拜祭活動，他們拒絕任何政治團體的參加和捐款，雖然低調，但仍然引起各地回響，每年參加拜祭的人數都不斷增加，最初只是逃港知青為主及認同他們行為的人士參加，後來更有關注知青歷史及逃港潮的學術界人士參與。當今資訊發達，各地傳媒、網站也作專題報導。碑石所在地的村民受到壓力，阻止再去立碑地拜祭，更通知立碑的組織者和聯絡人阿津，要把碑搬走或鏟平。無奈，2017年開始，拜祭活動改去當年逃港知青登岸或遇難的熱點巡迴遙拜，2017年去東平洲，2018年去鴨洲，2019年去後海灣……但立碑者始終心繫最初的立碑地，那是目前世上唯一為逃港死難者建造的紀念碑，是他們心中的天下第一碑！

　　拜祭活動融入了倖存者的情意和道義，當年一起攜手南逃的朋友，曾經同歷兇險，但未能共享自由，是上天安排不公，冥冥中罹難者代倖存者承受了不幸！

慨嘆：

大海無情滔滔巨浪葬吾友
青山有義巍巍巔峰伴孤魂

　　歷年拜祭沿用至今的立碑祭文，立碑者當日用鐵盒密封埋在石碑下。祭文用數字詩的格式寫成，起首由一開始到千萬，再由萬千回到一，寫下知青這個被害群體當年被迫離開父母到農村葬送青春、後以生命賭自由、有朋友因此而結束了他們悲壯而短暫的一生，作者曾經這一傷痛經歷，以自己切身情感把祭文撰名為《知青碑祭文》。

　　投奔怒海，已數十年，逝者無語，我輩代言。
　　一言堂主，兩句爛言：再受教育，下鄉種田。
　　三思逃避，高壓空前，四方鄰里，多無倖免。
　　大哥發配，羅浮山腳，小妹充軍，五指山邊。
　　黃金歲月，六七八年，何堪糟蹋，長埋瘦田。
　　重九觀雁，避寒南遷，何不仿傚，另覓新篇。
　　青春年華，不過十年，百般思量，鋌而走險。
　　晝伏夜出，翻山越嶺，千辛萬苦，夜抵海邊。
　　風雲無常，變幻萬千，颱風驟降，電閃浪嘯。
　　百般無奈，十足信念，九死不悔，逃出生天。
　　憶我同伴，厄運死纏，音容宛在，已伴海眠。
　　八方野鶴，繞碑哀叫，七抔黃土，吉澳山巔。
　　六旬老者，仰天呼喚：故友亡魂，你在哪邊？
　　當年起錨，五親掛念，杳無音訊，悲痛年年。
　　今日立碑，四方祭奠，難友不回，哀思綿綿。
　　三炷清香，默默弔唁：港澳福地，已非從前。
　　叛國投敵，污名已去，非法探親，謊話新編。

還我自由，卑微心願，你我清白，冷對褒貶。
越界蒙難，上蒼猶憐，碑記史實，世人懷緬。
兩杯敬酒，問地問天：避秦亡靈，何太虧欠？
越山越水，越界少年，越海夢化，一縷輕煙。

疫情下的五·一拜祭

陳克治

　　2020年年初，新冠疫情肆虐，四月中已預料今年五·一無可能像往年一樣租大船出海拜祭，現實趨勢今年要改期。但卒友有一種不屈服於現實的性格，有人倡議，頂著現今出外參加聚會有可能感染新型冠狀病毒及觸犯限聚令的風險，仍要如期面海拜祭，地點選紅磡大環山海邊，那地方每天都有卒友及其他人士游泳，結果得到眾多有心人贊同。

　　活動沒有像往年那樣提前在各大群發通知，只在五·一之前幾天才在小範圍知會有心人，並聲明活動屬自發、自願、自助。今年沒有司儀，十一時開始自發上香，上香後可自行離開或到附近的海逸皇宮酒樓後續活動，預計十二時拜祭結束。

　　幾位發起人自願作出分工，有人負責買備香燭冥鏹及化寶物品；有人到路口站崗，指引參加者步行往拜祭地；有人在距離拜祭地點約100米的南北兩端作天文臺，向中心點的某君發訊息，眉精眼企的某君會按實際情況隨時通知拜祭者繼續拜祭或即時散水，因為拜祭地屬康文署管轄下公園範圍，而紅磡警署近在咫尺，更何況，泳友中有深藍人士，如有人「報寸」（舉報），警察幾分鐘內便可到現場，一切準備工作有如當年起錨前的準備一樣縝密。

　　意想不到，今天的活動比預先安排的步驟順利，十點半前已佈置好拜祭現場，沒掛上往年的祭帳輓聯，只在冥鏹旁擺上一紙一直沿用的「知青

碑祭文」，拜祭者看到祭文會神會。十時三十分，很多熟路途的朋友已提前到達，拜祭也提前開始。

自稱「呆人」的卒友是紅磡海邊早泳常客，每天泳前用水在地上寫大字是他的規定動作，今天拜祭他節錄祭文，在地面即席揮毫：

三炷清香
默默弔唁
兩杯敬酒
問地問天
避秦亡靈
何太虧欠
越山越水
越界少年
越海夢化
一縷輕煙

有路人不明所以，走前詢問，聽解說後也不嫌生疏，上前上香

　　上午十一時，是原先約定正式開始拜祭時間，現場已經人頭湧湧，現況顯示人們已嚴重違反限聚令！公園管理員已察覺不是一般的清明祭，兩度上前察看，但沒有干涉。某君見狀，冷靜地叫上完香的朋友自行散去，或到海逸皇宮酒樓，四人一枱開位茶敘。

　　與預先的估計相符，接近十二點，拜祭人士開始疏落，十二點正式結束，但開始時間提前了三十分鐘，而且全程人流密度比預期大，因此參加人數也比預期超很多。

　　負責清潔拜祭場地的幾位朋友最後來到酒樓，相熟的酒樓經理走來相謝：今天是近半年來酒樓少有的旺場。

　　拜祭人士分散坐滿了二十張四人抬，各人在酒樓大廳穿梭交談，直至接近下午茶收市。非常時期，無懼病毒肆虐及限聚令的嚴苛，憑的是2014年五一立碑的初心：堅持五一拜祭，年年歲歲永不相忘。

2020年5月1日晚

偷渡死難者紀念碑拜祭紀事

黃東漢

游

夜泅

為自由

大海漂浮

巨浪似小丘

風波幾時能休

筋疲力竭無力留

叛國投敵父母擔憂

何時抵岸唯向神佛求

救我脫苦海定把神恩酬

受再教育蹉跎歲月悠

投奔怒海起錨潮流

失手曾作階下囚

嚐盡苦楚悲愁

故國山河秀

碧血春秋

頻回頭

傷透

惆

（一）

　　上面是我2015年5月1日到香港大鵬灣××島拜祭當年偷渡死難者時，寫於白布祭帳上的一首自創規格的怪詞，這詞由第一行一個字起逐行遞增至第十行十個字，然後又逐行遞減至一個字。這組詞寫得粗糙，押韻又不大準確，只不過是遊戲之作，但它真實地描寫出了一個逃亡者在偷渡的最後一程，深夜在波濤洶湧的大海裡為求生存求自由而捨命搏鬥的情境。

2014年五月一日立碑

　　當年南部的中國人為了生存和自由而南逃，是一場對延綿多年人道災難的反抗和逃離，成功率只有1／3。這數據只能是約莫推測出來，當年每天在中山、珠海及東莞、寶安、惠陽等縣的山野田間，被捕的偷渡客何止千百。當年港英政府公布每年成功抵壘的非法入境者有三萬多人，平均每

天不夠一百人，可見成功率偏低。我的家族參與偷渡的人不少，但只有三人成功抵港，分別是：我自己（1970年抵港，一次），一個表哥（1971年抵港，四次），一個表弟（1972年抵港，三次），很多親戚失敗過一、二次之後，覺得偷渡這樣艱辛及兇險也就放棄了。今日的廣州很多70歲左右的老人都有偷渡的經歷，失敗的人數比成功抵港的多得多。那些能抵達海邊並下了水的已屬幸運，更多的人連海風都未聞到就折戟於途，大多被「無產階級專政」的利爪抓了去。然而最後一程也是最兇險、死人最多的一程。究竟偷渡死了多少人，現在誰也說不準，只有天知曉。我原居地廣州的街道約100戶人家中，有20個知青成功逃港，但有一人死亡，成功與死亡比率約5％。我將此比例求證於不少的卒友，他們將自己所熟悉的成功者與遇難者比較，最後大家比較偏向同意認為5％太少，10％則太多，7％比較貼近事實。至於死亡原因大多死於海中，他們中有不少是凍死的，只有少部分死於鯊魚口及風浪。就算大熱天下水，偷渡者經過多日的爬山涉水，很多到達海邊時已斷糧了幾天，熱量損失了大半，半夜在冰涼海水裡，體質差一點的就挺不過去。至於7％有多少人？從1969到1979這十年共有約三十幾萬人成功逃港，7％大約是二萬幾人，真正的死亡人數是多少？只有天知曉了。我們這班老者或多或少總有一些少年伙伴死於那些年的偷渡中，我就有一個相熟的街坊、一個小學同學死於大鵬灣。

為了紀念死難者，也為了警醒後世，不要讓災難重臨，我們一群偷渡成功者在大鵬灣××島原住民「M哥」的協助下，於2014年5月1日於大鵬灣××島一個偏僻的叫「鬼吊角」的孤島上立了一個小碑，並即進行拜祭，並許諾永不相忘，年年5.1都來拜祭。該小碑碑文《越山越水越海，越界英魂永垂》，沒有立碑時間，只有刻著「眾越港者立」字樣。該小碑是我們為記念逃港死難者所立的天下第一碑，一時無以名之，時祭文作者廣州第五中學的陳克治君認為當日立碑的59位都是當年的知青，而死難者又大多是知青，不如就叫《知青碑》，眾皆認為好，故此這個天下第一小碑就叫《知青碑》。

立碑籌備組在立碑拜祭途中商討問題

2014年五一立碑

2015年新春過後，我們立即籌備第二次拜祭，有了第一次的經驗，第二次就輕鬆多了。為了增加拜祭肅穆的氣氛，我們準備了一些詩詞和對聯寫於白布上，做成祭帳準備到時張掛，文章開頭的山型詞就是其一。聞風而至參與拜祭的人超出我們的預計，以居港的卒友為主，有十幾個廣州知青聞風從廣州趕來，還有湖南及北京的，海外美、加、澳也有人來，結果可載120人的遊船超載了18人出發，幸虧有亡魂保祐平安無事。

2015年的五・一拜祭

　　2016年的5.1第三次拜祭，由於有了兩次經驗，加上準備充份，海內外很多卒友知道有這樣一個有意義的活動，報名人很多，當日有超過二百人參與。香港與深圳的大學生有七、八人參與，他們對當年的大逃港事件很有興趣，把這一歷史事件作為研究課題。有幾個傳媒機構派記者跟隨我們

2016年五一拜祭

活動，其中就有香港電台「鏗鏘集」節目組對我們的祭祀進行了拍攝。這一次拜祭相當成功，但想不到這竟然是我們到××島最後的一次拜祭。

事因是幫助我們立碑的××島原住民，包括M哥在內，事後要我們把該小碑拆毀或搬走。原因是當初他們以為我們只是小規模的拜祭，但想不到我們越搞規模越大，甚至有傳媒和洋人參與。他們害怕一旦中聯辦知道了會不高興，會給特區政府施壓，他們害怕政府知道後會逼令他們拆除，如若不從則會在經濟上制裁他們。××島處於禁區，但假日會有很多人會乘船前來旅遊，不需要申請禁區紙，他們害怕政府不讓船隻停泊××島，會讓村民的攤檔和飯店無生意可做，影響生計。政府還未知曉，M哥等原住民便先自我審查，屈服於大陸。為此我們與M哥進行多次談判，他要我們搬走石碑，我們認為既然立了就不會搬，雙方各持己見談不攏，M哥最後發起狠話，如果不搬就不準我們去拜祭。

原住民M哥對我們的態度前恭而後倨，簡直是冰火二重天，他的變化提醒了我們，幾十年前我們捨命逃離的那個極權幽靈並沒有遠去，他就在我們身邊。為了阻止極權幽靈對我們、對我們下一代的侵害，我們要把自

己的故事說好，警醒後人，而每年的5.1拜祭則是最好的行動，通過拜祭亡魂向後人訴說那曾經發生的慘事。現在5.1拜祭遭遇了困難，為了共同的信念，也為了我們對亡魂永不相忘的承諾，我們必須堅持下去，既然××島不讓去，大鵬灣有那麼多島，2017年的5.1，我們選定了東平洲。

　　由於有了前面三次拜祭，我們積累了很多經驗，沒有墓碑，我們就把××島鬼吊角墓碑的相片放大做成布墓碑，用支架撐起來供拜祭用。我們在群組中向海內外的卒友解釋了為何要到東平洲的原因，結果是報名參加的人更多。拜祭當日，約三百人的隊伍，扛著燒豬，拿著香燭和祭品以及眾多各式各樣的祭帳，在東平洲的海灘上進行了隆重的拜祭。在二百多個參拜者中竟然還有一個洋人，他就是中國知青問題研究權威、著有有關中國知青研究《失落的一代》一書的作者、法國當年的「紅衛兵」潘鳴嘯先生。

　　2018年第五次拜祭決定在大鵬灣的鴨洲島舉行，由於我們的拜祭活動要設法避開那個無處不在的幽靈，籌委會決定今後的拜祭活動在大鵬灣的各個島輪流舉行。消息一早放出去，結果參加的人比前四次都多，超過三百多人，要租用大船了。這次一樣有海外及國內的知青，有年輕的學者及

2017年東平洲島的「5.1拜祭」

傳媒工作者參加，為了將我們的故事說好，我們5.1拜祭籌委事前做足了
準備，但這次拜祭還是出了狀況。當船泊上鴨洲碼頭，三百多人帶著香燭
及各式各樣的祭品浩浩蕩蕩的向著海灘進發時，一個鴨洲年輕的小粉紅原
住民手持一把斬柴刀，不準我們拜祭。這時拜祭籌委「老三」上前與他理
論，該小粉紅見我們人多便即時報警，很快就來了兩個駐島的警察。那兩
個警察知道我們是來拜祭當年偷渡的死難者時，就叫我們雙方和平商討，
便站到遠處觀看。那時還未爆發「反送中」民主運動，香港警察還是友善
者居多。這時我和十幾個老者站在那小粉紅的身後，準備當那小粉紅持
刀襲擊「老三」時，撲出來制止他。我們雖然年老，但年輕時都是運動好
手，不少人還會功夫，況且人多勢眾，動起手來一點也不吃虧。我們十幾
人把那持刀小粉紅圍住，其他人就在海灘上把布碑和祭帳支起來，那小

2018年的鴨洲島「5.1拜祭」

粉紅人孤勢單，知道阻止不了，便與「老三」達成協議。他說全村都信奉基督教，希望我們尊重他們的風俗，不要在此燃燒香燭及擺放燒豬，這些要求我們答應了。我們在海灘上掛好了墓碑和祭帳，宣讀了祭文，行了三鞠躬禮就結束儀式了，帶來的香燭我們就帶到××島的天后宮焚化。在鴨洲島我們見到有天后宮，沒見到教堂，從來都無聽過香港離島整條村落信基督教的，可見那小粉紅是說謊。事後那兩警員對我說，平日島上沒有年輕人，最近島上搞了個村史展覽館，那天是首日開張，那小粉紅乘假日才回來主理。由此可見香港離島左派勢力相當雄厚，2019年11月香港區議會大選，民主派18區勝出了17區，唯獨建制派保住了離島區。

（二）

2018年的「5.1拜祭」，值得濃重記上一筆的是，88歲的「老卒友」陳斯駿先生的前來參加。

陳斯駿先生，生於1930年，民國名人陳卓凡的後人，幼時在香港讀書，後到四川入讀民國的空軍幼年學校。1954年考入北京大學歷史系，1957年被劃為右派，自此人生歷盡坎坷，最後輾轉流落回廣州，以「社會人員」身份在街道小廠棲身。

陳斯駿先生迫於政治壓迫和生計，於七十年代曾三次嘗試偷渡香港，其時已經四十三歲至四十八歲矣，無奈三次都歸於失敗，復與眾多十幾二十幾歲的「偷渡犯」一道被返解，備嘗牢獄之災。他的經歷，寫入自傳《驚心動魄的旅程：一個右派分子的三次失敗偷渡》一文中。（見本書第三部分）

參加拜祭活動的陳斯駿先生

作家陳秉安（《大逃港》一書作者）與陳斯駿先生

　　1981年年初，陳斯駿先生在統治集團內開明派的幫助下，恢復了公職，調入暨南大學歷史系，重上教壇，教書育人，數年後評上教授職稱。1995年陳斯駿教授退休，自此長年在美國生活，含飴弄孫，總算得人生閒適之時。

　　陳斯駿先生得知香港每年「五.一」有一個拜祭偷渡罹難者的活動之後，萌生了回港參加拜祭的念頭，既為慰藉亡靈，亦為哀悼自己的苦難過往。謀劃了一、二年未能成行，終於在2018年四月底，不顧家人勸阻，搭乘飛機，飛行十幾個鐘頭，抵達香港，參加了當年的「5.1拜祭」活動。

　　由於在港過度勞累，陳斯駿先生五月初回到廣州就病倒入院，並於六月二十五日與世長辭。聽到這一悲痛消息，我們香港卒友十分難過。我出資在深圳租用一部汽車，率幾位卒友代表上廣州，送陳斯駿先生最後一程：

（三）

　　在鴨洲拜祭完後，我們就乘坐遊船到××島午飯，幫襯島民的生意，雖然××島原住民不許我們前去拜祭，但他們始終是幫助我們立了個小碑，我們是恩怨分明，以德報怨。我們還是在××島他們的飯館午餐，飯後部份人到天后宮去焚化香燭，其餘的就在村裡閒逛及買手信，下午3時45分啟程歸航。回程時經過鬼吊角，我們在船上眺望到《知青碑》還在，可見當地人不敢砸碑，他們也相信舉頭三尺有神明，不想毀碑惹禍上身。經過這兩次拜祭，我們感覺到北面那個幢幢鬼影的威脅，離島原住民還是「藍絲」的多。××島與鴨洲令到我們籌委感到幹這種事不要依靠原住民，慢慢在籌委中漸漸形成了一個共識，要找一個無人居住的小島立碑及拜祭，但這樣做會有很多困難，需要一個好時機，此後年多的時間裡，我們默默的為此作準備。

　　轉眼到了2019年春，由於連續在大鵬灣進行了五次拜祭，加上去年在鴨洲拜祭出了狀況，為了大家的安全我們選擇了後海灣的尖鼻嘴。後海灣海面當年寬4公里，比起大鵬灣水淺一些，也沒有鯊魚，但兩岸都是蠔田，從後海灣過來的人很多雙腿都被劃得傷痕累累。後海灣也死了很多人，只不過沒有大鵬灣多。我校廣州14中初中部下放到深圳南頭公社大沖大隊的一個同學，因年代久遠我忘了他的名字，1972年夏一個夜晚他們三個人落水，天明時那兩個人爬上了岸，他卻不知所蹤了。尖鼻嘴有個警署，警署有五盞大光燈，當年偷渡者從後海灣下水後就是朝著那五盞大燈游的。

　　今天，尖鼻嘴不在禁區範圍內，且乘車可抵，唯一難點是要登二百多級石級，這對我們這些年過七十的老者是一個考驗。在若干年前，此處是我們這些逃港者在假日北望神州的好地方，很多人在那些年背負著「叛國投敵」的罪名不能回家的時候，都會到這裡向北遙望，寄托我們的思念。因此這次到尖鼻嘴對很多人來說是舊地重遊，這一次拜祭人數又創了記錄，是歷年來參加5.1拜祭人數最多的一次，從美、加、澳等地專程回來

參加的卒友不少。5月1號早上，三百幾人在太子地鐵站外分乘五部旅遊大巴，在幾部私家車的帶領下向後海灣尖鼻嘴開去。車行約一小時就到了尖鼻嘴，全部參與拜祭的老者都堅持登上二百多級的石階，到達觀景台——不，是觀境台。在觀境台一邊進行拜祭，一邊像當年一樣向神州北望，只是北面的景物迥異，高樓林立，經濟是發展了，不過大陸方面向海邊填了約二公里，往日青翠的田野消失殆盡，望之心裡有點戚戚然。

2019年五一拜祭

2019年5.1拜祭，其中來自廣州第五中學的卒友及其他同學。

2019年5.1後海灣拜祭之後不久，社會上爆發了以年輕人為主的社會運動，我們這些當年偷渡而來的老者成了堅定支持年輕人的「和理非」（和平、理性、非暴力）一族。我們參與了6.4維園集會，參加了6.9、6.16、7.1等一百萬，二百萬人的大遊行及以後很多次的遊行。我們看到了警暴，嗅到了催淚彈的難聞的氣味，我們成了堅定支持年輕人的銀髮一族。在遊行中，我們廿多個老者集中一起和年輕人一齊高呼「五大訴求，缺一不可」等口號，在龐大的人群中向中環走去。不時會有年輕人問我們為什麼參加，遇到這問題我們都這樣回答：我們都是當年的偷渡客，年輕時為了躲避暴政而逃亡來香港，我們當年選擇逃亡，而你們現在選擇抗爭，你們比我們勇敢，今天我們老了，只能站在你們後面盡力支持你們。在2019年的下半年，我們這些昔日的脫中者把所有的精力都集中在這場轟烈的社會運動中，以至把在大鵬灣無人島立新碑的事暫且擱置。

　　2020年是庚子年，對於華人來說庚子年是個不祥的年份，不是天災就是人禍。上一個庚子年是1960年，那一年「大饑荒」中國餓死了幾千萬人，我們都是親歷者和見證者；再上一個庚子年是1900年的庚子國難，八國聯軍殺入北京城；今年又係庚子年，由於眾所周知的原因，×肺瘟疫全球大爆發，香港自然不能倖免，林鄭政府藉著推行限聚令把反送中運動鎮壓了下去。由於有瘟疫及限聚令，今年的5.1拜祭不能到大鵬灣或後海灣，眼看今年將要中斷拜祭了。為了兌現對亡魂永不相忘、歲歲紀念的承諾，老陳（克治）提出不如到港島紅磡海邊舉行拜祭的主意，由於疫情正盛及時間緊迫，大家認為只好如此了。5月1號早上，想不到在此環境下還有近百的居港卒友雲集紅磡海旁，時間一到，陳太在海邊擺設了香爐和廣州五中死難者名單，陳克治宣讀了祭文，然後大家輪流上香和化寶，在瘟疫下我們沒有中斷對亡魂「年年歲歲，永不相忘」的承諾，近百名卒友冒著被檢控的危險在紅磡海邊進行了約一小時的拜祭。時有很多在海邊進行運動的人，看到一大群的老者戴著口罩在進行祭祀，走過來了解過詳情之後，都默默地支持我們，不少的晨運客都為亡魂裝上一炷香。

（四）

　　由於社運和疫情的影響，我們籌委不得不暫停在大鵬灣尋覓無人島另立新碑的工作。踏入六月，一天，在群組中，廣州一中的盧君發出了一條令人興奮卻又十分迷惑的訊息。說是某週日，阿盧、阿陶、阿鏗及阿佳四人前往塔門旅遊，回程時盧君建議租一隻機動小艇到附近的R島去看一看。R島由於比較小，所以無人居住，該島位於大鵬灣東邊，再過一點就是太平洋，四十五年前阿盧與另外兩名一男一女知青，在三月份一個寒冷

的黑夜乘自制橡皮艇在此上岸，由於R島屬禁區，他因此從未回來過，今次離R島如此的近，他想乘船到此一行，看看有些什麼變化及乘機緬懷一番，結果是他們四人發現，有人在R島岸邊一間超小迷你的天后宮附近，立了一個碑。這個碑比我們在××島鬼吊角所立的碑大一點，厚一點，他們拍了很多照片在群組中發放。阿盧說根據現場的情況來看，此碑應該所立不久。此碑的碑文《越山越水越界，越海英魂永存，眾越港者立》，與我們在××島鬼吊角立碑的碑文只改了一個字，就是「永垂」改為「永存」，據此我認為是參加過5.1拜祭的卒友所為。為此我打了很多電話給在港我所能聯絡到的卒友，他們都對有人立了新碑很高興，但都說此事與他無關。我覺得立碑人選擇立碑時間恰到好處，就是在第二波疫情稍緩，限聚令剛放寬一點，第三波疫情還未到來的時節，更重要的是搶在國安法立法之前搶立了新碑。我個人認為此事應該與阿盧等人有關，發現碑者即為立碑人。我致電詳細詰問阿盧，他卻極力否認。他說他們幾人都七十幾歲，該碑又大又重，沒有十個八個人，其中還要有年輕人，不可能立得起來。他雖極力否認，但我認為他的嫌疑最大。現在國安法已立，立碑人很易被屈觸犯國安法，把自己隱藏起來情有可原。

既然新碑已立，則我們要考慮何時去拜祭了，消息在群組曝光之後不久，船長阿津在電話裡跟我說，「要拜就要趁早，不要等到明年5.1了，因這碑處於旅遊區，假日會有少數遊客到來釣魚，此碑不知可保存多久。」他還說「估計疫情會在九月初回落，建議限聚令一放寬，就組織在港卒友前往拜祭，先拜一次，做成既定事實，以後有碑無碑5.1都到R島拜。」他從事航運業多年，綽號船長，對香港的水情相當熟悉，他認為最好九月去，否則到了十月北風一起，風浪大作，R島在大鵬灣東面，面對太平洋，風浪特大，這時去很多人會暈船。我同意船長的觀點，我認為今年5.1紅磡海旁的拜祭都有近百人參加，如果搞去R島拜祭估計最少都有幾十人參與，一切等待疫情放緩限聚令放寬看報名情況如何再說。

六月份新冠疫情放緩的時間很短，不久由於政府把關不嚴，由境外傳入的新冠疫情第三波高潮再起，香港的零感染維持了廿多天終於中斷，每

天有幾十至百多宗感染，由於疫情再起，港府再度收緊限聚令，加上七月份某方不顧世人反對，在港強推「╳安法」，由於形勢突變，考慮到要顧及所有拜祭者的安全，拜祭籌委暫時停止了籌備工作。然此心不息，我們把目光盯準了十月底的重陽節，希望到時疫情有所緩和，拜祭得以進行。

　　到了八月，香港疫情第三波終於到了最高點，香港人心惶惶，這時阿盧與船長等幾個人趁港人可在本港旅遊之機，在一個星期日乘船出海，回程時自僱小艇往鬼吊角及R島轉了一圈，他們沒有登島，在海上就能看到兩個小碑都安然無恙地挺立在海邊。這消息在我們逃港的一群圈中傳播得很快，很多人都希望能盡快一睹新碑。船長是籌委的主角，他熟悉香港的水情及租船的行情，他認為可租小艇前往R島，但時間最好在重陽之前，因為過了重陽季候風一到，風浪大作危險增大，於是籌委緊緊的盯住疫情，希望疫情在重陽前一放緩，限聚令一放鬆就馬上成行。

（五）

　　經過了港人持續不懈的努力，香港第三波疫情雖然還有零星不明源頭的個案發生，但總算控制下來，中秋節後政府終於逐步放寬限聚令。在離重陽還有一週時，政府終於把限聚令放寬到本地遊可以組成30人一團，船長認為拜祭時機已至，便在籌委中提出在重陽節後第一天進行拜祭，為此他先在港聯絡好船家及了解好水情，在離重陽節還有兩天的星期四終於拍板作出了決定，在10月26號早上9時半在西貢黃石碼頭乘坐大飛到R島進行拜祭。這次拜祭我們只有三天的時間作準備，眾籌委馬上行動起來，在手機WhatsApp裡進行接龍報名。這時又有一個新問題出現，颱風「沙德爾」在香港以南500公里，距離這麼遠但香港已掛起3號風球，可見這颱風威力強大，隨時會襲擊香港，但船長認為無妨，根據經驗他認為該風暴一定會西去，不會襲擊香港，果然「沙德爾」逐漸遠去，對香港的威脅逐漸消除，風球除下，但我們只剩下一天半的時間籌備。時間雖然短，但經過大家努力，仍然有六十一名勇者接龍報名，比第一次立碑還多了兩人。

10月26號這天天朗氣清，十分適合遠足，黃石碼頭地處遠郊，但六十一位參拜者無一遲到。9時半一到，參拜者就分兩批，每18人乘坐一隻大飛向R島駛去。這天天氣雖好，但季候風已至，海面時有大浪，加上「大飛」船小速快，遇到大浪船隻會大幅度上下顛簸，但風浪嚇不倒我們這些曾經跨海而來的人。想起50年前我逃港的那晚，呼呼的北風捲起的滔天大浪就比現在的大得多。如果那晚沒有強勁的北風掀起的巨浪，我們四個偷船者就逃不過中方炮艇的搜捕。我是坐船過來的，對於那些在夜晚泅水而來的，對於在這片曾被他們所征服過的海域，現時的風浪不過是小菜一碟而已。由於大飛速度快，只航行了十幾分鐘，就到了R島。

　　R島很小，由於小，沒有足夠的淡水，就沒有人居住，因而沒有碼頭，人們在此上下船都會浸濕腳，因而很少遊客到來，這對於石碑的保存就十分有利。我們由於有經驗早作了準備，船一停泊沙灘，一個先行者先跳下去，在草叢中找出了我們預先做好的一個木制的兩級木級，把它拖到船頭，然後所有人在船家的指揮下，彎下腰踏上木級走上海灘，完全不用濕腳。

　　我們上岸的沙灘很大，估計可以容納過千人，這點比鬼吊角強多了。石碑就建在沙灘的北邊離岸約3米高的岩石上，面對大鵬灣，與不少的偷渡客下水的深圳大小梅沙隔海相望，新碑比鬼吊角的第一碑高一點，寬一點，厚一點。石碑直插入岩石中，安裝得很穩固，可見立碑者很專業，由沙灘到石碑要行經數米嶙峋的岩石，這對拜祭者增加了難度，但同樣對毀碑者增加了困難，這對石碑的保護有好處。新碑石質偏綠，頂頭刻有一朵金色的菊花（廣東人祭祀多用黃菊），正面碑文是金色的「越山越水越界，越海英魂永存」，比較舊碑只改了一字，左下則與舊碑一樣刻著「眾越港者立」，同樣沒有立碑日期，碑背則刻有「年年歲歲，永不相忘」幾個金色大字，這是舊碑所沒有的。

　　我們第一批到達的人，馬上走上新石碑處進行拍攝，一時間各人的手機大派用場，所有拜祭者各自組成不同的組合，與新碑一起拍照。等到所有人都到齊了，籌委會成員中的藥王、阿盧與阿祥把帶來的燒肉、燒酒

及熟雞等祭品擺開,並點燃香燭,拜祭開始。所有參拜者每人手持清香一炷,排著隊向石碑進行參拜。這時拜祭場面出現了一件奇事,這次拜祭年紀最大的福馨姐(78歲),手持兩朵黃菊,她上完香後就站在碑旁,用充滿感激的聲調不斷的向參拜者說「多謝你們!多謝大家!」。她的這個舉止引起了我的注意,事後我問她為何如此?她說她可通靈,當時她感應到是亡靈要她這樣做,代眾亡靈多謝大家。

福馨姐是個傳奇人物,在上世紀七十年代初在廣州幫助過很多人逃港。她聰明絕頂,交遊廣闊,辦事能力強。1974年她用她的口才與機智,說服了香港六個老闆,每人出2萬元合共12萬元港幣買通了一艘香港漁船,在廣東電白縣組織了一次四十幾人的偷渡,其中包括她的父親和兄弟姐妹共9人及3個朋友,一次就成功逃港。此次行動如若失敗,她作為一個

勇敢的女性，全部系當年的越海者

超大偷渡集團的主角肯定會被槍斃。她的一個弟弟1970年在東線大鵬灣失蹤，由於她有通靈能力，經常感到她弟弟滿身鮮血出現在她面前，肯定死於鯊口。她對我說她弟弟不肯去重新投胎，我聽後對她說，她弟弟一直不肯去投胎，就是等這一天，今天我們來了，並向亡魂保證年年拜祭，永不相忘，他見過了大家，前世的事應該釋懷，放心去投胎再世為人，但應該小心不要重投大陸，再世為人但不要再作大陸中國人。中國人崇信佛教，佛教有因果報應及輪迴之說，眾亡靈此生為了反抗專制獨裁投奔自由而不幸殉難，再世為人一定會降生到自由民主富裕的國度，有一個幸福美好的人生。相反那些今世行專制獨裁作惡的人，地獄在等著他們。

眾人上完香，拜祭就算完成，六十位參拜者圍繞著墓碑一齊拍大合照，大家都相約明年5.1一定再來，然後分批乘大飛到塔門吃午飯，吃過午飯後有人到塔門作短暫旅遊，有的就乘大飛回黃石碼頭打道回府，這次拜祭就此完結。

2020年10月26日眾越界者拜祭後合影

　　當我乘大飛離開R島海灘時，我回望這個死難者第二碑，它單薄的身型就像一本薄薄的歷史書，如果沒有人為的破壞，它會默默的站立在海邊，等待有心人來翻閱。它並不孤單，第一碑就在它附近。有了這個在無人居住島的第二碑，我們就不再受制於人。

　　當年我們奮身一搏，換來了幾十年的自由，眼看的我們曾經擁有的一切被日益侵蝕，我們心焦，我們抗爭，希望能保住曾經的擁有，為自己，也為下一代。我們渴望那一天的到臨：自由民主之光普照神州大地。

　　如果真有那一天，總會有後人追尋起發生在南中國的這段歷史，這兩個小碑就是最好的歷史見證，說不定還會帶旺這兩個小島成為旅遊點。真的有那一天，說不定會有一個超大的記念碑立在深圳的那一邊。

2020年11月6日寫於香港

越界者訪談錄

採訪記述者：阿陀

（之一）「著屐」直向珠江口

講述者：歐×梁　廣州二十二中（真光）初三（5）班
下鄉地點：番禺縣靈山公社敦塘大隊
記錄時間：2012年

一、在農村無法養活自己是偷渡的主要原因

原來沒想過偷渡，因為下鄉後是標兵，信任和培養的對象，一段時間曾調到公社保衛科，後來幹部鬧宗派，另一派上來，排斥我，不得不走。過程很順利，原因是第一，我當過幹部，可以自由用船、出海，也熟悉環境。第二，和其他偷渡過的知青關係一直很好，從他們處得到經驗和幫助。今次運氣好，一舉成功了，我們是棹艇過去的。據說公社事後很吃驚，專門為我的外逃開會總結教訓。

1968年知道曾××在白沙河練習，準備偷渡，當時我想都沒想過，剛下去都是想紮根，確實打算在農村發展的。實際又怎樣呢？我第一年3000工分，等於是全職，還養了雞鴨，就這麼勤勞都養活不了自己。當時勞動力計算工分，滿分10分，也有10.5分，駛牛的11分，隊長和記工員也是10分，我9.5分，知青最高的了。女生最高8.5。也有5、6分的，我做滿全年，基本上沒有休息，有3000多分，很少知青能做到。以後分值逐年遞減：第一年1角3分；第二年9分錢；第三年7分錢；第四年3分錢（整理者注：指1970至1973年）。一年到頭算起來有二、三百元，事實上我幾乎一

分錢也沒領過，因為工分值都用來扣除我平時食用了。整個下鄉期間只是在第一年年終領過生產隊發給知青的十元補助。當地農民也一樣是領不到什麼錢的，農民用錢全靠養豬喂禽種自留地。知青沒有家庭，一般不做這些，零用錢基本靠家裡補貼。

分值高低，收入多寡取決於糧食和副業，南沙、萬頃沙靠海（珠江），可以打漁，副業收入高，分值就高。欖核靠近廣州，還可以賣菜，我們沒有這個條件。公糧上繳是無償的，交完以後，留了口糧，剩下的就是餘糧。餘糧賣出去的錢就是生產隊的收入，可糧食賣不了幾個錢。人口逐年增加——農民拼命多生，因為生一個就多可分一份，包括自留地面積、口糧和其他。這是他們的生存利益需要，國家征公糧數額每三年調高一次。而且土地板結，越來越依賴化肥，化肥、農藥價格也會上漲，化肥還買不到。生產一年比一年差，工分值越來越低。知青偷渡很多和政治無關，實在是生存不下去，令人看不到前途。這種情況番禺各地基本都一樣。越是離海遠的，窮的地方，知青越想跑。靠海的其實條件好一些，開始不想跑，在借點「埋堆」的朋友同學的影響、慫恿下，想想自己將來也一樣沒前途，也就跑了。

二、「著屐」走水路的偷渡經歷

我下鄉地點是番禺，番禺東邊是珠江，往南走就是珠江口，珠江的出海口一邊是香港一邊是澳門。番禺境內河涌縱橫交錯，兜兜轉轉好多都通往珠江，所以偷渡者選中的偷渡方式就是用農艇。農民最看重的兩樣東西——牛和艇，靠牛耕種，靠艇運輸，所以每個生產隊都會有兩三條最靚的艇。農民並不在乎你偷渡，你別打他艇的主意就行。你偷不到其他隊的艇，就只好偷自己隊的，但一旦不成功，政府關押還不是最難受的，回去生產隊才慘，農民這時化友為敵了，民憤極大，打到你殘，所以偷艇的人精神負擔最重。一個辦法是和農民仔一起偷渡，讓他去偷，就算失敗被抓回來，睇在同村鄉里的份上，下手也有望輕一些。我頭幾次偷渡，因為是組織者，有別人搞艇，最後一次自己偷生產隊的，沒有辦法，熟悉情況比

較保險，只好這樣。

　　本來是等張×兒搞艇的，太難，最後還是由我偷自己隊的，比較有把握，把公安局原來扣留的那條艇又偷回來，艇一到手直接就走。一般偷艇是為出海，往南走，追的人也往南追。我反方向，往北去，直接棹回廣州。你知我家住在泮塘，回到廣州後把船泊在那裡，人人知我是當地人。第二步是買幾擔煤倒落船，有人問，當時城市居民用煤定量供應，你怎麼買得到煤呢？因為我哥在煤廠工作，以生產隊需要為名買了八擔煤倒落船。黃×德和我細佬把船棹回南沙，這樣外人看上去就是農民用艇運煤，不易作它想，我則從陸路回去。早上約五點鐘，我和張×兒來到南沙邊緣的黃閣公社一個事先看好的偏僻地方，黃×德和我細佬棹艇已先到達那裡，由我與張×兒接力，他倆步行去萬頃沙的十三涌。我和張×兒離開的時間是早上四、五點，為什麼選這時間？因為從這裡到萬頃沙公社要一個多鐘頭，這段時間沿途涌口哨卡的民兵將近換崗，都睏覺了，這點我清楚。當時我細佬是和黃×德走路過去，珠江農場很多知青，所以走路是很安全的，沒人會懷疑這樣走去偷渡的。用艇就會引起懷疑，特別是人多。我們可以說是運煤到珠江農場。我們扮成珠江農場知青，而且只有兩個人，一般偷渡不會只是兩個人，這樣盡量減少別人懷疑。我和張×兒，一男一女棹艇，本來一個多鐘頭的路程，我們故意拖長，慢慢走，像是談情說愛，打情罵俏，八點鐘到萬頃沙。那天正好是墟期。把船繫好，我倆上去瞎逛，差不多時間來到一個飯店，黃×德和我細佬已在裡面，悄悄交頭接耳講幾句，讓他們繼續走路到郭×華那兒，我們事先已和郭商定，人和艇在哪個位置會合。乾糧、臘腸什麼的，已準備好放在郭×華家。我們從下午兩點棹艇繼續往萬頃沙郭×華那邊去，正常時間一個多鐘，但我們在路上多花兩三個小時，好像在談情說愛，在玩，到了郭×華那裡，萬頃沙十三涌的地方，剛好是預定的天黑時間，不敢進村，因為有陌生人入村農民是要報告的。停在一處預先看好的已收工無人的田邊。我們匯合後，將煤卸掉，扔掉所有偽裝的東西，六個人找一個斜位，一齊用力，把船推過基圍，棹到十五涌才能下海，四百斤重的艇，人少了根本推不動。

「著屐」的最佳時機，是每月農曆25、26、27、28這幾天，29、30和初一也可以，天色整個晚上都墨黑，早上五點月光才出來；另一個最大特點是從夜晚十一點開始就退潮，退到早上五、六點。最佳季節是每年十、十一、十二月，因為此時有北風。天黑加退潮加上北風，順風順水黑墨墨，最容易得手。所以通常，這段時間當地幹部和民兵會打醒十二分精神，盯緊那些有偷渡嫌疑的人，以及盯緊河涌、農艇。

當我們的艇正要棹出珠江江面時，忽聽得呼喝聲槍響聲大作，原來是民兵的機動船在海面響槍拉人，我們趕忙隱蔽起來，好險，早一步就碰上了。郭×華驚起來幾乎都不想走了，後來看著機動船後尾吊成一長串十幾二十只艇收兵，這是他們今晚的戰果。估計他們還要有一段時間才能回頭，我們就利用這段時間衝出海面，我們是三對雙槳，加上是都青壯年，埋頭猛扒，艇像離弦之箭。我們計劃打斜過對面東莞，沿東莞邊緣，經過伶仃洋，往香港棹。已經計劃好了的，畫好地圖，幾點幾點鐘經過那裡，心中有數。你問為什麼要划過東莞那邊去？因為那邊安全一些。雖然東莞管得更嚴，民兵更多，但海上就比我們這邊松，他們沒有機動巡邏船，水淺，機動船走不了。我們的船小，可載重一千斤，但滿載時離水面只有兩寸，容易進水。我們六個人六百斤，食水後水面到船幫還有五、六寸，剛好。人少了船太飄，也不行。這種小艇只能沿主航道和岸之間走，水不會太急。棹棹棹，衝出去以後，看看方位，但當時帶的兩個電筒都濕了水，用不了，於是劃火柴查看指南針，第一支不著，劃第二支，突然一隻探照燈打過來，跟著好幾隻探照燈都亮了，成個海都光曬——原來我們就在一艘軍艦下面。這時上面的人喝我們，我們驚得七手八腳拼命棹，喝叫什麼都不知道了，拼命就划，卒之擺脫了軍艦，連探照燈都看不見我們啦，才喘口氣。驚魂未定，分不清東南西北，沒有亮光無法查看指南針，好在×浩教過我認北斗辨方向，由我決定那邊是南。由於被軍艦這麼一搞，打亂了我們的節奏，沒有和別人一樣打橫過東莞，而是走了主航道，主航道的水流非常急，急到什麼程度？我看到前面有個什麼航燈一類，想改變一下方向都來不及，一下子就過去了。大約到了伶仃洋，朦朧中覺察到前面有

炮艇，聽見軍人喝，似乎炮艇啟動了，卻不料我們的艇被水流一沖而過，轉眼不見了炮艇蹤影。

細想起來，這次可謂「錯有錯著」，原本我們設想艇只是靠近東莞那邊行進的，因為主航道實在是水深水急，兇險異常，可是靠岸那邊佈有農民抓魚的罾。這種叫做罾的東西其實是漁網，左右兩條杉木或竹篙插入水底，支起一張大網，喇叭口面向水流，讓水流將魚蝦沖入網中，杉木、竹篙晚上會掛有馬燈警示，但遇到風大、油盡就會熄滅。偷渡客的艇一旦被沖入罾中，越掙扎被扯入水中越快，可謂一旦入罾斷無生機。這種罾害人無數，培英中學梁城根四人就是這樣全艇覆滅的。我們的艇被軍人炮艇一驚嚇，慌不擇路擦著主航道的邊邊沖了過去，竟然避過了這種陷阱。

本來預算五點到香港，三點我們就到了大澳，但當時不知道是大澳，沒人教過我們，以為是地圖上的一個島，於是一路棹，接近天光的時候，死啦，前面只有一些島仔，大山在後面，但那時一出去很遠了。不知怎麼辦好，唯有向一個小島靠過去。大約七點左右，有只漁船過來，我們避之不及，他們看見我們想躲避，就大聲喊：你們快點走啦，八點鐘解放軍的炮艇就來巡邏。我們一看，他們船尾掛著香港旗，想叫他們帶我們，他們不肯。開始漲潮，我們怎麼也棹不近島。這時又有另外一條船經過，香港漁民好心，也是這樣叫我們快走，八點解放軍就要來了。他們也不肯帶我們，這回我們有經驗了，一邊講一邊靠過去，抓住纜繩就爬上船，他們沒辦法，就要求我們最後把艇給他們作為交換，這有什麼所謂？於是叫我們躲在船艙裡不要出來。開了一個多小時，船才到大澳。他們在香港最南端的一個點放下我們，我們再行了兩三個鐘，才到大澳的一個墟鎮吧，上岸就找警署，那時的香港政策歡迎我們去，不抓我們。

就是這樣到了香港。

（之二）彼岸新世界

講述者：曾×萍　原廣州二十二中（真光）初三級
下鄉地點：中山縣坦洲公社
記錄時間：2012年10月30日、31日（芝加哥—三藩市電話）

一、少年時代背負原罪

我從來不和任何同學提自己的家庭，別人只知道我有一個養母——我姨媽在加拿大。所以我給人的印象只是衣服好一些，花一些。加上我身體很弱，不用上體育課，不大參加班裡的活動，大家都不怎麼注意我，包括「文革」開始以後，都沒有抄我家。我對自己的父親幾乎沒有印象，因為我只是幾歲的時候被帶到監獄裡見過他一面，父親是大地主，曾代理過縣長。母親帶著我們三姊妹艱難地生活，她是搞水利的，經常要到處下鄉，記得八歲時跟母親下到花縣，我已經會自己劏兔——先用繩子勒死，再落刀。那時住在農民家裡，一個人睡覺，頭頂屋樑上就架著一副棺材。

我比大多數同齡人早熟，很小就非常清楚自己的處境。

後來由我阿嫲做主，名義上把我過繼給我姨媽。

（問：我和你同年，知道那時候學校越來越講階級路線，經常要填成分什麼的，你是怎麼過關的？）

因為養母的關係，我是僑屬。大家都知道我有病，胸膜炎，很多活動都不參加，所以也不大注意我。你也知道我是個本分的人，在老師同學眼中是乖乖女，從不惹事。加上我很努力讀書——不用參加勞動和體育活動，也可以有更多時間看書。我的數理化非常好，數學更不是一般的好，比賽得過第一名。「文革」前學校還是重視成績的，老師不會和我過不去。我也告誡自己不能出風頭。「文革」中沒參加任何組織。抄家抄不到我，「文革」開始我媽已被抓下鄉了，因此也無家可抄。但我心裡很明白，留在這裡不會有前途。在加拿大，姨媽是醫生，姨丈是工程師，經常寄照片來，

我很早就知道外面有一個不同的世界，我的目標很明確，無論如何要去那個世界。申請了好幾次都不批，那時候很難批，唯一的辦法就是偷渡。

二、「文革」混亂中苦練游泳

如果說到誰會偷渡，我想我是最後一個才會被懷疑的。我小學五年級時就因病休學在家，我沒有念過六年級，靠自學考上廿二中。考上廿二中後，還因我媽對學校講我生病，幾乎被停學。後得何尚銘老師同盧次光校長講，讓我再去醫院檢查，回來說我可以讀下去，但不得上體育課和勞動課。所以我是不參加任何體育運動的，每次上體育課，我都在體育室幫忙借器材給大家，同初三（4）班的江松君一樣都是病號（所以我同江松君特別好），我們每天要到飯堂喝牛奶。也因為這樣，我都沒有學會游泳，直到初三，說不會游泳不能畢業，我才學了一點。大家都覺得我是病貓，怎麼會相信我會去偷渡？其實也是因為文化大革命受的衝擊太大，家被連根拔起，才不得不背水一戰。實在不甘心全家人做農民，做一輩子農民，那個時候是說做一輩子的，不知道日後可以回城。其他人忙於搞「文革」的時候，我開始學游泳，一直練了兩年，說不上技術怎麼好，但身體強壯了。當時有同學看見我在「海角紅樓」（游泳場）那裡出現，其實我不是去海角紅樓，我是去海角紅樓外面的「白沙河」，每日來來回回橫渡十來次。一來以後在大海中游會有水流的衝擊，在海角紅樓裡面沒有水流，不能為日後做準備；二來海角紅樓裡人碰人，游兩步就要停一停，無法練習耐力，因為一早就知道偷渡必須要長距離游泳，我們是一下水就起碼橫渡一兩個珠江來回才停的；三來，海角紅樓入場要付錢，我每天都去的，怎麼付得起那麼多的錢買門票？

（問：當時在白沙河像你一樣練游泳準備偷渡的人多不多？）

我想應該也不少。白沙河游水的人很多，不過大家心照不宣。

（問：你為偷渡練游泳的確實開始時間？）

應該是1967年夏天，練了一年就下鄉了，下鄉一年內，為準備偷渡，我又回來練游泳。這樣總共是兩年。記得是學校不上課，沒人管，大串

聯，我就開始去游泳了。我家在西村，走到白沙河要半個鐘頭左右。

（問：沒人管是1966年10月工作隊完全撤走以後，正式大串聯也是這個時候，根據這兩點，你開始游泳的時間不應該是1967年而是1966年，你是不是記錯了？）

有可能是1966年，記不住了。

三、提前申請落戶農村

1968年年頭，我聽說中山縣坦洲公社來廣州執信女中招上山下鄉青年，真正大規模下鄉是在後來11、12月，早半年時間還不是非去不可的形勢，因此沒有什麼人報名。我雖然不是執信的，但他們很歡迎，可能是有一定的名額任務要完成。我說我的朋友可能也想去，他們立刻給我幾個名額。我是明白自己前途在那裡的，不同別人，那時還很少人想到這一步，特別是初中生。我到處找伴，但平時和男生沒什麼來往，女生沒那膽量，挑人也有很多顧慮，怕找來的人不合適。碰巧我們學校梁×敏知道我有名額，她的堂大佬和家姐正好也有這個想法。於是我們一齊下了中山，比學校分配早了半年，後來軍訓，辦分配學習班這一截就沒參加了。

四、精心籌劃準備偷渡

下鄉頭一年政策有二百多塊錢安置費，一部分用來買竹篾給我們搭寮，其餘用來補助每個月八塊錢。所以還不算很淒涼。從下鄉開始我們就著手準備「水抱」（救生圈）等。平時和農民傾偈（聊天）就有意瞭解情況，因為有些農民去過澳門那邊，從中可以知道沿途會經過那些島，島上有沒有人。我過年（1969年春節）回家一次，第二次就是1969年6、7月份，回去的目的就是「練水」，因為我們已經準備9月份動身。我們計算過水旬，每年只有幾個月可以下水，一個月裡也只有幾天的時間是順水，不順水的話誰都沒有力氣游那麼久。九月是一年裡最後那一個水期了，不走就要等來年的春夏季。十月太凍，游不了太久。但人人都知道那幾天，走的人多，巡邏的也多。

我們離海邊還有兩個鐘頭路，不能直接下海。好在我認識一個靠近出海口的知青，同年級。九月動身前，我先從廣州回來，把裝備預先運去他那裡存放：餅乾、水果糖、港澳舊衣服和鞋子分別放入塑膠袋，然後將鐮刀放到火上燒熱，烙封袋口，「水抱」是方形的。

五、月黑風高投身怒海

1969年9月6日夜晚，我從廣州悄悄回到坦洲。一起走的還有和我同級的梁志文及他小一歲的妹妹，吃過飯收拾一下就上路。九點鐘，我們把乾糧和衣物都綁在「水抱」上，把身上的衣物脫下來踩進泥地裡，換上運動衣褲下水……

坦洲近澳門，看燈火就可以辨方向，但一晚是游不到的，游到淩晨三四點鐘，到達預計的第一個荒島，就上去準備休息吃乾糧，哪想到裝餅乾的袋子進了水，餅乾成稀湯，只好靠水果糖充饑。這裡是邊防區，時有巡邏艇經過，白天我們躲在荒草裡休息。第二晚繼續下水，游著游著，不知不覺游到一艘大巡邏艇下面，因為船上實行燈火管制，黑暗中我們也沒看見這條船，直到聽見上面有人講話。好彩他們沒有打開探照燈，沒發現我們。本來預計第二晚可以游到澳門，誰知又遇上颱風浪大，沒有力氣衝過去，只好又上一個島捱多晚。沒吃的，就靠幾粒水果糖。我們不能游太快，太用力容易抽筋，特別是男的，很多半路淹死的就是因為抽筋。梁×文上島時整個人落了形，女的就比較堪捱，你看我最後上岸時澳門拍的照片，變化不大。

（插：我的童年夥伴王漢傑，馬思聰的侄兒，據說就是抽筋體力不支死在海上，是他的女朋友夾著他的屍體過去，香港後來還因為這拍了一部電影。）

我記得有這個電影。我好朋友梁×敏就是夾著一個屍體過到澳門的。她後來被返解回去，第二次才成功。會不會是她？我們已經很多年失去聯繫，最近才找到她。

（插：你無論如何要幫我和她打個招呼，我一定要訪問她！）

第三晚我們到澳門，實際上岸的地點只是澳門仔──澳門本島是一個大島，澳門仔是一個小島。上去第一件事就是把塑膠袋裡的衣物取出來換上，吹乾一下。我們不知道上岸的地方上面就是警署。澳門和香港不同，被發現要送返中國。我們運氣好，碰到一個認識的也是剛上岸的知青，彼此心知（心照不宣）。我們雖然事先每人已經換有10元港紙，夾在頭髮上，準備上岸搭船過澳門島用，但不熟悉環境。他家在水邊有人，招手帶我們一起去他朋友家吃過飯，告訴我們怎樣搭船。我們終於順利到達澳門。

六、十年圓夢百感交集

　　到澳門以後還是不安全，怕返解。好在梁×文媽媽有一個好朋友在那邊開米鋪，事先已打過招呼。我們找到那裡，老闆娘安排我們吃飯後，讓我們上閣樓幫她釘珠仔（手工活）。打電話不久，梁×文的伯父就來把他兄妹接走了。我偷渡的事沒有讓母親知道，只告訴姨媽，她很支持。姨媽是醫生，事先已跟一個她認識的香港護士打了招呼。護士的丈夫在澳門有一個世伯，譚伯，是從美孚公司退休的，英文很好。譚伯收留了我。因為沒有身份證不能出去，躲在家裡，他就給我找來幾本英文書，十個月逗留期，我把英文文法的底子打好了。最後是姨媽花錢找人幫我「屈蛇」過到香港。過香港以後，我開始非常艱難。我家都是有文化的，我是第一個逃出來的，全家都希望我能讀書，也只有讀書以後才能在寫字樓工作。我從相當於大陸高一讀起，課本都是英文的，許多字不認識，白天還要打工，讀得幾淒涼。我數學好，幫人補習數學，賺的錢再請人幫我補習英文。我發誓，十年以後一定要出人頭地。剛好是十年後，我終於成了美國伯克萊大學畢業的工程師。回想起來，走上這條路完全是被迫的，那怕可以留下來掃街，我都可能不會想到偷渡。只是因為對安全絕望，才不得不走。去另一個世界生存成了我最大的盼頭，也是因為有了這個目標，我才拼命努力……

（之三）從海南島到香港島的歷程

講述者：鄭×偉　原廣州二十二中初二
下鄉地點：海南保亭金江農場（廣州軍區生產建設兵團三師五團）
記錄時間：2008年8月

　　……現在他的頭髮都白了，也掉得很厲害，和實際年齡不大相稱。問是不是海南島的太陽曬得太厲害？他回答：主要是因為用腦過度，他們幾個偷渡客也都白了頭。自己後來到了香港，白天做裝修，晚上讀夜校，要學會計算成本，揀客，看圖，劃則……也要用腦。剛到兵團那頭兩年，他彪悍得像條狼。後來便有好多傳奇的偷渡經歷，據說還曾靠兩個球膽遊過瓊州海峽……

　　他笑笑，「那是我自己編出來的，那時候不得不這麼講……」

一、誤打誤闖 ——「洗濕了頭」走上不歸路

　　1968年剛下農場時，我知道自己成份不好，惟有落力去做才有出路。第二年轉正定級，隊裡十幾個知青都定一級，就我一個人評為二級。如果不是那次偶然「洗濕了頭」（粵語：開了個頭），人生道路會完全不同。那是1970年，第一次從海南回廣州探家，連隊批准以後，我自己去場部開證明。辦公室主任按慣例辦理，按規定證明應該用圓珠筆或黑墨水寫，那天主任不知為什麼用了藍墨水，結果他給自己帶來很大麻煩。隊長一直很器重我，臨行前再三叮囑：「記得不要超假，回來後有個副班長的位置正等你去做。」我知道班上沒有人幹活比自己更落力，因此這副擔子才會落到自己肩上。「放心啦，我不會的！」我的回答是真心的——一個「可以教育好的子女」麼，知道珍惜這份信任。（注：「文革」時毛共將出身地、富、反、壞、右、資家庭的子女稱作「可以教育好的子女」，意在安撫和拉攏，可它還是一個歧視性的稱謂，一種標籤。）

回廣州探家期間，我和同學結伴到番禺南沙探望下鄉插隊的朋友，因為那裡是水鄉，出門離不開艇，朋友便向生產隊借來一條小艇，帶客人出去遊玩。十二個人把艇仔擠得滿滿的，大家得小心保持平衡，不然隨時會翻船……划出江面——珠江口，對面遠處就是林則徐虎門銷煙處和炮臺，大虎、小虎島，往南方向就是公海。不料，一艘載著民兵的船開了過來，問要證明，朋友說，都是附近的下放知青，哪有證明？民兵說，那就跟我們回生產隊打個電話證實一下吧。插隊朋友也不覺得有什麼大不了，大家都很坦然，便同意讓對方大艇拖回去，結果，結果我們一下船就立刻被拘留了……

　　先是送到「太平」（地名），臨時關押，很快轉送東莞樟木頭——又稱「樟木籠」（粵語，樟木簀）。那是正式監倉，高牆鐵柵，崗樓有軍人持槍監視。看到那些關了十幾年的老犯，蒼白，皮包骨瘦，嚇得我要死。「我們被當成罪犯了？！」監倉條件很差，擠迫得睡覺只能側身，無法攤直，旁邊就是馬桶，臭氣熏天，頭兩晚根本睡不著，第二天起來，身下木虱成堆……

　　審問，不由分說，一口咬定我們是偷渡，事實本來就是單純去玩，十二人之中還有兩個團員，一個工糾，再講就算是偷渡，那條艇仔，上了這麼多人，怎麼經得起風浪？但解釋沒用，他們認為你們至少也是「探路」，一定要你認。

　　你不認？打到你認！認了才放人。用他們的話說：「我們共產黨從來不會捉錯一個人，你入得來就一定要認！」

　　關了兩個月，看著毫無解決之望，其中有四個人挨義氣，站出來承認自己是主謀，準備探路過香港，其他人不知情，是受蒙蔽的……第二天其餘人就被放出來了。

　　農場接到通知派人來領回去。人還未到，連隊已經傳我因偷渡被捉……不過，當時農場其實對我還不錯，聽解釋合理，就沒有給下偷渡的結論，沒宣佈處分，還給補發了這三個月的工資，只是我自己咽不下這口惡氣。在監倉兩個多月，識人不少，有意外之得，就是知道去香港是一條出

路，加上「洗濕了頭」，在農場也沒前途了，不如一搏。

本來無心偷渡的我，卻因這次被「屈」偷渡，立下決心去偷渡了，吊詭吧？

二、咫尺天涯——功敗垂成被「撈湯圓」

幾個月後，我利用上次探家那張沒有繳回的舊證明，用監倉裡學來的辦法，從衛生所弄來雙氧水，塗抹褪去原來的日期，重新改寫後，買了通什——海口——廣州的水陸聯運票，選在節日放假，比較放鬆，當天搭車到海口，第二天就神不知鬼不覺上了去廣州的船。

順利到達廣州後，我選擇走東線——惠州，路上要走八天，翻山越嶺，很艱苦。途中結識了七個同道人，彼此交談，有些人還是同學的同學，朋友的朋友，間接認識。最後走到了海邊，下水以後，中途有兩個游得慢的跟不上，我們六個人也顧不得等了。游了幾個鐘頭，眼看前面就是香港海島，估計十幾二十分鐘就可以到達，大家都很興奮，不料在這時解放軍的炮艇來了，探照燈一打，六個人慌忙散開，有的回頭，有的往側邊左右，我潛下水底……

結果我們六個人一個都跑不掉，統統被撈了上來——偷渡者將這個叫「撈湯丸」。撈到我是最後一個，我聽到軍人拉槍栓聲，七六步槍，跟著用普通話喝：「再不上來就開槍！」我只好舉起雙手，扯長竹上船。「最狡猾就是你！」軍人罵完就一腳踢我下船倉。底倉已經有三十幾個人。大約過了半個小時，巡邏艇拋錨宵夜。這時我留心瞥了一眼船上的鐘，正好是夜晚十二點，沒想到這一瞥對我日後最終偷渡成功起了關鍵的作用。而掉隊的那兩人正好避過了炮艇巡邏時間，幸運到達香港。

第二次入「格」，情況大不相同，因為我「水邊走過」，有經驗，有「撈湯圓」的資歷。「樟木頭」天天都保持關押百多兩百偷渡犯，全部是知青，有些人想我「教路」，想碼住我這根「盲公竹」。我很有「名份」，有人給我留位址，告訴出獄後要什麼證明都可以幫忙，有人保證只要肯帶其上路，經費由他全部「包起」……

監倉是一個大學校，反過來我也從其他人那裡學到許多在非常環境下的生存技能，好比「鑽木取火」──只需一片紙一條木就可以搓出火苗，還有「飛牆走壁」──利用牆壁的三角位蹬爬上牆。如何塗改證明前面已講過，甚至還要學一些你平時不會做，也不可能做，但到你落難，走投無路時就不得不做的事，例如「落夾」（扒竊）……

三、千難萬阻 ── 瓊州海峽如天塹

人人都知道偷渡香港很難，其實對我來說，更難的還是第一步──怎麼擺脫農場的攔截，離開海南島越過瓊州海峽返回廣州。這次被押回農場，情況已異於上一次，偷渡罪被坐實了，當然對我嚴加看管。但既然已經橫下一條心，總能找到機會。我因為坐監，有些水腫，在場部醫院留醫，一個週末，我乘機溜出來，醫院還以為我回了連隊。我搭長途公共汽車去海口，擔心農場「運動辦」的人先到，可能會守在終點站，所以提前一個站下車，直接步行去買船票。我戴了眼鏡和草帽，很小心觀察過以後，才拿出那張經塗改過的舊證明遞進售票窗買票，但售票員沒有遞票出來，拿著證明看了又看，要我先進來辦公室一下。我很警覺，一進門就先看窗戶位置，當門口有農場的人影一閃，我立即跳窗逃跑。我躲在蔗林、荒山捱了幾天，碰上打颱風，更過不了海，留在海口又無處落腳，只好買反方向車票，掉轉頭先去三亞躲到一個朋友那裡，以避避風頭。過了一段時間，廣州朋友的假證明寄到三亞了，估計海口碼頭守候的人也可能撤了，我又悄悄回到海口，買船票順利回到廣州。可是農場的人早已守候在我家……

這是第三次被抓回農場，事情就不是原來那麼簡單了。

那張一再塗改過的原始證明落在他們手上，首先追查是誰開的證明，儘管我坦白講出用什麼方法塗改，還加以示範，但主任違反規定用藍墨水開證明，也受到牽連被懲罰，由場部辦公室下放到基層，調到高峰隊當指導員。後來我被送到高峰隊監管勞動，主任在批鬥我時特別狠，可能他心中有氣。換轉身份，我能夠理解他，我對他真是很抱歉！

農場反復追問「失蹤」的這段時間我到過哪裡，是通過什麼途徑回到廣州的？我當然不能暴露三亞收留我的朋友，也不會講出怎樣弄證明買船票，唯有編造靠兩個球膽（籃球內胎）游過瓊州海峽的故事。不過也不是亂編。之前我確實到相鄰的新政農場買過球膽——那時偷渡人多，廣州一帶根本買不到球膽，外地買拿到廣州賣還可以炒十倍高價，農場有人知道我之前買球膽之事。

　　審查沒有結果。不久我的新證明也通過朋友三轉四轉寄到手了，於是我又買了水陸聯運票趁假日開始第四次逃亡。到了海口秀英港，遠遠看見還是農場那兩個人守在剪票閘口，我毫無辦法，眼睜睜看著船開了，票只好作廢。等兩天，下一班船，我又買到一張退票，決定硬著頭皮闖關。但入閘會打照面，草帽和眼鏡都遮不住，好在排前面有個解放軍擔著很多東西，扁擔突然斷了，我乘機撿起地上的皮箱扛上肩，遮著一邊臉，跟隨軍人進了閘……

　　到了廣州，農場的追兵也趕來了，結果我還是被捉住，暫時被「寄存」在拘留所幾天，他們辦完事了，就來領人回海南。一路上，兩人分押兩邊，手搭肩，押去碼頭。過馬路的時候，我計算好時間差，見有汽車過來，突然掙開，從車頭前橫衝過馬路，剛好汽車把押送者擋在另一邊……我拼命跑，已經跑出好遠，眼看就可以走脫，但他們還是追著不放，一面大叫「有人偷嘢！」「捉賊！」那正是交易會期間，有工糾巡邏，結果被他們截住。

　　上船以後，他們問船上借手銬，可能是不合手續，借不到，於是就要來一捆鐵絲，把我結結實實紮起來，直到船到了海南島才解開。回到農場，這是我最困難的時候，幾次逃跑，錢都花光了，以前還可以問朋友借，現在想借都不敢開口，不敢亂接觸朋友，怕連累別人。走投無路之下，唯有趁星期天上通什想辦法，先是走到通什茶場找一個大學生朋友，朋友在那裡做老師，他知道我要偷渡，不敢借錢給我。從茶場出來走在通什大街上，走投無路，心一橫，我決定用在監倉學的那手「落夾」（偷），我本不是幹這一行的，第一次做又緊張，結果失手被捉，這件事

成了我一生人最大的污點。

四、百折不撓──怒海求生終償夙願

　　通什出事以後，我被調離八隊，送上高峰隊，一邊勞動一邊受批判。除了全團批判大會，高峰隊的審查批鬥也沒放鬆，農場下來「辦班」的還是那兩個人，天天追問買票的證明是從哪裡來的，逼我交代逃跑的路線和過程。有次審問時，還漏口講出「××愛弟」四個字──這是香港大哥來信對我的習慣稱呼，我一聽就知道他們打開過我的信。其實以前早就知道我的信全部被拆過，因為郵遞員逢二、四、六送信，而我都只能在一、三、五收到。好在證明都是通過朋友轉幾轉寄來的，我當然不會把朋友「曝」出來。

　　於是他們用「車輪戰」審，三天三夜不讓休息。回想起來，最「難頂」的是這種折磨，只能企（站），不准坐，連靠都不准靠……捱過這段時間，放鬆一些了，我又準備走了。

　　記得好像是1972年五一節，原本叫我參加高峰隊對外籃球比賽，我推說腰痛不能去，其實是預先已經托朋友老蔣去通什買好五一當日往廣州的水陸聯運票。哪知道臨到上車時，一眼發現有公安守在車門口，那人正是不久前在通什失手時捉住我的，當然會認得我。我只得閃到一邊，眼睜睜看著班車開走，車票船票全部作廢。

　　我不甘心就這樣放棄，於是轉頭步行去三亞（八十公里），走了一個通宵，第二天繼續走……在三亞那朋友處又住下來，二十多天後，剛好另一個朋友單位有貨船準備由三亞拉貨去廣州，幾年才一次，正巧被碰上。不過上船也還是要證明的。我趕緊叫廣州寄證明來，終於順利上船回到廣州。

　　回到廣州又接著啟程，這次偷渡是四個人：我和哥、妹仨，還有一個朋友。

　　妹妹插隊，剛開始和他一樣，也很落力，兩年不到就有機會選調分配進工廠，但一查家庭成份就篩下來了。她年紀小，又不大會游泳，原本沒

想走這條路，是我硬拖她走的。

從廣州到惠東，正常八天的路程，路上食宿，交通，我們三兄妹加起來要不少的錢。當時我們經濟很困難，好在這個朋友把大部分經費都包起來了。四部單車——其中三部是買別人偷來的殘車，十元一部，加上食物等，總共花了一百多元。如果請人帶路，光是「灌水」（請飲茶）就要花這個錢。

我們在路上住山洞、宿蔗林，碰上大雨，有人病了，又耽誤了幾天。乾糧吃完，餓極，沿路見到甘蔗、番薯都找來吃⋯⋯足足用了十一天才到一個叫「淡水」的地方，這裡離預定下海的地方還有七公里。四個人把車扔在路邊，開始上山，不久從山上望下去，單車已經被巡邏的人撿起了。跟著是落海，對面是香港那邊的東平洲島，一個黃瓜型的大黑影，要游三、四個鐘，沒有潮水可以利用。阿妹抱住個球膽，我用牙咬住一條麻繩拖著她，好累，幾乎頂不住了，但不能放棄——「只因為她是我妹」。

終於，我踏上了香港的土地。

那時批鬥我，綁我，包括三日三夜不讓我睡覺的兩個人，我都完全不記恨了。今年11月高峰隊知青搞四十周年聚會？到時記得通知我一聲，好多年沒見過大家了，去得我一定去！

我現在有自己小小公司，全靠我太太打理，她好本事，我在外面跑，接工程做。現在年紀大了，落手落腳的做不了那麼多，判給別人做吧，仔女亦都大了⋯⋯

你講一仔一女好福氣？生佢哋嗰陣時經濟好困難，現在他們一個做會計，一個做電腦⋯⋯我得閒還是會去游水，最中意游水⋯⋯

（之四）假證製作者

講述者：蝦哥　廣州某中學高中生

記錄時間：2009年6月10日（芝加哥）

過來人都知道，那個年代辦什麼事都要「單位證明」，去糧店遷幾斤「全國糧票」，要單位寫張「出差證明」，登記結婚要證明，住旅店要證明，買車船票要證明，更不用說，督卒者要買通往邊防地區的車票了……

一、「褪墨特技」

　　那陣時講義氣，我幫過很多人「督卒」，但是我自己不敢走。你問為什麼？家庭出身不好——「反動軍官」——我父親參加過國軍的青年軍。家裡夠多問題了，我爸都已經驚到要死，如果我再一走，肯定會連累家人。當時去邊防地區都要證明。我們去越秀南廣州火車站觀察過，售票處都守著便衣，一查出證明是假的，馬上就拉人。我要做就必須做得很像，不被發覺才行。我在街道工廠做工，有一手蝕刻技術，可以用空白證明做，過程是：1、用三氯化鐵、明礬和感光液調和成一種配劑，薄塗於玻璃板上，讓太陽曬溶；2、把證明用菜油拖過，使變得透明，用「青年染料」浸後，用前面做好的兩塊感光玻璃板夾住，放在太陽下曬五分鐘，溶成一個版。這必須要偷偷摸摸做，地方不好找；3、把這個版印在鋁板上，再用三氧化鐵溶掉鋁，成為一塊範本。鋁版不易買到，製作過程溫度也很難掌握；4、從廣州印刷廠弄到油墨，很小心均勻滾塗在範本上，印多張，再從中挑最好的。證明做好，還要蓋上邊防的「騎縫章」。刻得好不好很關鍵，原印章可能有個微小的洞，可能某一部分印淺了，你以為是蓋印時的氣洞，力度問題，其實這是故意留下的暗記，一不小心就會上當（阿陀補充：據北京朋友說，有一次他去公安局辦證明，嫌局部不夠清晰，印得太淺，結果被辦事員訓他不懂其中的奧妙）。

　　16中的龍×光用我製作的假證明順利買到火車票，很高興，出了售票處，在街角就和送行的朋友擁抱告別，以為在站外，又是春節期間，不會有公安注意，哪知道就給便衣盯上了。車過樟木頭開始查證明，到石龍，民兵把證明收走了，驗不出問題，也帶下車，把他交給發出證明的大隊查對。一對，果然發現問題——證明的編號不對，即根本沒開過這張證明。他們怎麼都看不出印章是假的，於是認定此人是把另一張舊證明內容褪掉

重寫。又因為當時一般開證明都必須用毛筆寫，不可能把墨蹟去掉，除非有褪墨的特技。於是龍×光被收監，檔案上特別注明他有這特技。我來美前把模板砌進家中夾牆裡，後來拆遷時不得不通知家人毀掉。當時曾把一張證明夾在《英語九百句》裡帶出來留個紀念，但後來有一次把字典借給沈×時忘記取出來，給弄丟了，很可惜！

二、女知青跳車身亡

龍×光先是關在在廣州沙河19路軍墳場轉運站（廣東省沙河收容站），然後才轉送增城。轉送的卡車剛開出，就有一個女知青跳車死。因為她前面已經三次偷渡失敗，增城那邊已經警告過她──第四次再送來就打死你！她不得不逃，結果撞到白樺樹，當場頭殼爆裂。

三、貪污

龍×光被關到增城收容所，我曾去探監。我把十塊錢褶小，挑開一管新牙膏尾放進去，準備連同衣服一起給他。陪同帶路的知青到門口不敢進去，因為如被發現夾帶，當場就會連你也拉進監。我進去以後也沒見到龍×光，但監獄卻把東西收下了。他們其實明知道這個犯人前一天已經轉押走了，故意不說，就是要貪污這些東西。牙膏用到最後，一定會發現錢，那時十塊錢不是小數目。

四、齊眉棍

龍×光出來後告訴我收容所情況：車一到，已經有十幾個農民大漢分列路邊，手持齊眉棍等候。下車先命令全部跪下，然後喝叫：「第一次（偷渡）的不動，兩次以上的起來往前走」。一邊走，兩旁的棍棒就劈頭蓋腦打下來，不分男女，你用手護頭，他們就用棍捅你的肝、腰。

五、上刀山

（問：馬瑞雪《黎明之前》提到馬思聰逃港之前經廣州到南海丹灶躲

避，此事你知道嗎？）

知道，他的兒子馬如龍先到，就住在陸×家。

陸×念廣州十五中，我們兩家來往密切。他是騎我的單車（後來公安竟能憑單車上的鋼印號碼找到我）到寶安——自昌兩兄弟插隊的地方，近沙頭角附近海邊。他和一個朋友到寶安找自昌，兩個人剛入村就被人發現，民兵馬上來查。兩人躲在內間蚊帳背後。你知道鄉下房間又暗又髒，民兵用電筒掃掃床底沒發現什麼就急急走了。他倆擔心民兵還會回頭，決定馬上下水，不等潮水了。路上犯了兩個致命錯誤：先是半途遇到香港漁民舢板，抱著船幫要求上船。

漁民說：看燈光，都快到了，還是你們自己游吧。當時沒有堅持。後來陸×游是游到了，只是差最後一步。離岸不遠，水淺，腳已著地，便以為救生圈沒用，扔掉了。結果是踩在一片養蠔場上，兩片蠔殼張開像利刀，上刀山，根本走不了。掙扎一段，前面一個撲通倒下。陸×隨後也直碌碌撲通倒下。

真是命不該死，電光火石間，岸上一個蠔民看見了，穿「大底鞋」過來把陸×拖上岸——至今陸×背上還留著拖割痕。

陸×醒來：「還有一個！」

蠔民：「沒用了，看，潮水已經⋯⋯」

（之五）躲入麻風坑

講述者：張×恕（哥）　原廣州八中（培英）初三（2）班
　　　　張×冰（妹）　原廣州八中（培英）105班
下鄉地點：番禺縣南沙公社
記錄時間：2008年2月（芝加哥——加拿大電話）

哥：頭兩年我都好落力去做，耕田、插秧樣樣活都攬得落來，同農民關係又好，還策劃許多聚會活動，我那裡差不多成了南沙知青中心，都幾

開心。不過無論你幾努力，家庭有歷史問題，自己檔案又有「文革」的材料，始終不會有出頭之日，於是到南沙的第三年決心偷渡。準備工作很多。農村常用的舯板類似廣州公園的艇仔，裝上舵，棹時幾個人要高矮搭配，可以用被單做成帆，利用潮汐和風。第一次偷渡，我和同班的野貓和黃×漢，還帶了我妹妹水果冰共四人。已經望見香港燈火了，船被大浪打翻。

妹：那條船很小，就跟一副床板差不多，很容易翻。我們重新把船翻正過來，舀乾水，這耽誤了一個多小時，天也亮了，再往前走一定會被發現，只好靠岸。危險是肯定的，但那時不知道害怕，掉到水裡都不怕。我原來連偷渡的念頭都沒有，我哥叫我走就走了。那時候一般不歡迎女生一起偷渡，是我哥和野貓這些朋友好。我沒有力氣划船，黃×漢一上船就暈船了，全靠我哥和野貓兩個人划。

哥：船上的乾糧都掉落大海了，渾身濕透，把船拖進草叢，自己躲進樹林。那地方叫「伶仃島」，是邊防前線。解放軍的狼狗很快就找到我們。審問誰是頭？我挨義氣站出來，於是像紮粽子樣捆起，白天暴曬，夜晚餵蚊，不過軍人沒打我們。

妹：我記得哥哥被打得很厲害。

哥：第一站解送「樟木頭看守所」。關押了一個月，再轉送縣——公社——大隊。坐監，吃不飽睡不好是肯定的了，那時外面都吃不飽，何況監獄？只是整天無事可做特別餓。關的人太多，一個挨一個睡，不能翻身，連氣都透不過來。天氣熱，不能洗澡。床板已經被木虱鑽到通透，一批批犯人的血養肥了成千上萬木虱，夜記憶裡往頸往頭髮一抹，一手血。床板和牆上，舊血新血一層層……剛開始很不習慣，又不能不睡覺。黃×漢挨不過，春袋（陰囊）都被咬爛了，大病一場。一般關三、四個禮拜就叫公社來領人。好在當地農民也見慣了，不會特別為難你，但自始已經走上不歸路，只能再較腳（偷渡）。第二次被抓回來是四月，偷渡最好的季節已經過去。因為我們只能乘黑夜掩護走，如果天光前還沒到達香港，就會被發現。所以夏天天光太早不適合偷渡，一個夜晚時間不夠。

妹：一般是從九月到下年三月，夜比較長，而且順風。

哥：如果不走，又要捱多一年，怎麼辦？我想來想去，想出一條計：分兩晚走！第三次偷渡是從下半夜，過了十二點才開始。通常不會有人挑這個時間走，因為太遲了，來不及天光前到達香港，所以值班的民兵過了12點就放心睡大覺。我很順利把生產隊的艇偷出來。這次是七個人——原來四個加上22中三個。22中的同學看到我妹妹也要上船，認為不吉利，表示不同意。野貓講：誰敢反對我就扔他下海！之後就無人再出聲。

妹：我好感激野貓！

哥：船棹過對面的「大虎」、「小虎」島，天快亮了，我們靠岸，把船藏起來。

妹：「大虎」「小虎」是兩塊光禿禿的石頭。島上有個麻風病院，有以前的炮臺。

哥：因為麻風病人住在這裡，所以沒人來。那裡有一個山坑，漁民或麻風病人死了會扔在裡面，我們就躲在麻風死屍坑裡。天黑以後上船，很順利就到香港了。

妹：我們在「龍虎灘」靠岸，個個累得頭暈眼花，癱在沙灘上不能動。

整理者補充：

關於文中四位培英中學偷渡者——

黃×漢，筆者同班同學。家住西關。印象單薄孱弱，似營養不良，但精氣神旺健，有「大聲公」之稱。為人樂觀豁達。他在第一次失敗被拘後，又進行不下十次嘗試，皆失敗，其中又被抓過一次。但最終還是成功登陸。黃現在定居香港，雖然沒有富貴，還不良於行，但精神愉快，家庭生活美滿，兩個女兒非常孝順。

野貓，筆者同班同學。僑生。高大俠義。對政治沒興趣，卻和要好朋友一起，自始至終捲入「文革」。抵港後不久移民美國，做餐館很成功，建了一座宮殿般的豪宅。兩個兒子分別成了醫生和工程師。

左派（張×恕），筆者同班同學。從來都是一個進取心特別強的「拼命三郎」。他積極表現要求入團（共青團），但因為他父親有點歷史問

題，班團支部從來沒有把他列入發展對象。「文革」開始以後，血統論流行，反對血統論的他受到壓制。後來形勢逆轉，批「資反線」，造反紅衛兵紛紛成立，他是最積極的一個。1967年元旦前後打砸對立派總部，他總是衝在最前面。這時開始他先後有了四個綽號：「時遷」「薄身子」——身子單薄靈活，行動時能穿過柵欄，有一次踩人梯悄悄把別人總部樓上的大旗偷了；他的外號有「化灰」、「左派」——「化灰都認得你」，廣州人講「化灰」，意思是死了燒成灰。這裡形容做事決絕。「文革」中張比較激進，一度也是班裡小組織的小頭目，武鬥開始後就加入聯合組織的「武工隊」，份屬不怕死之士。「左派」大約就是這個時候給別人叫出來的。

1968年畢業分配，「左派」最先報的是下海南，但班主任和工宣堅決不批。筆者親見他哭著要求，班主任臉無表情。他家庭成分也只是職員而已，出身問題應該不是主要的。當時顯然有派性原因——針對的是他「文革」中積極參與武鬥，屬站錯隊，犯錯誤懲罰（本班對立派另一積極武鬥者則留校當輔導員）。「左派」下鄉後開始也是非常拼命勞動，積極表現，偷渡是兩年以後的事。到香港後「左派」在親戚開的夜總會工作，生活較為穩定，他便經常幫助其他偷渡過來的同學找工作。後來以難民身份移民加拿大。開餐館，最先引進夜總會，請遍香港名歌星來巡演，生意紅火，規模越做越大，後來又因某種原因生意失敗，妻離子散，但不久「左派」就東山再起，現在加拿大經營旅館業。幾年前筆者和「左派」接上聯繫，他對「文革」初期參與鬥爭老師表示懺悔，還希望能對武鬥期間駐紮教工宿舍時煮食了一位右派老師的雞作出賠償。2009年，筆者發起對一位「文革」中被打傷致殘的同學進行募捐，「左派」第一個回應，捐了一萬元人民幣。

水果冰（張×冰），張×恕之妹。初一學生。現居加拿大，經營數間餐館非常成功。

（之六）血海鯊魚永難忘

講述者：鄔×芝　原廣州十中初二
下鄉地點：南海縣里水公社
記錄時間：2012年11月10日芝加哥──紐約電話記錄

一、魚米之鄉前路茫茫

我是1968年跟隨家姐下鄉南海的，那裡離廣州近，一個小時自行車就可以，自留地種菜，一年兩造，生活比較富裕。不記得有多少錢分，反正都是變成物資，分很多東西。我那時才16歲，剛下去很落力，以為只要死命做，表現好，以後就可以抽調回城。曾經是全公社學習標兵，拿婦女最高的二級勞動力工分，做的工比土族女還好，可以帶工，還養雞鴨豬狗，又勤力又能做，好多人追（求）我，五、六個帶著雞、豬肉、臘肉到廣州見我媽。我想，死啦，嫁咗唔系無機會返得去囉（嫁人之後豈不是沒機會返城？）我一開始下去想得很簡單，以為只要努力就有前途，沒想過要花好多時光，三、四年過去了都不見動靜。同去的女知青好幾個都嫁了，背著細路（孩子）睇牛（放牛）。我不甘心和她們一樣，下鄉四年後，20歲，360度轉變，決定偷渡。

二、自由世界少年之夢

「文革」前我寫過一篇作文，是我農忙時在農村看見一個老太太在昏暗的油燈下補衣服，聯想到外面的自由世界。聶老師很欣賞，捧我，結果「文革」是因為這批鬥他，綁他。我很內疚，認為是我害了他，因為我思想外面世界。聶老師現在已經八十幾歲了，同學去看他，他還記得我，問起「寫那篇文章的同學在哪裡？」我們通了電話，他說被鬥時四十歲，在臺上還看見我。我爸在香港，我1965年就申請過去，不批。之前我哥批准是因為獨子。街道組長和我媽不和，只要她和派出所講兩句，就不會批。

決定偷渡就回廣州，人人都在講偷渡，偷渡要捱得辛苦，不怕死。我原來不會游泳，先在游泳池學，然後落海（江），還行百步梯，做什麼我都要做得最好……我們成條村就我一個偷渡，返解時掛牌送回村。

（問：你們班有多少人偷渡？）

我們班三十多人，前幾年回去，知道有三、四個是偷渡到了香港的。

三、屢逃屢敗米婆占卦

我前後偷渡過五次。每次偷渡先準備乾糧——十斤炒麵加糖、一斤朱古力（巧克力），大塑膠袋包著，還有雲南白藥和其他藥品、兩件衣服及乾濕褸、一隻樽及水抱（救生圈之類）……乘車到惠州附近，行到海邊大約要十天，靠指南針，避開村莊，怕狗叫，反正朝那方向，自己找路。

（問：為什麼你選擇惠州大鵬灣這邊，不去寶安深圳後海灣那邊？）

不是你想去那裡就那裡，得有條件，走那邊有沒有人帶路？要有證明坐車到東莞、寶安，要花錢買，要識人……我走惠州這條路，路遠，辛苦一些，但可以走到。每次失敗，關監倉，「咁快又返來」？看守一巴掌打得你五星顛倒。兩人戴一手拷，返解回南海里水，餓得皮包骨，一食就成個人腫起來。我們成條村就我一個偷渡，掛牌送回村，沒人管，自由啦，又返廣州，準備下一次。三次失敗以後，爸爸寄錢來讓我們三姐妹回鄉下拜山，見到九十幾歲的「米婆」（俗稱「問米」，一種民間算卦占卜術），她說：「你不要去，你要過了農曆四月先好動身，不然到不了。不過我會保佑你的」。她還問：「先前您看到落雨了嗎」？我們拜山時是遇白撞雨。她說：「那是我的眼淚」。她講這些的時候是用我阿嫲的聲音——我沒見過我阿嫲，是我旁邊的堂姐講的。我不信，四月前走了一次，果然不成功。是第五次，四月後才走成。

四、患難與共生死相依

第三次是和兩夫婦一起，游過三分之二，差不多可以望見香港，男的頂不住了，扶不穩「水抱」，女的扶著他，我用繩拉兩個人，後來他暈過

去，只好叫救命，讓船撈起來。已經走了十幾天，眼看就游到香港了，不得不放棄。這次失敗以後，這對夫婦又再有下一次，最後成功。第五次不能再失敗，動身前吃完最後一餐飯把碟都扔了，表示不再回來。那次我們是三個人，我和一對堂兄弟。中途過山時見到松樹後有幾點光，以為是螢火蟲，原來是有人在吸煙，發現後追我們，兩兄弟往山上跑，我力氣小往山下跑，結果跌落一個深坑，暈了過去，兩個鐘頭過後，兩兄弟回來找我幾次都找不到，差不多要放棄了，只是因為下山來打水，這時候我醒了，聽見就喊，應聲才救起來，成身血，腳也摔壞不能走了。

（問：追的人是不是民兵？）

不，是當地農民，上面只要交來偷渡的人，不管生死，十塊錢一個。那時的生活水準低，抓兩個人就夠一個月生活費了。傷了腳以後不能走，離海邊又還有相當一段路，已經抓過四次，這次是怎麼都要成功，只有堅持下去。三四天的時間，堂弟背乾糧等，堂哥背我，走走停停，用白藥自己醫自己，主要是等傷好。我的肋骨到現在都不平整。

（問：真是患難與共，生死相依！）

後來又輪到我救他。下水以後中途他抽筋，推著他游，見船過來，從三條船之間潛下去游開，不能用「水抱」，船走了……

（問：沒有抓他，是不是以為他死了？）

我又游回來：「我不會丟下你不管的」。他對我真的很好，那時還小，不懂，到香港父親就把我們分開了，再沒來往。我到美國後曾回香港花兩百美金登廣告找他，知道他曾到臺灣當和尚，2004年肝癌死了。

五、血海鯊魚永生難忘

1974年8月，第五次偷渡終於成功。

游水五個鐘頭之後，我們三人在東平洲島上岸，到警署再解過香港——我們好幸運，三個月之後，11月香港（接收大陸難民）政策就改變了，上岸後被拘捕的偷渡客一律返解回大陸（指1974年11月香港實行「抵壘政策」）。警察將我們一共十七、八個偷渡客送上船，從東平洲島到香

港島要走三四鐘頭，中途所見，成世都記得，如果之前見過，我一定不敢偷渡：當時成海都是死屍，船走一段就見幾件，好多好多，不是一下子好多，是這邊幾件，那邊幾件，在「水抱」圓圈中間，剩得個上半身，頭在水抱上，下半身已經被魚吃了。周圍海水「紅噗噗」。我們那條船的船員說撈一件看是怎樣死的，撈上來，膝蓋以下已經斷了，還吊著皮……同船還有幾個女的，說原來和她們一起有男的已經被鯊魚吃了，有的是咬斷腳後流血死的。鯊魚專咬男的，我來月經有血都沒咬。

（問：當時海面有幾多屍體？）

二十多個。如果之前我看到這些，我想我一定不敢。

六、美國打拼人生感慨

到美國後讀護士，同時打五份工，好辛苦。讀出來，拿了護士牌，正牌護士。一個人供三個子女讀到大學畢業，沒欠銀行錢，最細個女馬上就畢業做律師啦，二十萬年薪……你話我幸福？我不覺得。行時間和三個仔女一起，長大對我冇感情，個大仔現在連電話唔打給我……

（之七）上地，我的福地

講述者：何×芝　原廣州某中學69屆初中畢業生

下鄉地點：順德上地

記錄時間：2008年5月4日（芝加哥）

那時候偷渡多是男的，主要原因是女仔體力不夠，特別是划船，女的可能成為負累。十一個兄妹，我排第三，我是第一個偷渡成功的，到香港後親戚見到都覺得難以置信，像我這麼文弱的女孩，怎麼可能？其實講真，也不是全靠運氣的，我1966年桂花崗小學畢業，1968年老三屆中學生統統畢業走光，我們才可以上中學，一入學就算初三。一年以後，1969年，初中畢業，因為出身不大好，輪不到上高中，16歲被學校分配下鄉去海

南。當時我祖父母和兩個哥哥住在香港，打電報不同意我去，於是我一個哥哥悄悄把我帶回鄉下。學校和街道來動員，家裡都說不知道我去哪了。既然最終不得不下鄉，不如就回自己鄉下插隊，但當時鄉下地少人多，並不接納知識青年，幸好我有一個哥哥曾名義上過繼給堂伯父，以照顧老人為由申請獲批，1972年我落戶順德鄉下「上地」。我老老實實在「上地」做了兩年農民，和姐妹們一起剝蔗葉、採桑葉。鄉下人很照顧我，雖然辛苦，日子也不難過，但沒有前途。於是我和我哥一起申請過香港，不批。母親把兩人一起的照片從中間剪開，重新申請，結果哥批了，別的姐妹也批了，就是我不批。我決定偷渡，我用妹的工作證買越秀山泳場月票，回廣州的時候就去練游泳，還走「百步梯」，增強體力，等待機會。正好認識了一個梅縣來廣州做臨時工的女仔，收留她住在我家。她願意和我一起走，並表示她有一個姐姐在中山三鄉，可以幫忙，於是我們事先陸續把乾糧、救生圈等運過去，藏在自留地。我還教會梅縣妹游泳，做好準備才出發。那是1974年，我們二女一男，目標是澳門。當地人說很容易，一天就可以走到，但我們前後用了三個晚上，因為儘管有指南針，還是偏離了方向。第一次下海，游到快天亮還沒到，只好在一個海島上岸，剛上山就聽到下面民兵喊、狗叫，可能是抓後面上岸的人，我們在上風，狗聞不到，躲過去了。藏在樹林裡，乾糧已成了漿糊。第三個晚上，我們往天空最亮那方向繼續游，最後快沒有力氣了，靠上一堵牆，原來是防波堤，到了！上岸就看見有的士等著，司機先載我們到他家吃飯，問我們要親戚的電話號碼，由他通知對方，收取五百港幣一個人，他送上門。當時一般人工資才每月一、二百塊錢，這是不少的一筆錢。但司機不是壞人，那時的人還不像後來那麼複雜。我們和司機成了朋友，弟弟過來時被扣住，都是司機找關係放出來的。由澳門過香港要身份證，我妹妹過來時，需要香港的親戚配合借身份證，然後一群人過澳門旅遊，回程混在一起過關。到了香港，馬上可以辦身份。我的三個妹妹和一個弟弟於是也先後偷渡，都順利過去了。有個朋友認為一定是我家的風水好，因為我們的順德家鄉那條村名叫「上地」，她專程跑到我們鄉下一趟，後來果然也成功了。

心香一瓣悼親人（兩篇）

國華　阿茵

（之一）憶念兄長楊翰華

　　每年五月一日，是港粵兩地「卒友」自發性集結到大鵬灣岸邊拜祭當年因逃亡而遇難的亡魂的日子，悼念憾然離去的親人朋友。參與活動的友人發送過來的活動視頻及記念文稿，內有一篇情深意切，感人肺腑的悼文並附有一幀照片。當凝望著照片中劍眉星目，棱角英偉的林哥時，正是音容宛在，身伴海眠，心坎中不禁一陣陣刻骨銘心的刺痛，久經不息。林哥：安息吧！得您在天英靈的庇佑，恰如您的初心覓求，得償夙願，我們

楊氏一門經已脫離苦境，遠離暴政，並遷居於自由、民主之邦，從此安居樂業，富足安逸。

三哥瓊林，又名翰華，出生於1947年中秋之夜。我是四弟，自小就如跟屁蟲一般，跟著兄長共同進退。孩童時代，頑皮好動。我們時到水塘捉蝌蚪小魚，到獵德村捉蟋蟀，有時又到東較場踢足球，玩兵捉賊遊戲。每逢有球賽，就會在場館門外乞求進場的觀眾攜帶進場看免費球賽。間中又聯同表弟應樑一同到白雲山尋幽探險，到越秀山，黃花崗公園嬉戲玩樂……總之，貧窮人家孩子自會有五花八門的遊戲，不用花錢亦玩個不亦樂乎。但亦有痛苦犯錯的花絮，記得有次我們哥倆，帶同六妹，七弟到市郊割草（飼養葵鼠、白兔），途經楊箕村，因口渴飢餓，到路邊田地裡偷摘幾個黃瓜，怎知被農夫捉個正著，綁成一串排隊遊街，並帶回生產隊禁閉於黑房，直到黃昏才釋放。當晚深夜，東窗事發，被嚴父從睡夢中提起，一頓「藤條搵豬肉」，皮肉之苦，慘痛教訓。

林哥自小愛護弟妹，記憶中，從未有過以大欺小，爭霸弟妹玩具的所為。反之，每當有街童欺凌，他定必挺身而出，全力抗爭，捍衛弟妹。

1960年，林哥考入市40中學，性格變為文靜好學。他視野開闊，懂得凡事思考，喜好多元化，琴棋書畫，球類運動，樣樣皆涉獵。他最喜閱讀，經常帶我一起到中山圖書館看書，一去終日，流連忘返。家裡的小閣樓，是他自修的小天地，拉小提琴、畫水墨畫、習書法，每事堅毅不捨，無師自通，務求盡善盡美，沉迷至不知晝夜，足不出門。

記得在1963、64年間，我與林哥仍在40中就讀，一到晚上，喜歡到東川路工人俱樂部猜燈謎。在那結識了一群謎友，彼此切磋交流，從猜燈謎中獲益良多。由天文地理到歷史典故、詩詞歌賦，名人雅士……要有各類的知識才能猜謎中的。由於我學識淺薄，多數只能做旁觀者，但林哥就犀利咯！每晚都能猜中得獎（每中一謎，獲獎入場卷一張），所以我們永遠都免費進場，幾乎是謎壇的台柱，我們在那度過不少歡樂時光。

林哥他聰明好學，各科目成績優異，他文采飛揚，他的文稿曾多次在校刊上登載作範文。唯獨外語一科，因學的是俄文，認為學無所用而放

棄。但在畢業前一個月他下了苦功，把俄語的字母、詞句、語法寫在紙條中，再四處貼在當眼的牆壁上，以便隨時可閱讀溫習，以幾十天時間攻讀了三個學年的課程，終於以優良成績獲取畢業證書。

當時極權政策當道，以階級成份為先，高考存在「不宜錄取」政策，我們身為「黑七類」子女深受歧視，林哥雖然成績優異，但卻事與願違，連續兩年升學考都榜上無名，自始失學在家，並被剝奪參加工作機會。賦閑在家期間，林哥並無自暴自棄，繼續讀書畫畫。他跟大姐學會裁剪衣服，協助家庭謀取生活開銷。

1965年，全國展開強制性上山下鄉運動，街道居委點名要二姐下鄉。因二姐體弱，更兼她在家車縫衣服，是家庭生計的主要支柱，林哥為了家庭，義無反顧，自動請纓隻身代二姐下鄉務農。

1968年，暴君發動禍國殃民的「文革」，利用紅衛兵剷除異己功成後，卑鄙地「卸磨殺驢」。為了安置成千上萬罷課造反的學生，把他們誘騙驅趕到山鄉僻野處自生自滅，於是展開了更大規模的上山下鄉運動。我們作為「黑七類」子女，無力抗拒，於是，林哥又四處奔走，申請辦理把我們姐弟妹四人安置在與他下鄉處附近，但求便於互相照應。期間，常噓寒問暖，相濡以沫，關懷備至。

1969年，年邁的雙親被勒令下鄉改造、疏散，於是帶同年幼的八妹九弟輟學到偏遠貧瘠的海豐縣山村落戶。他們一老一幼，完全沒有勞動力，生活捉襟見肘，全賴大姐在廣州每月匯的二十元維持生活。自始，我們大好家庭支離破碎，各散東西。

林哥，自小就是個明事理、懂思考、凡事勇於擔載的男子漢。眼看著當初，父慈子孝，天倫融洽，衣食豐裕的小康之家驟然破碎，加上在極權暴政的統治之下，慈父因信仰而被治罪，拘禁勞役⋯⋯冠以黑七分子，無時無刻遭受批鬥，家人被打入社會最底層，永遠被歧視欺壓，並剝奪了升學就業的機會，沒有基本尊嚴，沒有自由，為人子女，哀哀父母，未報劬勞⋯⋯再看自己，正當黃金歲月、青春年華，本應建功立業，展示抱負，卻只能屈身於村野瘦田內庸庸碌碌。蹉跎歲月，春去秋來，何時才

是盡頭？

　　某夜，林哥與我在被窩內偷聽到「美國之音」及「澳門綠邨電台」廣播，開始對鐵幕外的自由世界有所瞭解及憧憬。當地人民自由民主，生活富足、安居樂業，相較於國內，簡直差若雲泥，於是嚮往追尋之心開始萌芽。

　　1970年，林哥收到好友李勛華、梁巨齡相繼避秦成功，登陸彼岸的消息。好消息轉來，除了對好友的祝福及羨慕外，更激發了本已萌動的鴻鵠之志。正如他最信奉的詩句「生命誠可貴，愛情價更高，若為自由故，兩者皆可拋。」欲要改變命運，要幫助家人脫貧，定要衝出籠牢，投奔自由之邦。

　　立志已決，即坐言起行，林哥匯同三位志同道合的友人，在陳耀雄的協助下，由惠陽冷水坑出發，一路翻山越嶺，餐風露宿，克服了重重的艱難險阻，終於抵達寶安縣大梅沙海邊。但見風高浪急天寒水冷（當時是深秋季節），兼且經過十天的艱辛歷程，疲憊不堪，但眺望到自由彼岸的燈光，他們猶似「飛蛾撲火」，義無返顧地投撲到茫茫大海中。無情的海水冰冷刺骨，疲憊的體能經已透支到極限（據其中一被捕返者敘述）四人長時間浸在冰寒的海水中，四肢已僵硬如殆，力氣耗盡，只能隨浪漂浮。一人漂往北被捕捉，一人往南漂幸運被救起抵港，可鄰的林哥及另一友人隨怒濤而去，不知所終。正是「出師未捷身先死，長使家人淚滿襟」。噩訊傳來，闔家泣涕如雨，悲痛欲絕。嚴父老淚縱橫，更自責內疚，深悔當年一念之差，錯判形勢，改變了舉家南遷的初衷，累及妻兒陷於水深火熱之中。悲傷之餘，又覺能生養林哥這孩兒，自小聰明睿智，知書識禮，對家庭敬老慈幼，克勤克儉，勇於承擔，對身陷困境，沒思棄怠，堅毅執著，為達抱負理想，不惜以生命相搏，換取自由。有此出類拔萃孩兒，夫復何求？

　　林哥，你捨生取義，尤若一支耀眼的洋燭，燃燒了自身，卻在漆黑的寒夜中發放亮光，激勵庇護我們奔赴理想的伊甸園……

　　每年，月圓之夜（林哥誕辰日）我們定必仰望著一輪皎潔的明月，一

炷清香，默默地憶念著：林哥呀！您在天之靈，一路好走！祈盼我們來生再續兄弟情緣。

四弟　國華

（之二）逃亡路上，我失摯愛

1972至1973年間我與男友曾兩次「起錨」，都歸於失敗。1973年10月，我與男友第三次由陳江「埋堆」，此行共四人上路，除我與男友之外還有兩位男知青。

經歷了十天晝伏夜行的攀山涉水的日子，來到梅尖（大小梅沙最頂峰），向東行的大小梅沙山上下來，那夜在山邊躲著，準備等到過了午夜12點才跑向海邊。很驚嚇的正是那夜我的週期超出預算，竟意外又來到，卻已是沒有後退的門了，也不敢告訴三位男生同伴者，以免影響士氣。時間一到，四人向海邊衝下水去。但不到五分鐘卻已人泡盡失，滔天巨浪將四個人沖散了。我的吹氣枕頭水泡及膠袋內的上岸衣服都全部被水沖走了，只能孤身徒手搏浪。在黑暗的茫茫的大海中勇往直前，我與那將要把我吞噬的海浪拼搏，密集的巨浪無情地對我不斷地覆蓋著！漆黑中我朝著水準線遠方天邊的大片微光奮力游去，我知道只有朝著光明前進就是新的人生希望！望向英界的天邊的紅光，用盡力，手腳不停地動作。時間在慢慢地流逝，我的手腳慢慢也機械地划動著，大海中間浪已平靜多了，風也緩了。不知又過了多久，人也開始有點迷迷糊糊。十月下旬的氣溫很涼，長時間泡在水中，體溫與能量也漸漸下降，開始感覺有點冷……突然大海在黑暗中，隱約傳來遠處有人聲，或許喚起了我，潛意識中警覺地在半昏迷狀態中猛醒過來，第一個念頭就是，哦！原來我還未死！隨即便看到離我約100米遠處停泊著一艘大漁船，甲板上有人高聲說話。我隨即發力，拼命游向遠處，盡快避開漁船不要讓人發覺海裡的我。機械式地又游了不知多久……真真是筋疲力盡之際，突然我意外地真實的有了那一刻腳踏實

地的感覺！我終於到岸了，心力交瘁的我身體大字型地躺在水清沙白的沙灘上，仰望天邊才發現，東方已是魚肚白色。啊！天開始亮了。我環顧四周，此時，在荒無人跡的沙灘上我又該何去何從？沙灘被一座小山丘擋著，我便決定翻過小山丘後面，看能否找到人家幫忙。

走上山丘，看到整個山丘的樹木都被火燒光，地上全露出小段的樹仔頭。

赤著腳的我在滿佈火燒樹仔頭的地上行走，上山再下山去，兩隻腳板已被割爛得體無完膚，（養傷兩週後才得復元。）

下山後竟發現有一條漂亮小徑，是用小石塊砌成的，被它一路把我引到一座小平房前，看到招牌寫著「皇崗漁所」。屋內只見有一位伯伯在內，見我穿著短袖毛衣，短球褲（自己衣車縫製的）赤著腳進來，經驗已將我的身份告知了他。善良的老人家招呼我坐下，送來了牛奶麵包，給我一條黑色長褲更換。

此時我才知道昨夜香港掛了三號風球，而我竟能真的游到來了吉澳島。這就是我們由大小梅沙下山來，下水游向的原定目標地——吉澳島。

伯伯說下午他說會去沙頭角辦事，並答應可代我打電話到九龍親戚家。他對我說：「你唔好彩啦，水警輪隔天來收集偷渡者往市區送警署。昨天已來過了，要等明天才會來的，你在此過一夜吧！」我感動，

也很感恩，讓我遇上好人了。誰知，傍晚伯伯由沙頭角回來，說已代致電通知了我的親戚。並說不知為何水警輪現又來泊在碼頭了。連忙帶我到碼頭，上了水警輪，晚上送進元朗警署。不巧那天是週五，而週六、日不辦公，只好在警署過了兩夜，週一親戚開車到警署接我。無親人領走的，警署一般會發放三幾元，指點來港者自行乘巴士出市區投親。我的另外三位同行者下落分別是：第一位在鴨洲上岸，在警署重遇了。第二位在鹿頸上岸，貨車司機幫忙送回九龍親戚家。然第三位是與我三次偷渡生死與共的男友，卻不見了蹤影。

今年已是2021年，1973年來港至今，不覺48年過去了，已近半個世紀，但可憐的他至今仍未上岸，將會永遠停留在某處？也或許真是生死有

命？！來港後連續五年的大除夕，下班後我都到黃大仙廟求神保祐，祈望能有奇跡出現，可惜留給我的是絕望。第六年我接受了現實，只能好好生活下去。十一年後，自己也置業安居，但感念他仍是孤魂野鬼，心願未償。我便徵得他家人同意，1984年為他在屯門青松觀清華堂安放了長生位，每年清明都去拜祭。

殘酷悲情的歷史故事來到尾聲，曾經滄海，刻骨銘心，生者何其幸，逝者何其哀，每年拜祭意義重大！我輩在有生之年，5.1定必前去拜祭。

2014年某颱風夜，臨窗倚望海上滔滔巨浪，回想1973年與風浪搏鬥，拚死與颱風一起登陸香港的夜晚，興發感動撰詩一首舒懷：

懷人
浪急騰翻風虎嘯
孤燈冷枕未成眠
雲遮月蔽星無影
往事如煙四十年

（阿茵）

兩則官方數據
——來自《廣州年鑑》

本页为《广州年鉴》复印件

· 500 · 大 事 记

人陪同下抵广州参观访问，25 日离穗回国。

11 月 27 日　市委在中山纪念堂召开深入批修整风经验交流会议。集林又在会上作《进一步把批修整风引向深入》的讲话。广州糖果厂、广州工具厂、广州电影机械厂、郊区三元公社三元里大队、越秀区广卫街、东山区人民医院 6 个单位在会上介绍了经验。

11 月 28 日　中共中央委员、山西省委书记、大寨大队党支部书记陈永贵在中山纪念堂会见广州市和两县一郊的干部、社员，并介绍大寨和昔阳县的经验。

12 月

12 月 15 日　市革委会生产组转发省财贸战线革委会《关于继续发抉合作商店小商小贩股息的通知》。合作商店小商小贩的股息是 1969 年暂停发放的。

12 月 22 日　中共广东省委决定任命焦林义为中共广州市委第一书记、市革委会主任，种明、杜梅祥为市委副书记，罗范群为市委副书记，高辛为市委副书记、市革委会副主任，左铨为市革委会副主任；免去黄荣海市委第一书记、市革委会主任职务，免去雅根生广州市委书记、市革委会副主任职务。

12 月 23 日　广州军事体育训练大队在沙河组建完毕。

12 月 25 日　广州市侨政、侨务工作会议召开，29 日结束，中共广州市委第一书记、市革委会主任焦林义到会讲话。会议对有关侨政、侨务政策问题作出具体规定，纠正过去的“左”倾错误做法。

12 月 26 日　市第一商业局、第三商业局、商业储运局合并为市第一商业局。

是 月　广州市人民防空委员会改为人民防空小组，人防指挥部改为人民防空领导小组办公室。

是 年　广州市是年非法越境情况严重，非法越境共 3648 人，其中逃出 947 人，比 1971 年增加 1.2 倍，是 1962 年大外逃以来偷渡外逃人数最多的一年。

▲　全市实现技术革新共 4000 多项，在推广“优选法”、“统筹法”方面取得了 340 多项成果，全市 80% 以上的工厂建立了工人、干部、技术人员“三结合”的科学实验小组，郊区，从化，花县每个公社都有农科站，70% 的生产大队也建立了农科站，74% 的生产队建立了科学实验小组。

此复制件
由广东省档案馆提供

1973 年

1 月

1 月 3 日　市革委会批转市卫生局等单位拟订的《广州市麻、毒、限剧药品管理工作暂行实施细则》、《医疗单位用药质量管理的试行办法》、《药品经营部门药品质量管理的试行办法》、《药品生产部门质量管理的暂行实施细则》等草案。

　　【1972年】是年，廣州市是年非法越境情況嚴重，非法越境共3648人，其中逃出947人，比1971年增加1.2倍，是1962年大外逃以來偷渡外逃人數最多的一年。

中华人民共和国时期 · 509 ·

8月26日 新华社报道：广州市郊区（包括近郊和花县、从化县）农村自1968年以来，先后派出4220名贫下中农代表进驻553所中小学，积极参加学校管理，并建立了有6000多人的贫下中农兼职教师队伍。

8月28日 广州市革委会工宣工作领导小组成立。

8月31日 市委和广州军区联合成立"四保一围"房屋清退领导小组（"四保一围"即东山区保育路、保乐路、保安街、保宁路、乐明园共22幢平房屋，建筑面积5764.68平方米。这些华侨房屋"文化大革命"期间为广州军区管理局使用），负责对"四保一围"的清退工作。

是月 《广州蔬菜品种志》出版。

▲ 广州市第三煤矿建成投产。这个煤矿于1971年8月动工的。

9月

定中共广州市委、广州市革命委员会邀请，由越南劳动党海防市委副书记、海防市行政委员会主席黎德盛为团长的越南海防市代表团一行7人在广州进行友好访问。中共广东省委第一书记、省革委会主任赵紫阳，中共广州市委第一书记、市革委会主任焦林义先后会见和宴请了代表团。代表团参观了农讲所和朝志明主席早年在广州举办的"越南青训班"旧址，以及工厂、港口、人民公社、商店等。23日离穗。

9月13日 尼日利亚联邦共和国军政府首脑、武装部队最高司令戈库布·戈翁将军和夫人一行，由外交部长姬娜飞等陪同从上海到广州访问，参观了花县花东人民公社。15日离穗。

9月18日 中共广东省委、广州市委在中山纪念堂联合召开广州地区知识青年上山下乡动员大会。市委第一书记焦林义在会上号召知识青年坚定走与工农相结合的道路，到农村去，在革命实践中锻炼为坚强的共产主义事业接班人。10月9日，广州地区40万人分别在烈士陵园、中山纪念堂等4个会场欢送下乡的7000名应届毕业生。

9月29日 中共广州市委召开7000名民兵参加的大会。梁湘作动员报告，号召广大民兵为管理、改造城市，维护社会治安做出应有贡献。

▲ 广州氮肥厂扩建工程破土动工。该工程包括油气化系统、尿素系统等6大建设项目，建筑面积近5万平方米。

是月 1974年以来广州市偷渡外逃情况严重，1月—8月收容偷渡被截回人员1.2万余人。

10月

10月5日 《广州日报》载：广东电影机械厂、广州广播设备厂、广州光学仪器厂试制成功我国第一套16毫米气动快速拉片飞点扫描彩色电视电影设备。

10月8日 加蓬共和国总统、政府首脑哈吉·奥马尔·邦戈和夫人，由全国人大常委会副委员长阿沛·阿旺晋美陪同到广州参观访问。9日离穗。

10月9日 广州市召开第二次民兵代表大会，到会代表1223人。会议由市委书记梁湘主持，副书记罗范群传达了全国人防城防工作会议精神。中心内容是：学习毛主席军事

【1974年9月】是月，1974年以來廣州市偷渡外逃情況嚴重，1月——8月收容偷渡被截回人員1.2萬餘人。

七十年代的廣州

射殺偷渡者（兩則）

第一則

——《往事回眸》（作者：邱承光，中共軍隊將領邱會作之子）

「引渡」之風隨即遭到嚴厲打擊，「逃港」者一旦被抓，「蛇頭」判刑二年，偷渡的知青教育後釋放。可是知青們放了，再跑，跑了再抓，放

了再跑⋯⋯陸路不通，花錢又沒有，有人只好鋌而走險。

香港為四面環海的孤島，少淡水，「文革」前廣東政府在寶安縣靠近邊界處建了水庫，向香港賣水，雨季香港水源足，基本自給，從大陸的供水時常間斷，於是有人鑽進地下不足兩米直徑的乾涸水管跑向那邊，很快便可到達。如果一旦開始供水，就是災難，有時香港那邊開閘水到，沖出來的可能是幾具屍體。我曾懷疑這個傳聞，想像人如何藏身其中，如何在水管中跑，似乎很難，但村民們都說真有此事，描繪起來活龍活現。

後來當地的知青差不多跑光了，再無偷渡可反。如果不是偶然，我會把它淡漠得忘記。那是我參加部隊的一個毛澤東思想學習班，晚上無事，大家聚在一起閒聊，聽一位從邊防團過來的幹部說他們那兒反偷渡的軼聞。

他們駐防在寶安縣南頭，與香港相隔不過幾千公尺海水，每逢落潮，水位降低，岸灘伸長，水上距離近了不少，知水性體力好的年輕人游過去並非難事。偷渡者頭上戴半個掏空了心的冬瓜，游泳，瓜殼的前面挖三個小孔，便於用兩眼觀察和用嘴呼吸。巡防的人在海邊從後面遠處看去，好像是一個爛冬瓜在海上隨波漂浮，因此偷渡常常得手，到達對岸。每逢秋天大潮來臨時，潮退增大，灘塗露得更長，水上距離更短，這時邊防部隊的防偷渡變成了重點。久而久之，積累了不少經驗。沿海邊巡邏的戰士，只要見到海上漂浮的「爛冬瓜」，反復呼喚，還不回來，便用槍打，一槍打在冬瓜下面，一窪血水湧出，很快屍體浮現。有時兩個「冬瓜」相鄰，兩槍下去，必是兩灘鮮血。用望遠鏡觀察，多是一對，男的上肢肌發達，頭肩朝下入水，後背露出；女的臀部豐滿下沉，前胸向上浮起，現出乳部⋯⋯

那個邊防幹部說著，臉上無不帶著得意，可我的心裡卻猛然間發怵，藉故離開了那個歡笑議論的人群⋯⋯

第二天午飯，四菜一湯，恰好有冬瓜排骨，冬瓜性寒，身處炎熱的廣東人說它敗火，夏天桌上常有，如加上排骨煲湯，必為大家爭食，可是，那天，我一筷子也沒動它。

從那之後，我十幾年沒吃冬瓜，儘管那個悲愴的年代已逐漸遠離，但是看到了它總是想起那天晚上，想到的那個令我心裡發怵的關於知青的憂傷故事。

——程光《往事回眸》第168頁

第二則

在我撰寫的偷渡紀實網絡文章後面的留言：

認識一老頭，清遠太平人，當年深圳做邊防兵，現在說來是槍口都提高幾吋，從不傷人，說搞不懂其他戰友專門瞄準打，當時又不能明說，說無怨無仇的幹嘛要瞄準呢？慘啊！

——霧之戀一

（來自凱迪網路）2019/2/27

（周繼能　輯）

一份當年的偷渡地圖

周繼能

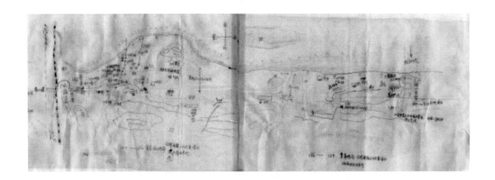

　　這是當年偷渡者使用的一份「後海灣邊防圖」，反映當時寶安縣福田至皇崗一帶邊防區（偷渡者謂之「中線」）的地理概貌。地圖上方（南向）係香港，與中方相隔一條河（深圳河）。圖中對村莊、橋樑、學校、農田、樹林（竹林、蔗林、荔枝林）、漁場所處位置均有標示；還有就是各目標點間相互的距離；特別標明的是「沿堤每隔200尺有哨位」「堤上有水銀燈」「7:30後有哨」「民兵在村邊巡邏」等等。

　　此份偷渡地圖來自「老卒友」陳斯駿先生的收藏，這是他當年偷渡歷程中所使用的。據陳斯駿先生介紹，此圖是住在邊防前哨福田鄉一位農民兄弟繪製的，製圖人是文盲，完全不懂比例製圖常識，但憑他對地形、地物的熟悉，畫出了這個實用的「導游圖」。先後有三、四批卒友，在這張圖的引導下，成功到達彼岸。最可貴的是一位成功的卒友在這份圖的基礎上，加了一些很實用的注解，再托人帶回廣州。這張圖的精華在於標出了

幾個邊防暗哨的大概位置……

　　陳斯駿先生生於1930年，1957年在北京大學讀書期間被劃「右派」，歷盡坎坷。1973年至1978年，也就是陳斯駿先生43歲至48歲之間曾三次偷渡香港，均鎩羽而歸。

　　陳斯駿先生的偷渡歷程，見本書第三部分《驚心動魄的旅程——一個右派分子的三次失敗偷渡》。

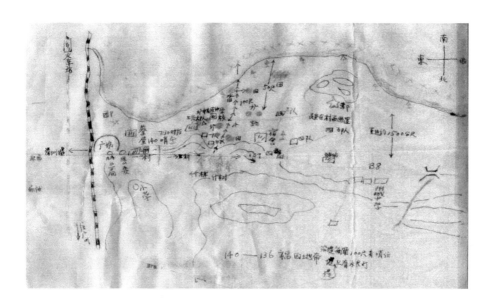

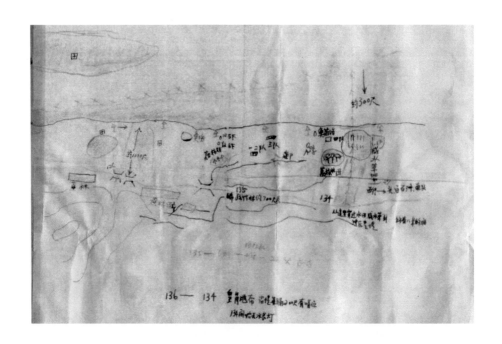

收容雜憶

口述者：佘傑明

1968年11月我「上山下鄉插隊落戶」到中山縣民眾公社，從1972年始到1976年，曾經「較腳」五次，失手被抓四次（另一次逃跑脫難），每次都被關押收容站，輾轉遣送，被關押過的地方計有廣州公安局拘留所、廣州沙河的省收容遣送站、中山縣的「金鐘收容遣送站」、珠海的「山場收容遣送站」，還要算上民眾公社的收容站（公社農科所），五年計被關押的時間總總共共超過兩年。

肉體的迫害、人格的侮辱、精神的摧殘……幾十年過去了，收容站的一幕幕還歷歷在目，揮之不去，記憶猶新。

（一）溫情灑向囚車

偶然在網絡見到一幕，60年代初，大陸饑民衝破藩籬，偷渡到了香港境界，不料被港英警察抓獲，偷渡者一車一車被押解回「社會主義」去。驚人景象出現了：只見香港民眾，阻攔汽車開動，讓被抓的越境者逃離押送車。更有無數市民，把手中所帶的食物，一包一包拋入車中。

這一幕看得我熱淚盈眶，一是為香港人的人道熱忱所感動，更因為似曾相識的一幕，我也曾經歷過，地點卻在國內。

1972年，我第一次「較腳」，兩人棹小艇自中山縣民眾公社出發，橫過珠江口，向香港進發，成功在即，卻在「垃圾尾」島被大陸貨船截獲，被送到廣州，我至今還記得這條船是廣州三船隊的粵江800號。我們被送入廣州沙河「廣東省收容遣送站」（又稱「沙家浜」）關押、甄別，再被趕上押解車，押送回中山。

那時廣州至中山，車行105國道，路上要過五、六個的車船渡口，擺渡船是人車混載的。其它班車過渡，乘客要全體下車在船甲板上過河，以防渡船發生意外於萬一。我們是人犯，不得下車，車窗都用鐵枝焊死，有事時全部淹死。在一個渡口，我們當中有個人，向車下的人哀求一句：「大佬，能否俾支香煙食下？」

聞者即刻把手中的一支點好的香煙遞了進來，周圍的過渡者，各自將自己的香煙火柴餅乾糖果紛紛扔進車內，押解人員氣急敗壞喝止，哪裡有用？更有人跑去岸邊小賣部買了食物，拋了進來。車內之人，應接不暇喜氣洋洋，噫！一眾落難之徒，竟像凱旋而歸的英雄，這一幕長留我心中，雖幾十年過去而不滅。

人間不乏溫暖，即使在最冷酷的環境中。

（二）「沙家浜」

坐落廣州沙河頂的「廣東省收容遣送站」，偷渡者戲稱為「沙家浜」，名聲在外無人不曉，它有多棟建築，原址係先前的「少管所」，「文革」中移作全省偷渡人員收容遣送站。被抓的偷渡人員由各地解送到此，甄別審查後，再押送到原籍（包括知青下鄉地）。

此處其實就是全省轉運中心，所有的偷渡人員被抓後，凡要轉送的，先送到此處，然後再分流各地區，所以人員常年爆滿。「沙家浜」為蘇式

建築，有三道圍墻，每一道圍墻都分別有行車的大門與行人的小門。監倉都在第三道圍墻內。

被抓的偷渡人員一旦解至，管教人員即大聲喝叫：如「南番順」「台開恩」「中珠斗」⋯⋯意即「南海、番禺、順德」「台山、開平、恩平」「中山、珠海、斗門」，來自海南島的則統稱「鷓哥埠」，來自不同地方的人各自前去歸集，以入不同的區域集中管理，我雖是廣州知青，但下鄉中山縣，於是歸集到「中珠斗」去了。

「沙家浜」的大禮堂用來關押來自各地的卒友，而來自廣州工廠、街道的卒友，被稱之為「廠命」「街命」，又稱「大圈仔」，由專門牢房關押。來自廣州以外縣市的稱「四鄉仔」，關押在大禮堂（又稱「大倉」），大禮堂關押動輒幾百號人，人頭湧湧。不過如此一來也就不能禁絕來往，一入倉來舊雨新知呼朋引類，卒友們更在此結交新友，又交流「督卒」經驗，日後更成新夥伴再次起錨。

「沙家浜」的一處空地上建有一排排狹窄低矮的房子，形似科舉時代的「貢院」，那是提審間，所有卒友都要在此「過堂」，審查身份，可能有過經驗教訓，裡面的桌、凳均是水泥板結構，如是木制，怕被審查人員操起來用作攻擊。

（三）墊倉底

入得收容站，最得人怕的一件事就是「墊倉底」，字面解釋，「倉」，就是「監倉」。收容站一般要積累了一定數量的偷渡者，才往某個地區解送，這是因應成本考慮的問題。假如你入收容站的時候，收容站剛剛往你所在的方向解送了一批卒友，那麼你就要等，一直等到那個方向的偷渡者積夠一定數量，才將你與其他人一道解送過去，這種情形叫做「墊倉底」。

我偷渡五次，其中四次往澳門方向，三次失手被捉。前兩次在珠海的山場收容站關押一個多兩個月，最後一次「入格」是1976年1月30日，農曆年除夕，此時收容站剛剛將所有偷渡客清理完畢，倉裡空空如也，我們

卻在這一天進來，註定要在這裡墊倉底了，結果將我關到四月底，才將我解送中山縣金鐘收容站。

我的朋友阿洪，1971年5月走東莞線，打算從寶安縣後海灣過香港，結果失手被抓，入寶安縣的收容所，認識了廣州下鄉斗門縣的知青發楊。阿洪被押解返粵北坪石公社，馬上回生產隊開工，他於當年7、8月間又策劃第二次偷渡，這一次走澳門線，不料又失手，被關入斗門縣的收容站，結果在收容站又見到發楊，原來他上一次偷渡被抓至今仍在關押中。

（四）「報流」

像我所在的中山縣，往往將偷渡者關押數月，不知在全省是不是最長的。據我所知，東莞對遣送回來的偷渡者，也要關押三個月才放人，如江門、肇慶則短些，至於粵北地區，因為偷渡者相應少，我聽說過根本不予關押直接送回公社「教育」的。各地關押期有差異，於是在卒友中就出現了一種叫「報流」的做法。

所謂「報流」，就是報上假檔案（粵語中「流」有假的意思，「流嘢」就是「假東西」之意），那些預計回到自己地區將要被關押長時間的卒友，在收容站建檔時報上虛假地址，知道那些地區對偷渡者關押時間短，就虛報自己出自那裡。

當然啦，這要得到他人的幫助，事前做足「功課」，如自己來自哪個公社哪個生產隊要背好，一些細節要經得起盤問，如被戳穿就要被處罰。一旦過關，被送到那個自報的陌生地區，一是事先落實好幫助自己擔保脫身的關係，二是要趁當地看管不嚴時逃跑。

我的朋友阿洪，「文革」中被單位開除，送到粵北韶關坪石公社，他幾次偷渡失手，送回公社，一回到公社就自由了，因為坪石沒幾個人偷渡。還有的卒友「報流」去了乳源縣，當地根本沒有留置拘押這類人的地方，所以很容易就逃走了。東莞卒友小葉，1979年偷渡被抓，假如送回東莞肯定要關押三個月，他得到同倉卒友輝哥的幫忙，「報流」高要縣，去到高要後很快就被先行出去的輝哥擔保出來了。而與小葉同行的小李，由

於「報流」被識穿，輾轉解送兼苦役，總共失去自由五個月才得以回家。

卒友阿強的大姐，幾次偷渡均告失手，被警告再去偷渡就要送去勞教，1979年她在廣州麻袋廠的強制「學習班」中逃跑，馬不停蹄又跑去偷渡，再一次失手。於是「報流」去了粵北韶關的始興縣，到了始興縣之後無法對得上資料，始興縣方面要她說出自己的真實姓名及來自何處，不說出來就不放人，阿強的大姐抵擋了半年之久，最後不得不屈服，馬上被押回廣州，送三水勞教場勞教兩年。

（五）「報流」失手的阿基

與我同在中山縣下鄉的廣州知青阿基，前面偷渡幾次失手被抓，每次都關押在金鐘收容站，他從收容站逃跑過兩次，在金鐘可謂無人不識，站方已警告過他，假如再次偷渡，即刻送去「勞教」。有見及此，他求助於我，我設法為他買到一張珠海的「硬邊」（所謂「硬邊」，是雙面過塑的邊防證），這種邊防證是「荷包仔」特地向邊防地區人下手得來的，買的時候要揀取性別、年齡切合使用者身份特徵的。當時一個「硬邊」四十元，加工費（劏開之後換上偷渡者的照片，壓上形似鋼印的凸凹痕，然後壓塑）二十元，總共六十元。

我將一個下鄉新會縣司前公社某大隊知青的相關資料交給阿基，要他背熟。這個新會司前公社的知青，就是我的小學同學，他下鄉新會縣，可是長期倒流回廣州。阿基此行若再次失手，可以據此「報流」。

結果阿基此行再次失手，在海邊被抓，從珠海轉解到江門收容站。不巧，這個收容站的一個管教，就出自阿基「報流」的那個生產隊，他一下子識穿了阿基的假身份，他拷打阿基，要他坦白真實身份，這個管教在審問過程中因事離開，他聲言回頭再收拾阿基。此時，另一個管教不知頭尾，將阿基趕去農場開工。

阿基在勞役中，脫逃跑上山頂，在高處見到收容站出動人員繞山圍捕，他居然原路返回，逃出生天。江門地區與中山地區有一條寬闊的河道相隔，阿基央求渡口船工送他過對岸，卻偷聽到渡口人員打電話報警，他

立刻將人家船裡的船槳扔到河裡去，自己跳上一條小船向對岸划去，從中山逃回廣州。

（六）「大羅馬」與「星星索」

偷渡者轉解，從一個收容站轉到另一個地方的收容站，都要戴上手銬，偷渡人士將這種手銬謔稱「大羅馬」——「羅馬」出自瑞士手錶的一個品牌。而且是兩個人共戴一副，一左一右，行內叫做「孖公仔」，這是為防止半路上人犯逃跑。兩人高矮不同體形各異，拷在一起十分辛苦，特別是上廁所之時。

所謂「星星索」，就是腳鐐，一左一右兩個鐵箍，分別上鎖，鐵箍之間用鐵鏈連接。一旦被鎖上「星星索」，走路、起居十分難受，只能邁小步甚至跳躍前行，特別是所穿褲子髒了，要脫下來洗一下，十分困難（也有辦法，要運用複雜脫技）

收容站內戴「大羅馬」、「星星索」，通常用於懲罰被收容人員，例如逃跑、鬥毆等，甚至連「不聽話」都可以被以此懲戒，懲戒時間持續多久，則隨心所欲，並無規例，有的被鎖長達數月。被鎖「大羅馬」「星星索」的，一般還要關「大碌倉」，所謂「大碌倉」是不准放風，伙食扣減的。我有一次身體不適，請求免去搬運石頭的強勞動，管教認為我是偷懶，一句「不用你去了」，用「星星索」鎖了我一個星期兼關「大碌倉」。

我還見識過有人破解「大羅馬」的，即是通過「拜飛山」（見十六項）傳遞進來一盒火柴，將火柴頭的火藥刮下來填滿鎖孔，然後點燃火藥，這樣手銬的彈簧就會失靈，卒友在管教面前如常戴上失靈的「大羅馬」，背地裡則解開以獲得一些活動自由。

（七）惡管教

入得收容站，不能不提裡面的「管教」，這是被囚偷渡者天天要面對的人。

天天面對著落難的「階下囚」，可以任意處分，可以隨意喝罵甚至毒打，大部分「管教」都心理變態了，他們在侮辱折磨囚犯中獲得快感，享受到做「人上人」的感覺。

我朋友阿海，親眼見一個卒友被管教蓄意壓斷手指，原因是這個卒友見倉裡關的人實在太多，抗拒進去，管教見他的手指抓著鐵閘，猛然間將鐵閘大力拍上去，將這個卒友的手指生生壓斷。

「沙家浜」中有兩個有名毒辣的「管教」，一個叫「曲尺」，因他軀體受過傷變形而得名，另一個叫「雷公嘴」，也是來自於他的面型。他們就以折磨被囚「偷渡犯」為能事。

每到收容站開飯時，按人數點好缽頭放在地上，由被派往「幫廚」的卒友往缽頭分放飯菜，此時整個倉的人都要列隊集合，由於極度的飢餓，所有人都眼甘甘盯著飯菜，估算著哪一缽比較大份。曲尺與雷公嘴拿著一條竹枝威風凜凜在一旁窺視著，他用竹枝指向一行「這一行」，這一行列的人立即衝向飯缽，奔向事先用眼神挑中的一缽，若有人不守規矩偷步，曲尺與雷公嘴的竹枝就起勁抽向他們。有時，他們是打橫隊列叫，有時卻又打豎隊列叫，總之讓你摸不透，而鞭子就總有機會打下來，他們就是這樣盡情地耍弄、折磨卒友。

1974年我又一次失手，被關金鐘收容站，時近中秋，站方居然以「安全」為名宣佈禁止親屬探望（即卒友所稱的「封山」）引起卒友不滿，其時我被管教指稱「偷懶」，被鎖上腳鐐（俗稱「星星索」，見第六）關在「大碌倉」（懲戒性監倉，上腳鐐不許放風）。有一晚有卒友唱起憂傷的歌以宣洩，惹惱了綽號「鄭三炮」的管教，他突然打開倉門衝了進來，拿起糞尿桶往裡面的卒友潑，每個人都中招，滿身污穢，鄭三砲鎖門就走，我們得不到清洗，就這樣臭氣熏天過了一夜。

（八）「紮馬」──踎馬桶

入得收容所，吃喝拉撒睡，樣樣都與外面不同，這回說一下「拉」。

我入過的收容站，有的幾十人擠在一個倉內，後入者往往被「倉霸」

安排在糞尿桶邊躺臥。倉內沒有廁所，幾十個人的拉撒，全靠一個農用木桶。

男人小便的時候還好辦，最難搞的就是大便，一定要集中注意力，運氣凝神，雙手撐起旁邊的硬物，吊起雙腿，腳板輕輕踏在桶沿上，然後再輕輕蹲下，放縱屎尿。「解放」之後，再行禮如儀返落地面。

萬一哪位手腳不靈打翻了木桶，弄得屎尿橫流，一定被全倉的人打餐死，勒令他自行清理，那一夜，臭上加臭，更加難以入睡了。

當年的農用木桶

（九）饑餓

如果有人問，在收容所最深刻的記憶是什麼，我答：是饑餓，刻骨銘心的饑餓。

當時城市的人，糧食配給每人每月才二十幾斤，農村的農民就各安天命了，可想而知，被關押的囚徒，怎會吃得飽呢？

飢餓既是懲罰方式，又是管控手段，總之一是要你怕，二是要你服，所有收容站都吃不飽，每一個入過「格」的人都有過餓到眼光光的經歷，

餓到想將抓到的木虱、蟑螂塞入口。米是發霉的，菜是爛菜葉，油水全無，肉類呢，更是終年難見。

在偷渡者那裡，流行一種外界不明所以的「黑話」，例如飯叫做「散」，吃飯叫做「咬散」，也不知始於何時，大概形容霉米飯不成團的形狀。缽頭兩三撮的米飯，外加一小撮蘿蔔乾或菜葉，蘿蔔乾被卒友戲稱「高麗參」，所有食物三兩口就扒入肚裡。有些卒友被飢餓驅使，也為了尋求刺激，用破紙片製成紙牌，或用石仔、樹枝當成棋子，賭什麼呢？就賭那碗飯，輸的那位今餐沒得食，贏的那位將人家那碗飯掃入肚中。

（十）「中馬標」

收容站裡的饑餓折磨得大家饑腸轆轆，還有一樣煎熬人的事是缺肉少油，幾個月未嘗肉腥味。有時到了年節，據說要加菜，開飯時大家捧著飯缽尋找裡面豬肉的影子，一旦有人找到，高喊著舉起，好像得了大獎，其實這片肉薄得連風都吹得起，其他人羨慕地歡呼著，苦中尋樂，牢房裡將找到肉片稱作「中馬標」（中馬標即賽馬賭博得獎）。

（十一）沙丁魚罐頭

各地的收容站一經建立，規模、面積是既有的，但偷渡者的數量卻是不確定的，總之邊防軍、公安、民兵抓來多少都要接收。一遇到偷渡的旺季，收容站人滿為患，人來了還得往裡塞，十幾平方的屋子裝三十幾人是常有之事，以致根本無法躺下睡覺，有如罐頭中的沙丁魚。倉房內臭氣熏天，有如煉獄。「老薑」（入格時間長者）會住上格，新入格者居下層，其中糞尿桶旁邊，永遠是最新入倉者棲身之所，每一個卒友都有這種經歷。

（十二）「拍蜢」

人失去自由，最渴望什麼？可能是吸兩口煙了，特別是原先有煙癮的人，連沒有煙癮的人也受感染。可在收容站裡，何處有煙呢？

有！有些管教、員工會吸煙，他們吸完了就將煙蒂隨手一扔，於是收容所的地上不時會有些煙頭。所以卒友在被提審時要眼觀六路，一旦發現煙頭，就要裝作不小心向前跌倒，一邊用手掌將煙頭拍住，其形與用巴掌拍蚱蜢差不多，手腳還要快，慢了就是他人的了，得手之後就要藏入衣褲中。在提審中，提審人員隨手將煙頭扔在地上，那時心中就要活動開了，一旦找好機會，就要裝出不小心撲倒地上，手掌一邊將煙頭拍住。

回到倉裡，大家就忙開了，有找破紙片捲煙的，有用木頭鑽木取火的，一旦點燃了煙，大家輪流吸上一口，快活過做神仙。

（十三）打架尋仇

收容站的人來自三山五嶽，又都是因落難才走到一起，人在劣境中容易產生惡劣情緒，所以收容站裡打架尋仇的事情可謂無日無之。爭食物可引發爭鬥，搶位置可引發打鬥，一切摩擦都會點著火。特別是地域因素會誘發矛盾，本來與事無關的人也因地域因素被捲入打鬥。來自省城廣州的偷渡者被稱作「大圈仔」，以區別外縣市的人，因人數眾多，被視為強勢一方，有事時同上同落，往往占上風。我們這些下鄉各縣的廣州知青，有事時也以「大圈仔」自居，以壯聲勢。

我的朋友阿海，單身偷渡在深圳邊防被抓，在樟木頭收容站被一班韶關仔打了一餐，後來轉解到廣州的沙河收容站，他遇見了一班熟人，仗著人多反過來將那班韶關仔打餐死。

（十四）贖身要交錢交糧票

有朋友聽我回憶往事很驚訝：「乜話？在收容所做完兩三個月苦工，還要交錢交糧票才能脫身？」

此話不假，以我的經歷，在珠海山場收容期間，是不用交錢交糧票的，到了廣州的省收容站（沙家浜），也不用交錢交糧票，因為這些地方都是過渡性質，很快要解往它處。

而我共四次被送回中山縣金鐘收容站，每次勞役做苦工兩至四個月

不等，臨出來時都被要求交錢交糧票，我沒有親人在中山，怎麼辦呢？只得寫信或設法叫人通知中山的其它知青朋友先來代繳，等我放出去後再償還。有些人實在無法交，怎麼辦呢？一直不放人，等你竭盡全力想辦法，實在無法的就一直做苦工，出獄無期，這一招足以令所有人就範，這種制度堪稱世界上最暴虐的制度。

廣州卒友阿強，1979年5月被送到增城派潭，做苦工兩個月後，亦是被要求繳交錢和糧票油票之後才放人。

（十五）懲戒手段

入得收容站，人格就毫無尊嚴可言，管教、帶班隨意喝罵，甚至體罰，趁提審機會毆打所謂不聽話的人，更有以餓飯來作懲罰的，還有單獨監禁不准放風的，嚴重一點的，要上腳鐐，我就曾因被指稱「偷懶」被拷上腳鐐，被關入「大砵倉」，一旦上腳鐐，無論做什麼都不方便。還有更慘的，假如兩人打架，則兩人共上一副腳鐐，一左一右，這樣一對仇人，連上廁所都要一同行動，實在是太狠了。那些所謂「帶班」，有的不過是勞改期滿留場人員，他們狐假虎威，害起人來卻心狠手辣，一點都不手軟。

（十六）「拜山」與「拜飛山」

卒友將親友們到收容站探視稱作「拜山」，借用了清明節掃墓的別稱。

一般收容站，允許親友在規定日子到收容站為親人送點衣物、日用品以及食品，當然以適量為限，一般是放下就走，不允許見面，經檢查才交到收容人員手裡。到了「拜山」日的晚上，所有人員在空地集合，叫到名字的人出列領取物品，收到親人送來物品的固然心情大悅，收不到的黯然神傷，我還見過因失望當場哭出來的。

那麼，如我這樣從廣州下鄉到中山的，在中山並沒有親人，母親因「右派分子、資本家」身份被遣送到雲浮縣，廣州只有一個妹妹，我怎麼辦呢？此時就要設法聯絡在中山的廣州知青或中山朋友，由他們聯繫我妹

妹，寄來錢、糧票、衣物等等，托在中山的這些朋友代為「拜山」。

有時收容站有意同囚犯作對，到了節日前後各十日宣佈不准探視，說是為了「安全」，我們稱此為「封山」。如何應對呢？這就用得上「拜飛山」這一招，即是設法讓親友知道難友放風的時間，時間到了就來到收容站圍牆外，呼叫親友名字，得到回應後，將食物、衣物從圍牆外扔進來。有時包裹破碎，或扔到遠處，別的人不講義氣圍搶，又引發一場鬥毆。

（十七）傷患與疾病

大凡卒友，入得收容站，一般來說路上已經經歷了十災八難，精疲力盡傷痕累累。一旦有創傷，收容站內無非提供紅汞水、龍膽紫之類的藥水來塗抹，傷口感染以致潰爛大有人在，一有大病就要各安天命了。

由於擠迫、人雜等種種因素，卒友即使不發大病也會得各種皮膚疾患，癬疥、濕疹傳染性極強，一人染恙全室得病，特別是在生殖器部位，男的得病叫「爛××」，女的得病叫「爛××」，發癢以致潰爛，苦不堪言。

一旦走出收容站，先買硫磺軟膏之類來搽抹，我聽人所教，每次歸來都買幾斤蒜頭、眉豆煲水，大煲煲成小碗喝下去，說是可以排毒。

（十八）衣衫襤褸，蓬頭垢面

有人問我：在收容所動輒幾個月，頭髮鬍子長了怎麼辦？那就只能用「蓬頭垢面」來形容了，有的卒友說在收容站要「摸頂」——剃光頭，我倒是未遇到過，這個要實話實說。在金鐘收容站幾次，次次都關押兩個月以上，頭髮鬍鬚都遮眼遮鼻了，此時可以向帶班——其實就是勞改釋放留場人員，借理髮剪和剪刀修剪一下頭髮與鬍鬚。

好多的卒友，在奔向邊境的路上，已經走了十日八日，甚至二十多日，翻山涉水，餐風露宿，身上的衣物早已被樹枝掛爛、石頭磨破。更有些「撲網」被抓的卒友，身上的衣物更是被鐵絲網掛得一條一條的，那些被狼狗撲倒在地的卒友，身上更添斑斑血痕。有些卒友，被抓的時候就在

大海中，所以身上只有一條褲衩，他們入得收容站就夠狼狽了，只能靠撿拾前面解走的卒友拋下的衣物遮擋一下。

幸虧我幾次被抓，不是在山路上就是在海邊，所以入得收容站，身上尚算有布遮體，但幾個月下來，這些衣物已經熔熔爛爛了，只得靠撿人家剩下的衣褲抵擋一下。

（十九）收容所是個大學校

收容站彙集各路卒友，被關押者，短則三五天，長則二、三個月至四、五個月，從早見到晚擠在一個空間，免不了講起自己經歷，檢討得失，又會交流經驗，介紹關係……可以將收容日子當作偷渡的交友會、研討會、經驗交流會。很多人就是在收容過程中結識了新友，為日後重新「起錨」作好了準備。卒友阿強，1979年與人走中山珠海線偷渡澳門，失手被抓，在增城派潭做苦工期間結識一班鐵路仔，於是之後改走「火龍」，所謂「火龍」就是扒火車。鐵路仔可以打探到赴港貨車的資訊等，而抵港後廣州仔反過來可以協助鐵路仔立足，雙方各有優勢，可以互補，經歷幾次失敗，阿強終於抵達香港。

我幾次偷渡，雖然並無與新結交的卒友作下一次同行，卻是得到不少經驗教訓的，對於「堆位」的選擇、線路的走向、器材的購買等等，均得益於收容站其他卒友所提供信息。

（二十）中山縣「金鐘收容站」

我「較腳」五次，四次被抓「入格」，都被送回中山縣「金鐘收容遣送站」，簡稱「金鐘」。第一次1972年，我「著屐」（坐小艇偷渡）在珠江口被抓，經廣州送回中山「金鐘收容站」，被關押兩個月，之後又被送回「民眾公社農科所」勞動一個多月。第二次在1974年夏天，第三次在1975年夏天，都是這樣被「處理」。

最後一次是1976年，我於1月30日在珠海吉大海邊被抓，先關押在珠海的「山場收容站」，4月底被送到中山「金鐘收容站」，一直關押到當

年9月7日——即「偉大領袖」死前兩日,才被釋放。

在「金鐘收容站」,所有被押人員都要從事繁重的勞動,搬大石、挖土方、擔糞、養豬、種樹、築路……實際這上是一種勞役,具有懲戒性質,這與其他地區的收容站單純接送轉解性質不同,關押期限隨心所欲,沒有任何限制,中山縣當局是以此獲益的。最慘的是回到公社,又要入公社辦的「農科所」做苦工。

據我所知,「大圈仔」——來自廣州的卒友,會被送到增城縣派潭,或黃埔的火村,這兩個地方都有勞役農場,卒友被送到此要做苦工兩三個月,火村有紅磚廠,需要大量壯勞動力,這種不用付酬的勞動力,各地爭相使用。

有局外人問:在收容站勞役的時候,看管肯定不嚴,為何不逃走呢?

這是因為,送去勞役的人,一般來說,身份已經甄別出來,其實是有望釋放的,只不過官府為了榨取勞力,而以「辦學習班」的名義送去做苦工。逃跑之後,萬一日後偷渡再次失手,則有可能被直接判勞教甚至勞改。況且,以當時政權對社會的控制程度,能跑到哪裡去呢?

(二十一)「擔大旗」和「飯後果」

因為我是下鄉中山縣知青,失手後被遣送回中山縣「金鐘收容所」。在金鐘常常被派去擔屎尿(黑話稱「擔大旗」,同擔大肥相似讀聲),收容站專門找這些被留場、曾判無期徒刑及免死的殺人犯管理我們,這些所謂「帶班」,人格變態,心理扭曲,對我們知青特別仇恨,手段毒辣。收容站有很多荒山野嶺田地,專門要我們去耕作,特別要擔大肥(擔屎尿),屎尿有大把,因監倉關了不少偷渡人員,監倉裡有取之不盡的屎尿。我們被囚人員每天都去廁所糞池裡用屎勺撈上來倒進一對擔桶,每人任務是十擔,一路擔上山頂大糞池,留作日後下田作肥料用。

最可恨這些帶班,專門挑我們幾個廣州仔到女倉擔屎尿,女倉糞池很可怕,很多女人的月經紙,挑上來擔埋一堆,十分噁心,帶班管教稱之為「牛利酥」(黑話,形似一種叫「牛利酥」的點心)。他們還取笑我們:

「大圈仔，去唔到香港食牛扒，食牛利酥都唔錯呀，好過餵鯊魚啦」，在金鐘我最怕是「擔大旗」。

在「金鐘收容站」還有一樣難捱的事就是食「飯後果」，什麼叫「飯後果」呢？就是指溪澗千百年沖積的石頭，石頭有大有小，小的被稱作荔枝，大一點的稱作菠蘿、西瓜，甚至還有更大的，收容站驅使我們這些卒友去擔抬回來築路砌牆。每人都有指標，手腳慢的，要去更遠處找石頭，當然花費的氣力就相應加大。擔得落力的叫做「表現好」，有望快些放人。否則就「燉冬菇」（出獄無期），為了快走唯有頂硬上，表現得積極一些。

石頭運抵目的地後，設專人磅秤，完成任務的，發一竹牌（粵語：竹籌）憑以食飯，未夠數的，只能餓肚皮了。

（二十二）說說山場的伙食

蔡可風先生1975年12月偷渡澳門，失手被捉關入珠海山場收容站，後來他寫了一本書《開，南風窗——十年文革前後大逃亡港澳紀實》：

蔡可風先生在書中有一段這樣介紹山場收容站的伙食：

> 據後些入山場的卒仔們所述：山場的伙食比其他收容所好得
> 多。曾經有些從湖南、江西等外省盲流來到珠海被逮捕的人說，能
> 吃上一天兩頓、每頓三兩白米飯的囚糧，已感到很不錯。再加上飯
> 上面竟疊有七至八截、每截兩三吋長長窄窄的腰帶魚，估計也近半
> 斤重時，不由得感到受了大恩遇──他們在自己的家鄉，自己的生
> 產隊辛辛苦苦勞動，也吃不到這等好飯餸。有些外省盲流為了能在
> 山場多吃幾頓腰帶魚，居然胡謅亂報個珠海縣地址，但他們的口音
> 和長相，只要審問時多追查幾句就馬上露餡，免不了被管教飽以一
> 頓老拳。聽這些傳聞只能半信半疑，無可稽考。其實這些又薄又窄
> 的帶魚，漁民都不想撈獲，既不合規格上繳，在當地也不准私賣。
> 這些魚也沒有多少肉、只有點骨與皮，以前，只能賣給農民作肥
> 料。不知那位管教想到這般運用，買來後自有免費的囚犯當廚，又
> 便宜又受歡迎，連平日最嬌嫩的女卒仔都把帶魚不分皮骨鰭刺統統
> 嚼爛吞下，管教、囚犯上下人等、廚內廚外皆大歡喜。

蔡可風先生六人于1976年1月23日「爆倉」，破開山場收容站的磚牆逃逸，幾日後我於1月30日被捉入山場收容站，親眼見到他們破牆的地方，站方用水泥、磚頭修整過的牆體。

我證實，蔡可風先生對山場收容站伙食的描述是確實的，那種魚我們當時稱作「九棍魚」，畢竟是動物蛋白，有比無好多了。在我入過的幾個收容站中，山場的伙食算是最好的──雖然這原本只是些用來做家禽飼料的下腳料。

一間關押逃亡者的收容站，因幾條雜魚，而被人記起甚至稱頌，這事兒有些黑色幽默。

（二十三）患難情深

　　阿豪是我下鄉中山民眾公社的鄰隊知青，我們在下鄉期間曾有過交往。

　　阿豪後來去偷渡，他是與堂兄一道行動的，他堂兄是復員軍人，他們兩人是穿著現役軍人軍裝一起上路的，以為多了一層保護，卻不料「穿煲」，在衝線階段被識穿。冒充現役軍人去偷渡當然會罪加一等，不過他堂兄大包大攬，將一切責任包攬在身，於是阿豪獲得輕判。

　　阿豪從收容站回到生產隊，瘦到皮包骨，整個人落了形，我見及此，將父親從香港寄上來的一罐鷹嘜煉奶送給他補身子。阿豪此後不敢再去偷渡了，娶了個當地農妹當妻子。

　　後來我要上路去「督卒」，但我當時養了幾隻雞仔，在出發前將這幾隻雞仔託付給阿豪照顧一下，此行若成功固然不去考慮雞仔不雞仔，如若失敗也不必去想它們，純屬有個交代而已。

　　我此行「起錨」又以失敗告終，收容、轉解又一輪磨難，幾個月之後回到廣州家中休養生息。

　　不料在除夕之夜，有人找上門來，原來是阿豪帶著妻子來到，他手中提著一籠雞，原來是他將雞仔養大了，專程從中山帶回廣州，在除夕夜一路打聽，找到我家，將我感動得無語形容。世事浩茫，後來我與阿豪失去了聯繫。

　　兩三年前，我在「卒友」微信群見到裡面有阿豪學校的人，於是多句嘴問她是否知道阿豪的下落，終於聯繫上阿豪，他在廣州開了個手作檔口維持生計，我們相見那天，彼此握著手，幾十年往事湧上心頭，淚眼婆娑……

（2020年10月）

（記述者：周繼能）

你聽說過「逃港費」嗎？

周繼能

　　近來一些話題開禁，有些忌諱的陳年往事也登上報端。例如「逃港」問題，本埠報紙披露了60年代人潮南湧的情況，這在早些年是不可想像的事。社會主義國家的幸福人民，竟像「天下苦秦久矣」的先民那樣，如潮水般爭相湧入「資本主義世界」的香港？當時對這種事是諱莫如深的，若公開這種事，不是拆了「社會主義國家人民地位高」的台嗎？（先贊一下社會的進步！）

其實，這種事對於我們南方人來說，都是身邊事，要我說，可以說上三天三夜。

60年代，筆者在廣州念中學，那時節興「教育與生產勞動相結合」，每學期必有一周「農忙勞動」，1964年我校兩次組織學生去了東莞，分別是到茶山和常平公社。

今天的東莞，是何等繁華興盛的一個所在。據說連不出名的「東莞理工學院」也報名者眾，為的是畢業後能在此落腳。我們去的那個時節所見啊，可以說是「枯藤繞老樹，白髮唱黃雞，青壯逃港去，禾稻無人收。」真個是十室九空。我們幾百號學生到了三、四個村子裡，竟不用睡祠堂學校，就入住空置的民房，夠用有餘。一問主人哪兒去了，回答是「到香港搵食」去了。

那些民房，可不是草寮茅屋，統統是磚瓦房，是幾十年以上的青磚屋。這說明，「解放前」，東莞並不是「貧下中農貧無立錐」。

更奇的是，據「社員」（這個詞將要失傳）告訴我們，凡是家中有人逃港的，「公社」都要對其徵收「逃港費」，理由是：你家有人逃港，弄到田地無人耕種，故此要徵收費用。

呵呵！誰說中國人創意不足，這就是創造性呀。

有人問，既然弄到要逃亡，家中還有能力交錢嗎？

這就是問題所在了，逃到香港後，各人際遇不同，雖然不一定都「發」，但畢竟能做到溫飽有餘，多少對家裡是有所周濟的。連這點錢都不放過？唉！為了「世界革命」，這點義務還是應該盡的嘛。

更令人稱奇的是，「社員」經常晚上要參加「社員大會」，批判「資本主義的香風臭氣」，我們曾經敬陪末座。東莞口音「資本主義」的「資」不念「ZI」而念「ZEI」，我們聽了都忍俊不禁。

那一年，音樂舞蹈史詩《東方紅》上演，全場辟頭第一句朗誦詞就是「在毛澤東時代，祖國的江山多麼壯麗！祖國的人民多麼幸福！」

整個60、70年代，我身邊逃港的人多了。廣州人把逃港稱作「督卒」，借用下象棋術語，取其「有去無回」之義，頗為傳神。市郊的「大金鐘水庫」成了練游泳的一個去處，人們談論的話題也多與偷渡有關。

1968年年底，「知識青年」統統到農村去「接受貧下中農再教育」。通常是由「軍訓團」大筆一揮，某班的人去哪個地區，命運就此定。「投親靠友」的要經批准，到「邊防地區」的，更是嚴格把關，可禁不住有人千方百計往那些地區鑽。接後幾年，掀起一波又一波「知青」逃港潮，我的同班同學就有好幾位這樣去了香港。偷渡方式，水路陸路都有，可憐水路前往的有人命喪海底，我認識的就有。捉回來的，先前有一定懲罰措施，如關起來等等，後來就關不勝關，寬鬆多了。

說起偷渡者被抓回來的，我倒接觸過幾個。那時我在一個機械廠「接受工人階級再教育」，機械廠最重的工種要算鍛造車間了，我是鍛工；鍛工最辛苦的要算燒「反射爐」（把鋼胚燒紅的爐子）了，我是燒爐的。那

時車工、鉗工偷渡被抓回來，一般被送到鍛造車間「改造」。此時，我們都把燒反射爐的工作「禮讓」給了他們，他們哪敢說不？可不久因為生產原因，他們都恢復原職，燒爐子的差使還得由我來幹。某日，我幡然醒悟：老子沒有偷渡，卻天天享受「改造」！他NN的！

我的一位好友，那時正「向組織靠攏」，卻不料某日一個晴天霹靂：得知他在寶安縣當知青務農的姐姐和姐夫一起偷渡去了香港。嚇得他趕緊和我商量：要不要告訴「組織」？現在的人很難想像當時人們的精神狀態了，那時親屬之間的政治關係是互相牽聯的呢。我告訴他，你還是趕緊報告吧。

幾年後，「改革開放」了，他家率先使用的電飯煲、電視機等，就是他姐姐從香港送回來的。他姐姐是這樣教育她這位老弟的：我在這裡是捱（熬日子），到了香港一樣是捱，可有一樣不同，在香港捱，起碼還有得享受，在這裡捱，我就像一條狗一樣……

（寫於2004年）

石門訪「古」

周繼能

　　幾乎所有廣州卒友，說起當年為了鍛煉體力耐力，以及泳技，都曾經在廣州珠江的「白沙河」河段游泳。從珠江大橋附近出發，游到一個叫「石門」的地方，一去一回大約20公里。

　　石門在舊時可是一個出名的地方，在宋代評出的「羊城八景」中，有「石門返照」一景，說的就是這裡。

　　七十年代，河道兩旁，沒有那麼多建築物，河水清冽，翠堤相接。到了石門，古樹參天，綠蔭蔽日。更令人心存感念的是，此處有一個不知建於何朝何代的茶亭，屋瓦高淩，四面通風，更有石板凳四周敷陳，讓遊人過客憩息。茶亭旁，有石砌埠頭與水相連，浪水盈盈，輕撫階前。

白沙河流淌，在訴說往事

對了，茶亭旁邊有一個「貪泉」，《晉書‧吳隱之傳》：「吳隱之，操守清廉，為廣州刺史，未至州二十里，地名石門，有水曰貪泉，相傳飲此水者，即廉士亦貪。」

當年河面上，青年男女首尾相接，河道充塞，絡繹於途，蔚為壯觀。大家身後都拖著球膽、塑膠枕頭之類，彼此都心照不宣，都知道都是「操兵」而來的，大家心中都有著同一個目標：逃出藩籬。

幾十年過去了，石門石門，古樹依然，埠頭還在，只是茶亭已經無存，僅餘兩道牆基，仿佛提醒人們留住記憶……

而當年的青壯男女，今天已經踏入人生暮年，有的到達彼岸，遍佈世界各地，有的留在故國「享受社會主義優越性」，更有的已經先走一步……

麻石埗頭

茶亭遺址

殘留的兩道茶亭牆基

現時周圍景觀

（寫於2018年）

我的雙通紅棉大單車

口述者：佘傑明

　　我的下鄉之地，是中山縣民眾公社，這算是個准邊防地帶吧，雖比不上珠海、寶安、惠陽等地之直接近便，也屬於「近磅」之列了。數年間我自己偷渡五次，無一次之成功，此事可見我的口述歷史《淚灑香江》一文。

　　下鄉幾年，我也曾數次「接堆」，幫助他人偷渡，他們有成功的，也有不成功的。幫助他人，是盡朋友之義，自己也可得到經驗教訓，甚至有另外的「收益」，例如一部單車。

　　朋友阿炳，1972年的一天找到我，說有兩個朋友阿細及阿坤，極想偷渡，苦於無路，問你能否幫忙，我說可以呀。

同類雙通紅棉大單車

　　要偷渡，你得先到達邊防地區，想方設法接近「堆口」（入山之處），然後「埋堆」（入山）。這樣，自行車一輛，就是必不可少的工具了。

　　那個時節，自行車是極緊俏的商品，不是有錢就能買到的，得憑票，天知道這些票是如何來到人間的，只知道有些國營單位，有時會讓人「抓鬮」，幸運者會得到車，我們知青是永世也不用想的。

　　阿細無單車，只得買舊車，那時廣州有「信誠」、「永利」等不多的幾間寄售店，裡面不時推出舊單車賣，要想買到好一點的，就得大半夜去商店門口排頭位，於是阿細花四十元買到一部。阿坤的父親在香港，大概有點「南風窗」吧，他擁有一架全新的雙通紅棉大單車，那時節有僑匯就能買到些緊俏商品。他們兩個異口同聲地說，只要我幫助他們成功「埋堆」，這兩部單車就歸我啦，於是我也來了積極性。

　　說做就做，我找到中山知青阿恒做幫手，他的家就在中山縣城石歧（縣城）。有了他，一切都好辦了，統統可以就近搞掂，免得在路上就被

人截獲。例如準備乾糧啦、浮水球膽啦、指南針啦等等，以及「上水衣」
——即抵達澳門後要穿的衣物，抵達彼岸後你怎麼都要穿得像個澳門人才
不會在街頭被捉啊，當然啊，單車要給阿恒留一部。

我呢，首先要給他們兩位弄張通行證明 —— 行內黑話稱「流袋
（音）」，「流」者，假、偽之謂也。方法是把我們中山知青用過的過期
通行證明，用雙氧水漂洗，去掉舊字跡，填上新內容，例如「茲有我公社
知青某某某到廣州探親……請給予發售車票」等等。

待出發日子臨近，我與阿恒先期到達廣州，看著他們買好汽車票。我
與阿恒即刻將車騎回中山，哎喲！那時廣州至中山一百多公里，有五、六
個渡口，公路大部分路段是砂石路，騎得好辛苦，幸虧我們正值年輕力壯
之時。我們在順德過夜，分兩天走完全程，身水身汗，到達石歧。

按照車票標示的班車抵達時間，我與阿恒在石歧車站的前一個站等
候，接到他們，即刻用自行車載回石歧。為什麼要費這樣的周章呢？原因
是：石歧是縣城，檢查得緊，而之前的站都是路過車站，檢查較鬆。當
然，我已經把「我是某某公社某某大隊某某生產隊下鄉知青，生產隊長叫
某某某……」等作假資料教給他們，並叫他們背熟。

當天到阿恒家取了乾糧球膽諸物，事不宜遲，馬上向五桂山方向進
發。到得「堆口」（入山之處），瞄瞄遠近無人，阿細及阿坤即刻沒入山
中，我祝他們好運，立刻與阿恒回程，阿恒得了那部舊車，我得了部全新
的「紅棉」。

我回廣州等候他們的消息，一天沒有消息，十天也沒有消息，一個多
月後，他們回來了，原來是偷渡失手，被收容審查了一個多月。

唏噓完畢，阿細來真章了，他說：那部舊單車就算了，那部雙通大紅
棉，阿坤想要回。我一聽就來了脾氣，當初是怎樣約定的？我付出這麼多
你們有考慮過嗎？丟！朋友都有得做，不做就不做啦……我一氣之下就將
車子騎回中山。

就是這架紅棉大單車，在今後幾年裡，不但用作我交通、運輸的工
具，還在我此後的幾次的偷渡中起過大作用。

1973年，我與阿波、阿恒去偷渡，用的就是這部雙通大紅棉，這次由廣州知青阿根「接堆」，阿根下鄉地在縣林場，我們「埋堆」後，由他把單車騎回林場。不過，我們當晚被民兵開槍堵截，但是幸得被我們走脫，我到林場騎回了單車。

　　1976年，我第五次偷渡，我用這部紅棉大單車載著我的女朋友從廣州走到中山，再與中山的兩個知青會合，「棄車入局」，在「堆口」將單車丟棄，沒入山中。這一次我們功敗垂成，失手被抓，收容審查八九個月，這部「紅棉牌」雙通大單車也就不知所終了。

（2018年7月）

（記述者：周繼能）

卒友心聲

【前言】本人微信公眾號發表了一組當年偷渡知青的回憶錄,遠在世界各地的「卒友」們紛紛在文末留言;另外在微信群組的交流中,當年的卒友紛紛吐露心聲。

第一部分:緬懷偷渡罹難者

　　我是強記,我親弟楊載興是廣州九中67屆初中學生,1968年到海南島定安縣農場,後來回廣州黃埔船廠工作。我在1970年偷渡到了香港,1977

年去了美國，他想先偷渡去香港，再想辦法去美國找我。1979年尾（注：對照下面偉強記述，應該是1980年2月）他到湖南扒火車去香港，三個人到達了香港境內，當火車行經旺角時跳車，天黑，看不清，在旺角橋底跳車，我弟弟碰死，同行的一個重傷終生殘廢，生不如死；另一個到了香港，現在也到了美國，這是我自己家的故事。

1970我偷渡香港時，那年冷得早，我10月10日到了香港，聽新聞報導，每天都報導撈了多少偷渡者的屍體，共差不多200人。我後來認識一個朋友，七個人一起偷渡，死了五個人，只有他同一個女的生存，他幸運，因為肥胖，凍唔死。為自由，不知多少人犧牲。

1970年4月，我同生產隊同學陸慶生哥哥找到我，求我送他堆，兩個人，結果他凍死大海，死者名叫陸耀廣。另一個被捉，關了二個月，獲釋後於10月同我一齊到香港，現在也在美國。陸慶生1969隻身到香港，所以他哥哥求我，他們的爸爸是比共產黨打死的。

（美國卒友@強哥）

1980年二月份，我二姐夫和我廣州鄰居楊載興爬火車偷渡，在旺角火車站附近跳火車，我姐夫跳車後坐的士到我們住的附近，打電話給我接到他，之後一個月楊載興都沒有消息，我想起了我姐夫到香港的第二天，看到報紙上說，北上火車的旅客看到有人受傷倒在旺角車站鐵路旁。我去旺角差館找坐堂幫辦查詢我姐夫到港那晚的檔案，翻到了我鄰居的照片，原來他在跳火車時火車剛好進入馬路底下的隧道，在第三條枕木的位置頭撞到牆壁反彈，車斷一手一腳，頭裂了一條大縫，在醫院三天後去世。我幫鄰居辦了死亡證，查到他葬在羅湖車站附近港中界河的墳場。1980年清明節，邊境開放掃墓，我們幾個朋友一起去拜祭他。墳場工作人員說整個墳場埋葬的都是偷渡客，每十個屍體一行，每人一個號碼。楊載興葬在沙嶺政府墳場「丁」段274號丁80274號墓穴，號碼的意思應該是80年2月74號墓穴。我們拜奠完後到他出事的隧道口撿到他的一隻鞋，裡面有人民幣和全國糧票（因為我們去湖南郴州爬火車），第三

條枕木還有一灘血跡，他跳火車時假如跳早一秒就成功了，我在青松觀幫他立了一個牌位，因為取消了難民申請，我1982年7月藏在貨櫃船底二十四日到了美國。幾年後楊載興家人出錢請人挖出骨骸火化了，由我小弟帶回廣州給他的家人，我想整個墳場的偷渡客只有楊載興一人的骨灰能夠回家。

我最近在電話薄找到了我在大南街青松觀幫他立的牌位：大南街青松觀追遠堂上特座579號，我如果今年能回港參加5.1拜奠我會去大南街青松觀拜祭楊載興的牌位，楊載興是1968年廣州九中去海南島的知青。

（美國卒友@偉強）

關於偷渡死難者，一個係我在僑光中學高二級的同班同學何智常，聽講係番禺沙灣人，聽同學講在偷渡時失蹤的，幾年前聽講有同學組織去大鵬灣處拜祭過，我所知就是有限的這些。

香港知青拜祭偷渡罹難者

　　另一個係我在博羅楊村公社插隊時認織的,名字好似叫龔亦能,因為大家都亞龔亞龔的稱呼他。在1971年四、五月左右,我第二次偷渡失敗後送回楊村時,就曾在他處住過幾日,因他就住在墟鎮附近,記得有人仲(還)偷了隻雞給我補身,結果我就大瀉了幾日。在墟日時,(來自廣州)北京路大、小馬站的好幾個人同當地農民發生衝突,打了起來,亞龔亦有介入幫手。有幾個農民受傷十分嚴重,結果這幾個農民所在的大隊,出動所有武裝民兵,帶著槍到墟上抓人,當時我亦被捉到附近一處好似係大隊部處,叫農民來認人。當時我係膽小怕事的人,我亦知那幾個知青的底細,我係不想亦無能力去幫他們手的。後來幾個農民認出我無參加,但亦未有即刻放我走。隔了不久,亞龔亦被捉入來,被農民認出,被拖到樓上,我就聽到一陣棍棒聲,不久就聽不到一點聲了。第二天在其他知

青口中得知亞龔當晚受傷十分嚴重，附近一家細診所不敢收人醫治，當晚送到博羅縣城的醫院。大約幾個月後，我返回廣州，在其他人口中得知：亞龔出院後返回廣州，身體尚未完全康復，未聽朋友勸告就起程偷渡。但之後香港、廣州各處都無他的資訊，相信就這樣失去一個年輕的生命。

另一個係在廣州時經一個朋友認識的朋友，名字好似叫陳思遙，大家都師爺師爺的叫他，我和他亦見過好多次面，傾得（談得）亦好投機，後來在朋友處得知他起程後，幾個月各處都無他的消息，相信係遇難了。在香港時，我亦找到他的哥哥，他亦相信失去這弟弟，十分難過。我所知有名有姓的就這幾位。

（美国卒友@大鵬高飛）

罹難者謝偉權，廣州13中69屆知青，下鄉海南藍洋農場，與我同隊。1975年開始督卒，有一年我「衰咗」（偷渡失手），從海南回到廣州，到文德路他家，他父母親口對我說，人冇咗啦！他是同姻兄（姐夫弟弟）一齊游大鵬灣，水中，姻兄聽見他喊：「碌×，有鯊魚！」人就沒了。姻兄寫信回來描述。看著兩老悲傷的神情，我想，人間還有更慘的嗎？白頭人送黑頭人，屍骨全無！

（@peter）

一位卒友死難者，名字叫鄧堅華，大約1950生，其實他有一次成功抵港，但他到港後馬上去差館報到，而不直接入市中心，拘留他的英國警官對他說，你未進市區，我祇能把你送回去，警官還開車帶他到市區遊了一天，再押解回大陸。再下一次，他已到達海邊，已下水，被邊防軍發現，他不肯聽命令停下，被軍人開槍射殺，背部中槍，此事絕對真實，有証人目擊。

（@chunghingmak）

香港知青拜祭偷渡罹難者

鄢建穗，廣州72屆，大概是1976年遇難。他是我的同事兼好友，具體如何失蹤不太清楚，當年我到他家看到她母親總是在哭。

李振國，住我家斜對面。1966年初三畢業，西聯中學，1968年分配到增城。1971年第二板偷渡失蹤。

譚俊英，也是我的鄰居。1974年29中高中畢業，1980年偷渡失蹤。

（澳洲卒友@盧炳）

看了「香港牛仔」的偷渡故事，勾起我的另一個回憶，這個故事雖然不是我親身感受，但卻發生在我身旁：我的一個朋友叫阿啟，另一個朋友叫阿成。阿啟和阿成歷盡艱辛到海邊後，咽完最後的半塊月餅就義無反顧地撲進了大海。想不到離岸邊尚有百多米時，阿成大叫一聲「阿啟，救我」。阿啟回頭一看阿成已漸漸下沉，於是趕緊回去拉著他游。上岸一看，阿成的整條左腿都被鯊魚咬去了，阿成也沒有了氣。等阿啟掩埋了

阿成的屍體後，尼泊爾軍（喏喀兵）已出現在他面前，結果阿啟被反押回大陸。

更令人唏噓的是，我也不記得是那一年了，廣州海珠橋上發生汽車爆炸案，的士司機連同乘客被炸得血肉橫飛，而這個無辜的司機偏偏就是阿成的親弟。兩兄弟都死於非命，都尚未成家，絕了後。

阿啟的弟弟與另一朋友阿輝從陸路偷渡，接近邊境線時突然一聲槍響，阿輝應聲倒地頓時魂飛天國。阿啟的弟弟慌忙趴在地下，自然也被返押回來。這段回憶長久地壓在我的心底，今天終於把它吐出來了。

（@糖盅）

香港知青拜祭偷渡罹難者

感動！我也是親歷其境。1972至1973年間我與男友幾次「起錨」，1973年10月第三次由陳江「埋堆」，經9畫10夜艱苦東線行程，終抵水邊，當晚

風急浪高，四人下水後，人、泡盡失。翌日晨曦我踏上吉澳島岸邊，另兩人分別在鴨洲、鹿頸上岸。唯我的男友泥牛入海。直至1984年我絕望地為他於屯門青松觀立了長生位以念。讓他如願在港安息，免做無主孤魂。

抵港後才知我們下水那晚，原來是香港是懸掛三號風球之夜。真是萬幸！

2014年某颱風夜，臨窗倚望海上滔滔巨浪，回想1973年與風浪搏鬥，拚死與颱風一起登陸香港之夜，興發感動撰詩一首舒懷：

懷人
浪急騰翻風虎嘯
孤燈冷枕未成眠
雲遮月蔽星無影
往事如煙四十年

（香港卒友@阿茵）

香港知青拜祭偷渡罹難者

幾次出走的經歷,哪能不出入山場、金鐘?1971年中山收容所未搬到金鐘,還在岐火(石岐火葬場),那年頭報流冧連江門收容站也領教了。我的農友鄭燦銘,原廣州九中66屆初三學生,下放到中山板芙金鐘一隊,1971年與我走的一次失敗了,第二年1972年五月份他自己走早水用橡皮艇,結果在珠江口因天氣冷失溫凍死。我們是1968年廣州九中第一批下鄉的知青,下放同一個大隊共24人,出走的10人,成功6人,喪生兩人(另兩位因不清楚詳情,不便置評)。在紐約同背景的大圈仔不少,經歷了在美打拼的四十年,大都已退休了,這段歷史仍是大家的共同記憶。

(美國卒友@rhuo)

　　看到這篇寫實,真的感慨萬分,我的鄰居,一位又聰明又善良又英俊的高中生,也是為了自由,卻在海上游得精疲力盡之時,一齊去的幾位無人肯助一臂之力而沉下水底,可憐喪子的母親的心是多麼的難受。他叫劉嘉林。

(@SienYang思恩)

　　我督卒四次大難不死。

　　第一次在深山三天三夜,沒糧食沒水飲,在海裡游了8個小時,最終在香港後海灣岸邊被捉回去,第二次在高山90度直角摔下去,第三次又失手,在軍營被一群解放軍用大竹棍毒打,第四次遭遇「露絲」號颱風萬劫不死,終抵香港。這些都是冥冥中得到難友們亡魂的保祐和保護,我感激他們。

　　一直認為很多難友做了自己的替死鬼,我才有今天。要還神還願還感恩之心。我第二板在蛇口的禿山上摔下來,差點沒摔死。和我同行的兩位同學都以為我已經沒命了。當我醒來在我摔下去的旁邊,就有一位被摔死的難友……

(加拿大卒友@阿茜)

我叫×××，1973年第四次成功由大鵬灣到港，剛看完袁家倫的動人經歷，感同身受。我亦在第二次落水後失去自小玩大的老友盧成佳。感謝袁家倫，把我的思維帶回四、五十年前，大家的經歷大同小異，但有著「用生命博取自由」的共同信念，成功了，真值得開心。

（@Andychiu）

1979年的暑假，欲到惠州小金看望一個同學，需要邊防證，但我沒有。輾轉買車票到了惠州，街上竟看不到一個年輕人，見到的都是老人小孩。見到同學是在黃昏的小金。吃飯的時候，有人說：今天又捉回來一車，有個半路跳車的，跳的方向不對，後腦勺摔壞死了的，被衛校拿回去用作解剖教具了。

（@宇雨）

1980年二月我鄰居楊載興在旺角火車站跳火車被火車車死，我尋找到他的下落後，清明時節我們幾個朋友去沙嶺墳場拜奠楊載興時，墳場的工作人員對我們說，葬的都是偷渡死難者的無名屍體，十個一行，每人一個號碼，刻在小石塊上。根據卒友BJ找到沙嶺墳場的資訊，當時的無名屍一年大概是三百人左右，七年之後屍體都會焚化，焚化後集中在一起下葬立碑，標明年份。沙嶺墳場現在不是禁區了，到了墳場找到我鄰居的石碑，下葬的應該大部分都是偷渡客。我今年五一前回港參加拜奠活動，希望也能夠再一次去沙嶺墳場。我在廣州住的屋附近多個我認識的人都是偷渡失蹤。當時香港海域漂浮的偷渡死亡者及爬火龍死亡的，只能葬在政府唯一無人認領的沙嶺墳場。我到港一星期後看報紙，香港火車站卸貨時在辣椒乾的麻袋底下發現兩個偷渡客的屍體，當時是1980年1月上旬。我相信這兩個人的骨灰也在1980年集中的骨灰裡面。

（美國卒友@偉強）

溺海者能漂到香港，那已是不幸中之有幸了，而漂至赤灣海灘的，印

象中也有四五起之多。就我之所見所知，這些浮屍的處置，一般都是由發現者（普通村民）報告到當地派出所，派出所民警到場後，用照相機拍攝和作簡單文字記錄，然後問村民們，有誰願意將屍體就地掩埋，將可獲得八元（人民幣，在當地，每個精壯勞動力每日大概可得收入是1至1.5元左右）的酬勞。就這樣，這些可憐的無主孤魂——也是冤魂，就在連一片草蓆都沒有的狀況下，被草草埋葬在海灘的沙土之下，海潮一到，一切痕跡也就都消失殆盡了。

有一次，由於辦事的警察可能是另有事情吧，只簡單吩咐動手掩埋者幾句話之後，來不及監測所挖埋屍坑的深度是否足夠，就離開了現場。結果，過了幾天的某個晚上，村內的幾條狗竟將屍體刨挖了出來，甚至有條狗為躲避其他狗的爭搶，還把一塊帶有頭髮的頭皮（估計這位溺海者是個女的）咬拖回村內，搞到滿街屍臭，難聞之極。

（南山卒友群@紫盧叟）

我認識一朋友，身體素質與水性都極佳，可以在冬季寒冷時在泳池暢游一小時之久。為了避開起錨高峰時期（即夏季，但也是官府勤政高峰期），他選擇了初春時節動身。他每樣都計算計劃到了，準備足了，但由於自信太充足了，就沒有考慮到實際上在經過幾天幾十公里的晝伏夜行，體力消耗極大，加之心理難免緊張，在這種完全與輕鬆「捱池」練兵不同的情況下，他沒有戰勝寒冷的海水，反而被吞沒了。

（南山卒友群@紫盧叟）

第二部分：荊棘滿途的「起錨」之路

很幸運我是從廣州北上韶關。扒貨卡成功到達香港的。想起1980年偷渡的非人生活。真系終身不會忘記。我18歲時。經歷了人生最艱苦的偷渡日子。好幸運經過一個月的鐵路邊蹲守，成功地踏上一趟開往深圳的貨卡。直到香港紅磡跳火車，真幸運一次成功。不過好懷念那些為了偷渡去

香港而離世的後生青年。

（@小桃）

　　我所講的故事雖然真實地發生在我身旁，但畢竟不是我的親身經歷。我只知道阿啟阿成阿明阿堯等幾個都是很好的朋友。他們讀了幾年小學就被分進了市五十中，接著就初中畢業被分配到了海南島儋縣。當時生活是極端艱苦的，據說往往要鹽水泡飯。十七、八歲的娃子本來正是長知識長身體的大好時期，卻被逼失去學習機會而要參加強體力勞動。一次開荒爆炸中，阿啟的腳弓被碎石塊割斷了。阿啟的親弟在市郊石井投親靠友，在一次修繕隊部時跌斷了大腿。

　　「督卒」，被一些站著說話不腰疼的既得利益者譏諷為逃兵，被批判責罵為「投敵叛國」（後來更正為「非法探親」），但我覺得人有生存的權利，逃離艱苦的環境，為自己的理想去奮鬥，其實應該受到尊重，應該讚揚。我也很想為他們說幾句。無奈年代太久遠了，具體細節要問當事人。請給我一些時間讓我試下聯繫他們。如果他們願意講，我會把他們的聯繫方式告訴你，如果他們不願意，我就沒有辦法了。謝謝謝！

（@糖盅）

　　對比起其他卒友，我實在是幸運，沒像他／她們被捉、坐大陸格仔的經歷，但也翻山越嶺一星期，差一點摔死。試過黎明前躲在一個長滿野草的坑洞，天亮後發覺原來是一個棺材氹，有死人骨頭，有螞蟻爬上身但不敢動，因聽到附近有農民的聲音。我是操馬交線（偷渡澳門），最開心是第五晚爬上一個山頂，（後來聽朋友講那就是五桂山），忽然間眼前一亮，一片燦爛的燈光就在山下不遠處，并傳來了陣陣像燒開水的沸騰聲，對於我這個第一板的督卒客，簡直是歡喜若狂。按照原來的路線圖，我們應該到水邊後要游泳大約四小時左右，誰知走偏了，黎明前誤打誤撞竟然大搖大擺穿過一個軍營，再穿過一條應該是被卒友稱為國防公路的水泥路，跟著前面是一條河，過了河上岸後是一個垃圾堆填區，已差不多天

亮。發現垃圾很特別，有發泡膠飯盒等物體，此類東西為大陸所無的，知道已到澳門。同行者一個是知青朋友，另一個是中山人，他們體力比我好，一直都走在我前面，而上岸後不見了他們。我當時是祇穿一條短褲，手抓一個吹氣的水泡，其他東西都集中放在一個大膠袋內，并由其中一個卒友負責帶著，因準備作長途游泳。其實這樣做法是十分愚蠢的，應該是各自分開帶。我走過垃圾堆後被一群狗圍著狂吠，之前有知青朋友教過我，遇到這種情況千萬別跑，要企定定那些狗才不會咬你，我站著不動。接著有一個男人出現，問我需不需要幫忙聯絡親戚，我說要，他把我帶進一間鐵皮屋，我以為遇到貴人，後來才知道是「打蛇集團」，在邊境一帶靠收留、控制偷渡者搵食，但很奇怪，在中澳邊境并未見過其他卒友所提及的鐵絲網。

爬火龍的傷殘及死亡率比撲網游水更高，幾年後一晚我去中大後面接弟弟時，見他血流披面，是跳火車時受傷，把我嚇傻。

（香港卒友@志明）

想當年在香港東平洲上岸時幾乎是赤身裸體，本來是穿著一條球褲游水，上岸時已經半昏迷，走進了那些荊棘叢中，將球褲也扯爛露出半邊屁股。找到當時的香港東平洲差館，值班人也實在看不過眼，給予我一條新球褲及給一對拖鞋，後來陸續有卒友上岸入到差館，有一位惠州籍的卒友送給我一件波恤，使我得以遮體坐了四天洋監，就是這樣來到自由世界。比較那些所謂的當然接班人的先祖，更無產得多，想他們落草為匪時，紅朝教科書說，起碼還有一身衣服，草鞋及兩把菜刀。我們沒有親戚，更不要說有爸叫李剛，一班先到的同學，陸續給予一些舊衣裳，就這樣展開新的生活，到來之時完全是赤條條，一無所有。回首過去，從無到有，從一個人到一個大家庭，豪氣陡生！比起那些匪類後代當然有出息得多！

抵東平洲之時，可能是當時我球褲爛得太厲害，小鳥都差點要飛了，有傷風化。當然香港當差也是有人道精神的，記得當時用水警船送我到大埔警署，落船時有位阿Sir講話，告訴我們一些安全事項，然後說「現在你

們自由了，可以屌尻毛澤東了」，認真記憶猶新。

說實話，來到自由世界，我們這些卒友在各行各業出類拔萃的人很多，並不是只有劉夢熊、梁立人等。尤其是出國到美加生活的朋友，幾十年後基本上都有一番作為，還真是沒有聽到過有人要淪落街頭、像×鬼一樣要向政府申請救濟的！這固然是因為美帝西方對移民的仁慈，也是因為我們這些卒友，都是具有敢作敢為的風格，具有勇於闖蕩的精神的英雄！

（美國卒友@人生得意須盡歡）

「報流」的故事，我也報過流，穿咗煲，送回沙河大碌倉，這裡可以勾起很多失去的回憶。

每個卒友都有死裡逃生的經歷，我第四板衝線，黑夜裡一行六人，走到邊防暗哨邊，軍佬一拉槍栓，各人四散奔跑，我拼命狂跑，心想：你開槍，打中打唔中那就各安天命。（第三板是躲起來被抓。沉痛教訓）狂奔，狂奔……最後撲網成功。

（21中@peter）

我有一「鑊」，係在桂花崗爬火龍，在仙村站有另一班人上貨車，到筍崗站重組車皮，邊防查獲一班人，問其車上是否還有卒友，他們說有，大兵發怒，對著貨堆用鋼筆死命狂插，我老友被插中，差點冇命，大兵繼續插，唯有舉手，落車跍低，火車起動，相差一分鐘左右，只能嘆命，嗰班人（那班出賣同道的人）喺深圳比其他同道鄙視，我哋亦係深圳入格才清楚，嗰陣（那時）只能嘆時也、運也、命也。

（@標）

破釜沉舟搲命博，1979年7月從廣州坐船到石岐，單車駁腳到翠亨。翠亨埋堆後第一晚上，下山過公路即遇老民（民兵），拋棄身上所有物件狂奔回山上，老民鳴槍也不理，跑數分鐘後即回頭覓處藏身，等老民追過後再向相反方向逃竄，走了二、三個鐘才敢停下。身上已無一物，老乾

（乾糧）、水泡（吹氣泡泡）、上岸衫全丟掉。只剩電工刀。事後證明此刀大有用途，黃昏經一村邊，遇上一放牛仔眼望望，即時打開電工刀，放牛仔雞咁腳走咗（粵語形容走得快）。隨即行番轉頭，估計肯定有追兵，我找到一塊花生田，苗木已有尺多二尺高，趴在田裡過十分鐘，即聽到數個民兵從村中撲出，我一動也不敢動。二、三個鐘後，聽到他們回村了，我再繼續上路，期間挖出花生，心中大喜，食飽後裝滿褲袋，食飽了才有力支撐到海邊。

三晚後走到現時情侶路邊山頭，入夜過國防公路到海邊，離邊防檢查站不遠。當晚無月，斗膽順沙灘向澳門方向行走，心想肯定快過在海裡游，可能老天有眼，行約十多分鐘後，見沙灘上有個車呔，大喜過望，彎腰執車呔時由低處望向後方，三條人影正逼近，即刻飛身躍入海潛游，稍後見他們用電筒掃射海面，我已游遠，不用一小時已到發電廠附近黑沙灣上岸拍門獲救。

（@michael）

××你在常平埋堆行了三日，速度幾快。我在大朗埋堆，行東線走了十四日，在格仔讓人取笑，話我屎呀（粵語形容低能）。他們穿的軍鞋都在大腳趾的地方剪個洞，好把踢瘀變黑的大腳趾公露出鞋頭舒服些。看到我腳趾沒穀血（淤血）變黑都好奇怪。嘩！你點行㗎？

（香港卒友@freda）

講起「報流朵」（報假身份），我的第五板失敗後也是報流的。當時是關進珠海山場，裡面有個江門籍的卒友，見我在廣州是黑人黑戶，建議我報江門，說江門只要交150元就放人，在他的協助下，我報了江門。解到江門後，他立刻乘夜船到廣州，在我家等我哥哥放工後又乘夜船次日早上到達江門，以150元將我贖身。這個恩人成為我終生的朋友，我一直與他保持關係，有一段時間他家拆遷我們失去聯繫，我也通過公安局找到他。

（澳洲卒友@盧炳）

我係1972年年尾頭板，同行拍檔係廣州工廠職工，被捉返判刑三年，1973年我同另一廣州單位職工起錨被逮，佢在「老沙」坐足三個月，單位唔來攞人，最後收容所話再唔嚟攞人，就係（在）老沙放佢，之後佢單位來同佢講，下次再去偷渡就判佢刑，佢係（在）「老沙」個細格坐監嘅日子之長，破咗「老沙」嘅最長紀錄。

　　我朋友沖聰，1973年曾經在「老沙」成功出逃，我當日上午放風時睇住佢行出「老沙」大門，都好擔心佢被發現，如果捉回來實死有生，結果中午派飯時發現多咗一碗飯，立即數人頭，才知道佢跑甩咗，搞到成個「老沙」反轉。

（香港卒友@阿榮）

　　每個偷渡的時代精英，都有一本故事，是多與少，一至八次，你嘗了多少次？痛苦有幾深？一言難盡，能掙扎到K城（香港）已是了不起，跟住就大興土木，建築香港高樓大廈，賺較高的人工，又要寄物品返大陸親人，死捱死抵，因做地盤不用文化程度，只要有力氣，到如今，已快70歲了，……安享晚年，與世無爭，與兒時同學見面，旅遊一樂。

（@小冰）

　　我1968年落戶謝崗，1971年8月走東線遊過大鵬灣抵港。我們兩人，在謝崗埋堆，走了十夜才到海邊。游了兩夜在英界上岸，走到鹿頸附近向差人投案。讀你（袁家倫）的文章甚感親切。我現居紐約。

（美國卒友@爽籟）

　　袁家倫女士，你好，我的較腳（偷渡）經歷雖說沒有你的幸運，卻都比你悲慘，在逃跑時被抓回，當著幾車道友面前「打狗教馬騮」（意即殺雞儆猴），差點點連命仔都保不住。用掃把棍劈頭劈臉打，打碎了就用皮鞋打。

（@笑一笑十年少）

在下李標，是原廣州市第三十五中老三屆初中生，1968年十一月五日早上八點鐘，在東校場開完上山下鄉誓師大會之後，即下放到增城縣增江公社當知青，在1971年八月下旬第一次起錨即成功抵港，在1977年三月尾成功空降美國三藩市，至今，仍然活著，繼續蛀米。

　　祝福你們大家健康快樂，萬事勝意……順風順水，直到尖沙咀！

（美國卒友@Kwok Lee）

　　其實據我所知，有些偷渡喪生者係死於路上，他們在「埋堆」時或半路上遇到一班比較人多、男性為主的同是偷渡客，由於某些原因所帶乾糧丟失，又不願錯失時機走回頭路，於是恃強搶奪他人的乾糧，由此引發鬥毆，造成傷亡。由於偷渡途中不可知因素太多，很難預計發生乜嘢事（什麼事），所以卒友都會帶利器防身。更有的人，「文革」武鬥時私藏手槍，偷渡時派上用場，到落水後便丟落大海。至今我仍記得在知青中常唱的一首歌中有一句歌詞「為了青春為了自由、死咗也甘願、越港！越港！」。唉！各安天命啦。

　　一些年輕生命在南逃黑夜的山路中跌入懸崖，或被野豬夾夾住脫不了身餓死，或被民兵打死，游水時被鯊魚噬咬，或體力不支溺亡……生命就這樣消失了。

（@權）

　　××，你比我好咯！坐四日有衫著，我一條波褲在吉澳上岸，去到差館上水警船送元朗差館，元朗人多又送去荃灣，第三日又送返元朗，一直都是那條留到現在珍而重之的波褲（球褲）陪伴，第四日早上食完早餐，警察叫全部卒友到球場一堆衣服自由選取一套準備放人，才有衫褲著。

　　相信大部分卒友都有死裡逃生的經歷，我在第三次去到鹽田國防公路時，被士兵同狼狗追趕，結果我與同伴被捉，在公路上，士兵用槍指住我們，命令分別跪下，喝令狼狗咬我們，每人分別咬足半小時以上，衣褲咬成條，血與沙混合一起。當時根本不知痛，只想如何保命，至今身上仍留

不少疤痕，當第四次去到同樣地方，我寧願走遠點，熬多一天才落水，終於到達吉澳，感恩自由的香港。

（@cheong k.wong）

我家七姐弟妹，四姐弟成功到港，我父母親支持我們偷渡，1979年12月開展新刑法宣傳，說1980年1月1日之後非法偷越邊境要判刑二年，當時我父親處於彌留狀態，斷氣二次都活過來，我的偷渡拍檔催促我出發，我母親對我說：送唔送終冇關係，你一世的前途要緊，要我不要再等著為父送終了，我15日出門時我父親處於昏迷狀態，16日我父親醒來問起我，我母親對我父親說我已經出發偷渡香港，要我父親保祐我順利到港，我父親17日去世，我25日聖誕節那天到達香港，寫到這裡我淚流不止。如今我們家族成員全在美國生活。

（美國卒友@偉強）

爬火車非常危險，火車起動前會鳴氣笛，我們才爬上最後的那節露天煤卡，我爬火車五次，都是在晚上，每次都要跳二十節車廂左右尋找我們要進入的車箱號碼。我第一板走馬駮（澳門）被抓到後在增城派潭農場做苦工時，認識了鐵路子弟「三毛」，他有朋友在湖南郴州火車站做工，可以看到貨單，去圳南的貨卡是到香港，去圳北的是到深圳，那次因為去香港的那節車廂的窗門撬唔開，我們才逐卡打開車頂的圓形的小氣窗用電筒照射看有沒有出口貨物，叫做「摸盲拐」，因為每次都有湖南鐵路仔和我們一起行，他們在香港並無親友。但他們熟悉鐵路上的事，每次開到一個長隧道口時都會提醒我們趴低，這個隧道口掃下不少偷渡客落火車。我記得有一次車頭在隧道裡鳴氣笛，我們身上都跌落滿身煤灰，拍檔撬窗口時我用雙手拉住他雙腿。最危險是到香港後跳火車，因為當時即捕即解，只能在火車行駛時跳火車，我跳火車時右額右手肘右褲頭皮帶的皮都擦破了，我小弟那批的拍擋額頭下巴破裂，我二姐夫那批四個人，兩人在旺角車站跳車一死一重傷，傷者終身殘廢躺床上。我二姐夫准備跳時火車停了

下來，兩人行落火車，平安到港。

（美國卒友@偉強）

　　我共起錨二次，第一次是相當兒戲搞笑的，第一次我是以帶路人之態和南頭塘朗大隊一知青從赤灣出發行到水邊，只是半粒鐘，結果比潮水計算早，兩條傻仔坐在水旁遙望對岸流浮山大模斯樣肆無忌憚「吹起水」來，結果遇上巡邏的赤灣解放軍連兩條兵仔，更好笑的是當赤灣駐軍準備將我倆遞解去深圳時，遇見駐軍最高領導連長，該連長（好似姓李）平時常到我哋三老表宿地談天說地飲酒抽煙的，最後結果：我交回赤灣生產隊再教育，而我的同伴卻送去深圳收容站監了數月，可謂係同人唔同命最好嘅寫照。

（南山卒友群@興Mark）

　　我第一次與兄准備走，當晚大風，無出門，第二次我兄失蹤，但他曾告訴我，如有事找他的朋友，也是南山農民，隨後我找了南頭街一居民，三人同行，出發前問過南頭街盲桃仔，算出結果五五波，一半成算，但還是決定走，結果失手啷噹入獄三個月。放出來不到一個月，第三次與本地女知青一起走，還未到水邊就被解放軍和農家狗發現，再次跨入收容站，那位外省佬林管教氣到吹鬚碌眼。剛好公明一廣州女姓張，（後來聽別人講她神經錯亂）一同拉出去打，一支青竹，新鮮砍下來，打到開曬花，張女哭，而我卻哭無淚，後放入外縣倉，環境更加惡劣。第三次一入就半年，期間去了大鵬灣做鹽田，出來時頭髮都灰白了，因為日曬雨淋，第四次，我思前想後，六親兄弟無有靠，與男和女都不行，決定孤身獨闖。廣州石門操水來回都可以，皇天不負有心人，8小時游到彼岸，摸入一養鴨人家，結束了亡命之旅，新的生活，新的環境，揭開序幕了。

（南山卒友群@蔚藍）

　　你講那個盲桃子算命的是在關口村，我外婆斜對面，因為出世不久就

盲了眼睛，所以都靠替人算命求卦以維持一家生計，當然是呃飯食（騙飯吃），也是命苦的人，後來有人舉報他為偷渡人算卦，他結果自殺，也是悲劇。

（南山卒友群@Elisa：）

　　我由於在海上工作，對潮水的漲退時間瞭解清楚，也細心做過研究。曾經有下放西鄉、甲安的廣州知青找到我，瞭解及給意見他們，也詳細解釋理據。我提議老興落水的地方及潮水的時間和日子，他們幾批人都一次就成功抵達彼岸。我初到港時也曾與他們相見，後失聯絡。上面兩位女士令我欣佩，××兄的神情身影歷歷在目，幾十年了無不令人唏噓，我們生於那個時代就難免會經歷那些煎熬。我以前提及過的，南山三人一齊渡海的結果，我堂兄順利抵達，（現居住南丫島）一個被抓回來，一個沉沒失蹤，本地人也有很多失敗的例子。命運，是有一定的術算，也不能預知。今天的我們來之不易，珍惜吧各位。

（南山卒友群@笑道煩）

　　當年我矇喳喳跟著去了「大黃山」上興九街對開，又矇喳喳「下了海」，點知一放開個吹氣枕頭就好像不會游，結果同行另一個女仔就伴著一起時快時慢地漂流到岸。確實難於置信，6、7個小時都沒有放開手游，絕對是順水漂流，××講嘅順水還是逆水有極大之分別，真的感恩上天的眷顧。

（南山卒友群@Elisa）

　　成功的人就是選啱時間與潮水的配合，否則一定失敗！因為海水當潮時沒有可能逆游，只有被沖走的可能，沖你到對岸還是沖你回去？就是決定你在的位置……

（南山卒友群@笑道煩）

不堪回首話當年，舊事一幕幕，我由珠海游至澳門，由於是騎了好幾小時單車再爬過小山丘，被當地農民發現後又狂奔了一大段路，遇到貴人指點躲入草堆兩個鐘（現在回想起此貴人非地富反壞右莫屬），結伴的夥伴（早已移居美國），也是途中大腿抽筋，幸好游的途程僅三個鐘，我也拖著他游了近一小時，抵岸即被葡警逮個正著，（當年是即捕即解）隨即將身上保存的美金（好像是三十元）奉上，即代安排送往住處，輾轉九日後上船再屈蛇到荃灣，由警察叔叔（護送費三十）開警車安全抵家，整個過程似拍電影。

（南山卒友群@潭公子）

我選擇落水的地方，地方偏，守衛不嚴，水面比較寬，按我的日子時間落水，一定在四、五個鐘內就可以順利抵岸。其實海水比游池水好游，海水比較浮力大，有流水推動。

（南山卒友群@笑道煩）

嚴格來講，不是「游」而是漂，是隨著海流而順勢漂浮，關鍵是能「浮」著。

記憶中，當時也不記得是哪裡學來的知識，深圳灣的泅水者必須要在夏季（溫度）農曆的十八至廿三之間，晚上的十一點左右入水，此時是退潮，海流流向外海，由於深圳灣、蛇口對開的海床是兩岸高（指中與港），中間低。所以當潮水退出外海時，水流的壓力是由岸邊向中流方向推壓，於是漂浮在海面上的任何物體都會漂向對岸。及至漂過中間（最深水的區域），此時應在晚上一至二點間，潮水開始不退反漲了，於是同樣道理，海流變成向兩岸推壓，就會將人推向對岸（約在天亮之前）。反之，則會被推回原來的岸地。

但海潮在這個鐘點的的退漲應該是每個月都有兩輪（退初三、十八有流，盡發是也），之所以要選十旬日子，是因為此時的月亮是在下半夜才照亮大地與海洋。上半夜在這邊沒有月亮的光芒，正好便於隱蔽。及至漂

浮到了中線那邊，則有月光照耀，同時也就不擔心「馬蹄仔」了。

（南山卒友群@紫盧叟）

　　非常感動，止不住潸然淚下。我也是老三屆，是那個荒唐時代的見證者。儘管當年的我，沒有你們那種用生命去換取自由的勇氣，但我還是萬分的佩服你們的抉擇，是你們用百折不撓的堅強、用鮮血和生命迫使中國逐步打開了緊閉的國門，走向了改革開放之路。在歷時長達30年間的數以百萬計的大批逃亡者，無論是成功、傷殘、殉難、被捕的人數與慘烈的情況，令臭名遠揚的柏林圍牆或朝鮮的三八線與之根本無法相比。這是人類文明史上永遠也無法抹去，也不能抹去的慘痛一頁！

　　謝謝作者把它如實的記錄了下來。假如終有一天，國土上未來的有識之士，能為你們——無論是活著還是逝去的英雄們——設立一個紀念館的話，每一個字，都是有血有淚的見證。

　　願長埋在深圳河邊或永遠沉沒在海底的為自由而獻身的英魂終於可以安息。

（@Key）

第三部分：「格仔」記事

　　在金鐘收容站解送沙家浜前（廣東省收容遣送站，座落廣州沙河，偷渡者稱其「沙家浜」、「老沙」），兩人共戴一副土羅馬（用鋼筋打成，中間用普通鐵鎖鎖住），解差用細棍劈頭劈腦亂打，驅趕我們上長途汽車，同車有兩個年輕女卒友，一個女卒友半路上肚子不舒服也不讓下車上廁所，被迫當著幾拾個男卒友的面大便。

　　我第一板共關了兩個多月，之後工廠來人領回，上班時間工廠廠長、副書記做我思想工作，說什麼香港人生活困苦，紙袋買米，餐攤餐食，並且警告我說，如果再偷渡就會和我的另一個同事伍彼得一樣送勞教二年，伍彼得勞教後再起錨失蹤了。後來我到港後確實買散裝米，用紙袋包裝，

回想起工廠副書記的話我都想笑。

收容站裡不是使用飯碗，而是用廣州人口頭講的「乞衣兜」瓦砵，一圈圈疊上去，我們這些人一行行半踎在地，管教「曲尺」用藤條指揮著，梅花間竹一行前一行後亂點，點到的上去取一乞衣砵飯菜，好彩嘅有一片肉，唔好彩嘅一片豬腸，肉和腸有大有小都是一片，曲尺用藤條指著乞衣砵，不准挑揀，一有挑揀的，藤條打落嚟。

入沙家浜第一日關進新兵倉，人逼人，新兵倉前後兩扇鐵柵門，牆邊用磚塊砌用作大小便的位置都站著人，下午新兵到，又塞進來一批人，後來又要我們往裡靠，馬上就有人昏倒，幾個人給抬出去，根本不當我們是人，一天後轉大禮堂睡階磚地，舞臺上的側邊是大小便處，三天後轉送增城派潭農場做苦工，足足兩個月，睡大統鋪，晚上睡覺，坦克飛機都齊（木虱與蚊子），臭蟲咬人，蚊子叮咬。餐餐南瓜煮大頭菜，無油無肉無鹽，被關了兩個月後工作單位的人保來領我出獄，我家要付四角錢一天伙食費，還有豬肉票、糧油票才能贖身回家，今天能在美國住中央冷暖氣房子，出入開車，後院種瓜菜菓樹，每年出外旅遊，過去的艱難險阻都是值得的。回想過去像做了一場場惡夢。

（美國卒友@偉強）

（廣州）東山拘留所很雜，女倉裏有無戶口的，投機倒把的，瘋子和妓女等，除了卒友，一般人在那裏很長時間。有的超過10年，有的等待10年的判刑，我在那裏度過了炎暑和寒冬，差點沒病死在裏面。

我被關進去前後加起來一年左右，只知道是東山，具體地點不清楚。在裏面經歷了春夏秋冬，經歷了生死存亡和各種古怪離奇的事情。男監獄裏據說打死的、病死的都有。

（加拿大卒友@阿茜）

××：你所寫「沙格」（廣東省收容遣送站，位處廣州沙河）之事，使我憶起在「沙格」三個月之遭遇，是我的第二板，時值林彪外逃那晚，

邊界封鎖，到處搜捕，我們中途碰正，輾轉送到「沙格」，所處大倉，每次食飯由白頭佬監管，聽講他現仍在，住寶崗附近，後由我負責分飯，我盤算如何在砵頭裝多些比老友，「砵散」每次排長形，人亦一樣，但白頭佬每次叫領散不一樣，有時叫直行的拿，有時叫橫行的拿，很難捉摸。再後實在太餓，我同兩位老友合顆同倉友自製啤牌用十三張賭「散」，一系飽死，一系餓死，有時輸了，三個人共用一砵「散」，最高紀錄贏二十幾砵，食飽幾日，苦中作樂。（注釋：散，即：「米飯」）

（@cheong k.wong）

@××××，我也曾行東線，但在大小梅沙附近被捉，是1972年的十一月了，幸好未下水，否則身邊的人頂不住寒冷。你的經歷也是多數人的經歷，希望有日能相見。

@××@×××你們都是好樣的！現在能安享晚年，都是你們自己努力爭取的。區的收容所是什麼人都有，「文革」被踢回鄉掃地出門的廣州人，返穗也可被街八查戶口被送入收容所。在荔體期間，有一晚進來一婦人，因為過了派飯時間，押她的人准她買了兩個白饅頭，她沒有胃口，擔心不知關押時間，把一個饅頭給了我，嘩，立刻好多雙手來搶，我分一小塊一小塊給她們，然後一口吞下剩下的，此生也沒有再試過那麼好食的饅頭了那麵粉的香無與倫比！

（香港卒友@freda）

我們1979年五月中被搜山的民兵抓到後，送到三鄉派出所，幾個小時後送到金鐘收容站，關了十幾天。監房門是鐵枝門，監房門口靠近左邊，入監房後右邊是屎尿桶，裡面和靠右邊是上下兩層睡覺的地方，裡面上鋪有一個鐵枝窗門，兩層都不能站立。牆壁都是木蝨血，鄭三炮（管教）經常走入監房，隨便點一個卒友帶出去，用普通鉸剪將頭髮剪到一忽忽，我們一看到鄭三炮開鐵枝門鎖就假裝睡著，唔好彩的人就被帶出去用剪刀將頭髮剪到一忽忽後送回。

有一日在監房外午飯時，我看到一個廣州仔卒友搶一個當地農民卒友含在嘴裡的香煙，被農民卒友一口咬住右手中指，廣州仔將手大力抽出來，中指光剩下指骨，廣州仔的偷渡拍檔衝過去救他。鄭三炮馬上開露天大會，一邊大概有兩百左右的廣州卒友，其中有兩個女卒友，另一邊是中山縣當地農民，被咬傷手指的廣州仔和他的拍檔被捆綁後，鄭三炮用細鐵鏈抽打，一邊打一邊大聲講「叫你欺負我們農民。」我們全部廣州人一齊大聲叫「打死人啦，打死人啦」鄭三炮才停止抽打。打完後將兩個廣州仔關到隔壁房間的大碌倉，本來兩個廣州仔和我關在一個房間。整晚到聽到被咬傷手指的廣州仔叫痛，咬傷手指不上藥還被鐵鏈暴抽了一頓，真係無人性。

　　之後我被解往廣州沙河省收容站，共關了三天後送到增城縣派潭農場做苦工兩個月，我臨出來前幾日那兩個被墊倉底的才送到派潭農場，被咬傷中指的那個廣州仔整個右手中指沒有了，為了一根香煙沒有了一根手指，被細鐵鏈暴打了一頓，多關了兩個月。這次偷渡被抓及坐監的經歷讓我認識了這個政權的殘暴性質，讓我堅定了一定要逃出去的決心。

（美國卒友@偉強）

　　「黃華」──黃華路廣州第一看守所，廣州市內最高級別格仔。食草者（死刑犯）必入。西扣──長壽路荔灣區分局拘留所。越秀、東山、河南都有屬下拘留所。簡稱東、南、西、北扣。格仔內有分等級。行政倉，十五天以下的行政拘留處分。刑事扣留倉，俗稱「大夾萬」，風吹入嚟三隻鵝（指有事無事都起碼關三個月），不同待遇是行拘者條褲可有皮帶，刑拘者要除掉皮帶（行政拘留與刑事拘留）。四區都有收容所，越秀區竹篙巷，荔灣區荔灣體育場（看臺坐位下面的密室），海珠區河南市二宮（具體情況不清楚），東扣屬下的收容所有說在永漢路大南路的鐵路公安分局裡面。處罰的初級，強勞，一至二年槎頭。若簽刑事拘留證，勞教，一至三年。以上均屬人民內部矛盾。勞改，敵我矛盾要簽逮捕證，俗稱「舉手」。起碼兩年至食草（槍斃）。格仔內豬肉稱「肥」，有語：「有

肥和叉骒，有肥打甩骒」，形容利益關係人世間見利忘義者！相信各位身邊都不乏此角色吧。

（@michael）

第四部分：無悔當年的抉擇

不論貧富，一想起我不必再生活在共鏟黨的淫威之下，就已經值回票價。早前看過的視頻，一個卒友話佢以前在鵝哥埠（指海南島），後來留在廣州的朋友而家仲（還）安樂過佢，意指他們每個月有幾千蚊（元）退休金，而佢在香港仲（還）要做。我聽了頗不以為然，佢地好彩，毛魔頭76年執笠（死了），如果毛唔死（不死），條友恐怕成世都要做卜佬。我哋卒友，條路係自己殺出來嘅，唔靠任何人，值得我哋自豪。

（美國卒友@老潘）

那些仍在圈養中的同學及知青，攞住三幾仟退休金就以為很幸福，記得幾年前，我在同學群和知青群問，既然我國又強又有錢，為何希望工程仍要海外捐錢支持貧苦小朋友的教育？即時遭圍罵，唔使錢買，好多帽送給我，此後，我絕少回應或發表，道不同不相為謀。我們用腳投票的一群，靠自己努力，毫無心理政治壓力地自由生活是他們無法理解的。

（@cheong.k.wong）

我中學同學有幾個有特殊關係嘅，發到豬頭炳咁。舊年我返去見到一個，佢話如果我唔走，應該都會好掂。我話我鬆落香港，去咗花旗，一秒鐘都未後悔過。雖然佢哋身家以十億計，我心裡想，你想同我換我都唔制啦（我都不幹）。你大陸而家（現在）比個部長我做都唔稀罕呀！

（美國卒友@老潘）

相信群中的朋友都遇到過這樣的「豬頭」，盡管以前是同學或朋友，

一提起就會說現正生活都幾好啦，到時到候退休金就會打到賬上，其實人生都是為兩餐云云。面對這樣豬一樣的人，你真的是無言以對！

（美國卒友@人生得意須盡歡）

現今喺大陸城市嘅人，捱咗幾十年，現在攞三四千蚊退休金，感覺好幸福，但係佢哋求神拜佛，都保佑自己唔好有病，如有長期病患，一入醫院住緊間屋賣埋都唔掂，災難未降臨到佢哋自己頭上時，冇人敢去為社會不平發聲，個個都自求多福，沉默是金，逆來順受，甘願被奴役。

（香港卒友@榮）

再講一單被消失之事，我有一個HK朋友，認識上面一些有勢力之人，在當時的天河新區拿了兩塊地，一塊起30層寫字樓，一塊起相同的住宅，當時朋友間認為他很掂（順當），起好樓後，亦很風光，專車上落港穗，日夜笙歌。兩年後，一次上去，連人帶車失蹤，在港私人銀行戶口一直未動，太太到處查問，了無結果，事後聽佢太太及朋友講，那兩座大廈連名都改咗，真恐佈。

（@cueong.k.wong）

我同一生產隊幾個知青中，有兩個極端，一是在隊埋頭苦幹，成為第一批抽調回城的，而且還是公務員，現退休一萬三千幾元，還買了別墅。而另一個則一次偷渡成功，成為全個大隊的知青羨慕對象。但如今，一個在廣州住別墅、兒孫繞膝，閒時自駕遊，一個在港還在為兩餐奔波勞碌。

在一次聚會，曾有同學問及在港同學，你倆換位思考，會否後悔，假如現在在廣州，起碼已退休在家，也不用這把年紀，還要做。

這位同學好冷靜說，起碼我俾你哋多自由幾年。

我也是卒友，但我衰咗，我好贊成在港同學的這句話。

（@權）

我大佬現在廣州醫院，每隔十幾天就要轉院，已經轉咗好多次，有次喺芳村醫院十幾日埋單十幾萬，另外私人自己請私家看護每天200幾蚊人仔，長此下去賣樓都唔掂，好在我大佬退休單位係省級，有九成可以報銷，但有部分藥唔可以報銷，所以條命留到而家（現在）唔死得，但家人就身心俱疲，經濟唔知點樣支持下去，大陸有幾好個個心中有數。

（香港卒友@榮）

我也有同感，我外母住了三年幾醫院，每十五天要轉一次院，我們回穗探她次次不同醫院，真麻煩。

（香港卒友@黃東漢）

我老婆在家帶孩子，有一天接到電話說小孩發燒送DC兒童醫院，我由工作的餐館趕到醫院，醫院的員工和醫生見到我滿身油污，又無醫療保險，叫我們放心，他們一樣會和有保險的一樣治療，住了四天醫院，出院後免掉了大部費用，只收三千元，我後來分期付款還清了三千元，醫院的社工人員幫我們申請了全家半年的免費醫療。由於政府幫助我家度過了最需要幫助的時期，我感謝美國這個偉大的國家。

經過辛勤工作，環境一天天好起來，兩個女兒也在私立大學畢業，大女兒在紐約NYU畢業時在臺上領畢業證書時，我在臺下忍不住淚流不止，回想自己不堪的過去，文革冇機會讀書，自己白手到美國，不會英文，下一代能受到這樣好的教育，四年後大女兒在波士頓塔虎大學碩士畢業，同一天小女兒也在波士頓U大學畢業。寫到這裡我都流淚，感謝美國讓我生活安定，能有幸福的晚年。

（美國卒友@偉強）

督卒，係當年好多「牛鬼蛇神」的夢想！能夠幸運如願的又有多少人呢？！大家可能不知道葬身魚腹的比幸運者多得多！如此險惡，大家有沒

有想過，為何還有那麼多人爭相逃往「萬惡的資本主義社會」呢？？

（@jacky）

（周繼能輯）

「大圈仔」

陳克治

【標題注釋】：大圈仔，是「文革」中對來自廣州的偷渡者的統稱，以區別來自其它縣、市的偷渡者。

1973年抵港，投靠三姨，從「廣闊天地」的底層進入了香港的低層，成為被歧視的「大圈仔」，雖處低層，但就多了一份做人的尊嚴。我沒有刻意隱瞞自己偷渡者的身份，遇到看不起我的土生土長香港人，我越會在他面前自傲：「如果你身處我們的環境，你可有本事和勇氣走我的求生路？」

那時年輕人都時興喇叭褲長頭髮，我卻仍然是窄管褲陸軍裝。有一天放工路過深水埗北河街，見路中有一推車小販賣男裝外套，那中年小販一手拉著我說「最新款喫，睇下啦！」我隨意翻一件來看，身旁一位大媽一手搶了去，說她揀了那件衣服在先，叫我揀另一件。對面另一大媽看到，拿起一件外套走過來，求我穿上給她看看，說是她女婿的身材跟我一樣，因為外套質料和款式很好，想買件給女婿。我順她意穿上那件衫後，那女人讚口不絕，先前搶我衣服那女人也幫口稱讚，我覺得有點怪怪地。適逢時近秋涼，也是時候添置冬天衣服，我問價是45元，當時我日薪才20元，猶豫間，兩婦已搶先各買了一件，我不好意思還價，也要了一件。

剛好那天我約好到三姨家裡晚飯，晚飯時談到我買衣服的情節，三姨笑說那兩個女人和小販是同伙，他們串同「做媒」（粵語：做「托兒」），三姨還提點我，在廟街、北河街地方買東西要懂得「開天殺價，落地還錢」，表妹也再次勸我：要改變一下打扮，那些人眉精眼企，一

抵港後的陳克治夫婦，在租住的鐵皮屋前留影

眼就看出你是大圈仔。我一笑置之。始終仍以「大圈仔」的真面目與人相處。

　　1974年進入其士電梯安裝公司（後為有名的上市公司其士集團），那年我27歲，其他工友、包括我的師傅大都比我年輕，他們有活力，很跟潮流，工餘時常各自帶同伴侶去參加時興的交誼活動，並邀請我和太太參加。第一次參加他們的大浪西灣遊船河活動，我的跳水姿式和泳技令他們喝采。另一次到西貢企嶺下參加他們的BBQ野外晚會，在卡式機播出強勁的Disco音樂中，他們大跳牛仔舞，貼身交誼舞，並且一再邀請我這個門外漢試跳，而太太因害羞一再婉拒，他們也不介意「食檸檬」（粵語，「討個沒趣」），他們明白我們剛從那個封閉的地方過來，未見過世面。那一天，我們真的享受了從未感受過的自由世界年輕人的歡愉。

其士公司有隊足球隊，我這個廣州五中體育活躍份子，很自然就成了足球隊的主力，我體力好，有體操底，在硬地球場踢球也毫不「錫身」（惜身），好常高速帶球，被對方絆倒後，一個魚躍滾翻便迅速起來繼續搶球，他們給我起了個外號叫「跌不死」。

1974至1975年間，大角嘴大同新邨最先落成的幾座大樓到了安裝升降機的階段，公司調集了大批工人到哪裡開工，難得足球隊的成員每天都集中在一起，地盤附近詩歌舞街有一個小型足球場，因利乘便，我們每天都利用午飯時段到那裡踢球，附近一所中學的學生也喜歡在同一時間踢球，常和我們「鬥波」（友誼賽）。有一次中午我在天台升降機房工作遲了下來，早已下樓的工友在地面大聲呼叫我趕快落樓，因為那天約好和那班學生比賽，他們年輕的體育老師也會參加。那班學生的實力比我們稍弱，如果有那位老師加入作中場指揮官，實力就在我們之上。那老師對我們這班地盤粗人很友善，不介意粗口橫飛，可能我沒講粗口顯得別具一格，我的「跌不死」技巧引起他的注意，多次賽後閒話時他問我讀過哪間中學，我坦然是「大圈仔」，在香港沒有讀過書，但在大陸農村教過書，他笑說「你可以來我學校教體育。」我自知沒有香港認可的資歷，很難成事。自我感覺當時的工作環境不錯而不作它想，沒料到我一直到退休都沒有再轉行。以我的性格，要不是身處不公的社會環境，也不會放棄當時比知青待遇優厚的教師生涯，走險偷渡。

回說那天在地面工友的大聲催促下，我跳上了剛巧停在天面的石屎機（運送建築物料到各樓層的載貨升降機），一位姓謝的工友見狀也跟隨，兩人站立的平台面約一平方米，四周與石屎機支承鐵架之間的空隙不足一英呎，沒有任何防護裝備之下兩人緊握石屎機的主纜。我按照「一停、二上、三落」的約定訊號，扯拉了三下信號繩，石屎機霎時間以自由落體狀態加速下墜，瞬間，雙腳離空，強勁的氣流夾雜著機器運轉的巨響在耳邊高速擦過，著地一刻再被猛烈地反彈幾下才停下來。那次操控石屎機的人並非建築公司的「大偈」（合資格的操作員）而是自己的工友，過程被建築公司的主管看到，大罵我們玩命，他平時對我們很客氣，對我們偷用石

屎機載貨也「隻眼開隻眼閉」，因為建築後期拆卸石屎機後，他要借用我們的升降機而有求於我們，他是怕我們搞出人命才責怪我們，而我們只是扮個鬼臉便嘻嘻哈哈跑去球場。

我們有用不完的體力，有時打完球回地盤開工，有人會打賭，棄用樓梯，鬥快從升降機井道的棚架爬上十幾層高的頂層，我憑體操技巧總會輕易領先，他們當面品評我：不會講粗口、不嫖不賭，在地盤工人中是絕無僅有，某方面又有過人之處。幾十年後工友仍常聚會，他們常津津樂道提起我引人矚目的往事：那時的年輕人都是李小龍迷，有次午飯後在地盤空地小休時，有幾位工友爭相表演李小龍的連環踢腿絕招，模仿李小龍震懾敵人的眼神和吼叫聲，我那時和大家還不很熟，坐在旁邊觀看，忍不住站起來，沒有熱身，由靜止開始突然表演了一連串自由體操的快速側手翻再接空翻動作，眾人一下子看呆了。

另一件趣事，有次他們以我敢不敢光顧色情場所為題開賭。平常上班，各人根據自己的喜好而買一份報紙，看完即棄，或交換來看，我喜歡看《明報》，而地盤工人大多喜歡《成報》、《香港時報》、《東方日報》等，他們留意我很專注新聞、社論和北望神州等專欄，對色情版面不屑一顧，吃飯閒談時也只是埋頭看報，常笑我「不食人間煙火」。有天下班較早，一位新扎管工阿添問我「敢不敢搵小姐按摩，我請你。」想不到我爽快地答應「好呀！我都想見識見識！」原來阿添賭我不敢去，如果我去，阿添埋單，否則就由另一位全部結賬。那天我們湊夠五人乘的士到了尖沙嘴一女子按摩店，難得五人一起光顧，眾小姐爭相出迎，各人挑選了合心意小姐，我不知所措，阿添替我挑了一位，對她加了句「好好招呼這位初哥！」

小姐先自我介紹，說了個英文名後問我怎樣稱呼，我拘束地報上自己的姓氏後就沒有再和她有完整的對話。她帶我進了其中一間單人房，窄長的板間房中間擺放一張按摩床，拉上門簾，四周只剩很窄的空間，小姐移動身位都會有意無意觸碰到床上的人，我躺在床上，初時還和她有眼神接觸，對一些挑逗的話只是點頭或搖頭，不到十分鐘就乾脆閉眼裝睡不再回

應。隔壁鄰房傳來調笑聲浪，身處其中，神經難免受刺激，但仍能坐懷不亂，沒有接受額外服務。

接受了約45分鐘「正常」按摩服務後我最先出來，其他人比我遲了15分鐘至半小時不等，在大堂等候期間，給我按摩的那位小姐和其他幾位等待接客的小姐對我指指點點，可能我的「木獨」（粵語：呆滯）表現成了她們的話題。回到家和老婆說起，她說「你遲早會學壞！」我回說「放心，我在大陸學不好，到了香港也不會學壞。」我沒有食言，一生人就只是那次去過那種場所。

初抵香港，幸福的一對

畢竟，「大圈仔」和香港仔成長背景不同，一起工作難免會產生過節，每有爭拗，我會義不容辭地站在「大圈仔」一邊。1976年我晉升為地盤管工，負責帶領一小組人去不同地方安裝升降機，同一職級的管工有五六人，而我是新扎職，資歷最淺，工作上卻別樹一格。其士公司很會算計工人，員工的底薪訂得很低，卻長期安排四小時甚至五小時加班，令員工的收入相當於底薪的雙倍，無形中每天要工作到晚上九時三十分，公司明知我們不會做足工時，但我們也不能太過離譜，每晚早收半個多小時已是默契，只是在真正趕工的時候，才有高級管工到地盤督工。我沒有一般管工的架子，每天安排工作親力親為，工作時比下屬更落力，午飯後和下午茶時段沒有拖延時間去聚賭，因此我的地盤收工時間比其他地盤早而安裝進度比較快。公司高級管工來巡查時，知道我組員工早退也沒有扣我們的加班費。卻因此而引起個別同級管工有微言，向公司「督」我背脊，說我組人員早收工會影響他們士氣，我照樣我行我素。

　　公司每有「大圈仔」入職，總會安排給我，因為其他管工覺得「大圈仔」難相處。1980年初，公司派了兩組各十多名員工去屯門安定邨，安裝六座屋邨大廈的升降機，我是其中一組負責人，帶領十多人安裝三座共九部升降機，另一組由阿添負責。那時屯門交通很不方便，連接市區單靠狹長的青山公路，駕車單程耗時約兩小時。為了爭取時間早點收工，我叮囑平時好賭的幾個「大圈仔」，飯後要早點歸隊開工，因為他們喜歡去阿添那邊聚賭。

　　一天午飯後將要開工時，一名「大圈仔」氣急敗壞地跑上來告知「阿為被那邊幾個人追打！」阿為矮小健碩，好勇鬥狠，逃港時，曾有被戴上夜視鏡的啹喀兵發覺，糾纏間一同滾下山逃脫的經歷。

　　我衝下樓，跑到地盤中央的空地，那裡長期有火堆，用來燒掉不能再用的建築廢木料，見阿為正拿起一條兩三尺長、一頭仍燒著火的竹桿防衛，阿添和另一工友各執一條短水喉通進逼。我見狀迅速插在他們中間，把阿為攔在身後，「大家工友，唔啱講到啱（粵語：不妥講到妥），先不要動粗，有咩損傷彼此都有手尾跟。」

阿添怒氣沖沖推開我「有乜好講，你哋大圈仔都不講規矩！」

「好！既然講規矩，就一個打一個，如果二打一就不公平，我加入，雙打！」我一把抓著他手中水喉通的另一端，他發狂力想奪回而不果。僵持了一會我主動鬆了手。認真地說：「我是來勸架，自己工友，不想打架。」以誠懇而強硬態度制止了那場打架。

事後了解，那次阿為真的「爭唔落」（粵語：爭不下）。那天他們玩「鋤大弟」賭博，「鋤大弟」玩法源於「文革」時廣州坊間一種叫做「鬥大」的撲克遊戲。四人參加，每人13隻牌，按規則爭取出牌話事權，鬥快把手中的牌出完，結束時手上剩牌最多為輸家，罰則是用相等於剩牌數目的晾衫夾去夾在輸家的耳垂上。那時大白天也常見玩「鬥大」的人，街頭巷尾常見有人雙耳被夾上長長的一串衫夾，被人謔笑，「鬥大」成為那時逃避政治運動的一種娛樂。而「鋤大弟」則以剩牌的數目為單位去計算輸錢的銀碼，例如一元一隻或五元一隻去計算，如果剩餘的牌超過十隻，稱為「雙炒」，會以雙倍計算，有明確的賭博規則。而阿為那次被「雙炒」，卻以廣州的「鬥大」沒有「雙炒」去爭辯，被阿添怒斥「大圈仔不講規矩。」而大打出手。

隨後幾天，因安裝材料分配的公事要和阿添接觸，我主動講了些客氣說話，終於一笑泯恩仇。

我在其士打了十年工才離開，自己承包工程，離職時公司給我寫了很好的推薦信。十年間我搬了四次家，每次大都是搬去沒有升降機的舊樓，有次還是搬上九層高的天台木屋，每次都有五六位或以上的同事義務當苦力，為我慳回搬家費。

1984年我遷去自置居所，眾多工友中我起步最遲，但最早置業，他們都佩服我這個「大圈仔」。

意想不到，2016年一次維園集會，我又巧遇阿添，彼此已不分「大圈仔」或香港仔，當年各自的執著，已變作對共同價值觀的堅守。

2018年12月15日

問過阿媽先

陳克治

　　中學時代，青春年少，但普遍性壓抑，對女同學並無遐想。後來（1968年底）下鄉，到了博羅縣鐵場公社黃西大隊，地處博羅最西端，與增城縣接壤，眼見那裡的農民十分落後，但「毛偉大」卻叫我們向他們學習，「偉人」的指示，不懂也要鑽研，終於發現，貧下中農真的有值得學習之處。他們雖然思想落後封閉但性趣開放，田間勞動時常以性為話題，令我們開竅。說來奇怪，那些話題會短暫減輕我們被迫離鄉別井的苦悶。

我落戶的生產隊，八個男知青同一宿舍，晚上關燈後，雖然勞累，各人躺在床上入睡前，會重溫和交換日間的話題，品評村姑……成了每晚的歡樂時光。

「咸濕」話題談得多，性壓抑有所舒緩，但對女知青仍保持在學時的靦腆，互相不打招呼。曾有艷遇，有開放村妹向自己示好，但也不敢造次，不然，真的會實踐「毛偉大」的指引：廣闊天地大有作為。

1970年5月，黃西大隊在百多位廣州知青中，抽調出四人去博羅師範培訓，預算畢業後再回大隊小學教書。我是其中之一，名單中除了一位與我早已認識的同校同屆姓蒙的同學，還有兩位女知青，單看名字，我對她們沒有什麼印象。

我們被標注為「文革」復課鬧革命後，博羅師範第一屆工農兵學員，公社革委會隆重其事，通知我們先到公社集中，與其他大隊的學員進行一天一夜的集訓，再集體出發去博羅師範報到。之前的一星期，我們已脫產不用下田，作私人安排，我卻把握機會溜返廣州，缺席公社集訓，我素來自由散漫，其實不适合當馴服的教師。

打從一下鄉便考慮偷渡，對是否接受那難得的教師席位還猶豫不決。最終，還是聽從母親意見，接受了教職。我從廣州騎單車直接到博羅師範報到，師範校址在廣汕公路石坳地段，旁邊還有一所培訓赤腳醫生的新醫班，我到達時已比其他人遲到了一整天。

報到處接待人員用廣播召喚我們大隊的另外三位知青，落實分科編排，我沒有參加公社的集訓，原來早已被編去「工農兵知識」科。科目名稱有點怪，其實該科內分物理和化學，因為新學年小學改革，附設有初中班，所以把一些中學課程下放到小學。蒙同學編入數學科，另兩位女知青分別被編入小學的語文、算術科。

那天，姍姍來遲最後進入報到處的女知青令我眼前一亮，原來她是我「文革」前在中學體操室擦身而過的小師妹，那時我算是學校體操男隊的拔尖隊員，她是剛被女子體操教練楊老師挑選入女隊的新秀，楊老師是國家健將級體操運動員，退役後調來我們廣州五中培育青苗，她很著重對體

操隊員的強柔軟度訓練。她很喜歡說笑，有次男女同學在體操室一起練習拗腰，做拱橋動作時，楊老師又說笑式地給女隊員品評：「某某，你的拱橋跨度像馬涌橋。某某，你是海珠橋！」一面說一面會對不達標準的同學加力協助，強迫她們把反身撐起拱橋的手掌和腳掌距離靠近，女同學都痛得呱呱叫，但又樂意接受。

巡視到那新隊員身邊，楊老師一面協助一面說「你睇你，成條長江大橋！」她忍不住笑，一下子躺倒在軟墊上，楊老師指著我對她說：「你的拱橋跨度大過男仔（指我）。」，我保持著拱橋的姿勢偷望那「長江大橋」一眼，她笑得很燦爛，樣子有點像電影《女跳水隊員》的女主角。那時我還不知道她的名字，暗地裏就把她稱作「橋」。後來她又被田徑教練「挖角」，轉去田徑隊，體育潛能發揮得更好。不見約五年，「橋」已出落得漂亮大方。

在博羅師範培訓期間，因為所修的科不同，而且我修的理化科經常要出外實習，所以和她很少碰面，碰面也不怎麼打招呼。偶爾，鄰校新醫班的學生過來作藍球友誼賽，我和她都是師範男、女隊的主力，在球場上才有點眼神接觸。

新學年回到黃西小學上任，我教初中班的工農兵知識和體育，她教五年級的語文兼任班主任，是全校最年輕的教師，卻被上頭指定為學校領導小組成員，她學歷比我低，我不介意被她領導，最好是另類領導。接受了貧下中農的性教育，我已比讀書時進步，對她有些遐想。

每天跟她在校務處都常有單獨和集體接觸，但彼此仍然很拘謹，關係就和一般同事一樣。卻不知什麼原因被其他教師和高年級的學生善意調笑為情侶，可能他們覺得我兩外表登對。憑眼神接觸，我看出她對那些善意調笑不反感而開心。

開學不久，她求我到她的房間加裝一盞床頭燈，我教的科目接觸電的知識，她求我而不求其他男教師是很自然的事。那天下午放學後，我帶上工具材料到了她的房間，我騎在木梯上把固定電線用的線碼釘在牆上，她在下面把小鐵釘和線碼遞給我，每次從她掌心拈起那細小而薄薄的鋁質線

碼，指尖都觸到她的掌心，一種從沒有過的美妙感覺油然而生。

我陶醉在她協助我釘線碼、拉電線的工作中，到最後安裝好電線，接線前要關閉電源，在昏暗房間看到她俏麗的輪廓，那一刻我莫名地暗生情愫。

1971年元旦，鐵場公社十多所小學一連幾天在石灣舉行學界田徑運動會，學校安排她輔助我帶學生參賽，不單因為她中學時是學校田徑隊員，可以指導及訓練參賽的學生，還因為幾位熱心女教師極力推舉我和她一起帶隊，她們撟起媒人大葵扇，借機會促成我們成為真的情侶。出發去石灣前，她已向學校請準假，元旦有要事上廣州，我和她有默契，頻繁的比賽項目集中在頭幾天，元旦後的比賽已近尾聲，我會提前一天傍晚送她去火車站。

1970年除夕，那天是星期四，我帶學生完成了該天最後一項比賽，安頓好他們晚飯休息。匆匆騎單車送她去石龍火車站，幾個平時和我很融洽的學生衝出用作臨時宿舍的課室，鬼馬地跟我說笑「陳老師掛住拍拖，不和我們過除夕夜啦！」我作狀下車回頭，他們嘻笑著一哄而散……那時，一些十三四歲的高年級學生，很多都已由父母作主訂了親，知道婚姻是什麼回事，但就無從自由戀愛，我樂得以身教作示範，他（她）們的嘻笑包含著對自由戀愛的向往。

我和「橋」乘石灣街渡過東江，上了石龍鎮，一條主馬路往南到盡頭便是火車站，路很平坦，她穩定地坐在車尾架，互相沒有觸碰，談話中知道她在家中排行最小，俗話說「孻仔拉心肝，孻女拉五臟。」（注：孻，排序最小的仔或女）自小甚得寵愛，即使在大飢荒年代，得哥姐相護，也從未挨餓。

抵達火車站候車室，我盤算把握機會向她示愛，雖然她自小嬌貴，但無阻我的自信心，直覺她會接受我，我問她：「老師和學生笑我們是情侶，你有什麼感覺？」她笑而不答。

正琢磨循序漸進，再用什麼言詞去拐彎抹角地向她表示「我愛你」，不識趣的火車已到站，擾亂了我的思路，「拐彎抹角」其實是我的弱項，

火車快停定時，我單刀直入突然襲擊，很唐突向她提出結婚：「你嫁給我好嗎？」其實那時我們手仔都未拖過，但我信心爆棚地估計她會點頭。結果卻令我失望，她氣定神閒地回答「問過阿媽先。」似拒絕又非拒絕。

我自尊心強，一句「問過阿媽先」的回答猶如被潑了一盆冷水，令我覺得丟臉，頓時默默無言，送她上了開往廣州的火車後，仍有點不忿，悶悶不樂地騎車回石灣，完全沒有送她去車站時的那種輕鬆歡愉。

她只向學校請了三天假，之前已約好三天後中午十二時到石瀝滘車站接她。接車那天，天陰多雲，天色陰暗，有如我當時的心情。我提早到達石瀝滘，那是石龍站前的一個小站，地點距離黃西較石龍近，很少乘客上落，並非每班列車都在那裡停站，正午十二時，只有疏疏落落幾個候車乘客，廣州開來的列車準時到站，只有她一人下車，我們隔遠就互相看見，幾個候車乘客上車後，火車很快開走，車站冷冷清清的只剩下我們兩人，我把車推到她身旁示意她上車，沒有一句問好，正值午飯時候本應該問一句「吃飯未？」但我沒有，因為我一直覺得她欠了我一個點頭動作而耿耿於懷。

我們向三江方向騎行，三江是增城縣和博羅縣交界的一個小墟鎮，接近一小時的車程，兩人沒有開口說過一句話，好像一對年輕的啞巴。我雖然默不作聲，但暗自檢討自己：我的態度會不會令她難受，就算她真的拒絕我，也不應如此沒有風度。

到達三江，那天不是墟日，市面很冷清，我在一家飯店門前停下，帶點歉意問她，要不要吃點東西？她沒好氣地答「不餓！」，我有點尷尬。走過一小段路，快要出三江墟，有一賣甘蔗和甘蔗汁的小檔，我又停下來問她，飲杯蔗汁好嗎？她點點頭，她的點頭一下子又撩起我的情緒：如果早幾天她能夠爽快地點頭該多好。

我要了兩杯蔗汁，遞一杯給她時，撩撥她的眼神，「那件事你問過你媽了嗎？」

「沒有！」我發覺她語氣故作冷淡。見我難堪，她又加了一句：「你自己去問囉！」

我恍然大悟，她的後一句話向我暗示：將會帶我去見家長。她用不點頭的方式接受了我！霎時間，我心情180度轉變，發覺頭頂的烏雲一下子飄過，見到陽光，手上的蔗汁也一口比一口甜。

　　她搶先付蔗汁款，我發覺她錢包內有一張她的照片，叫她拿出來給我看，照片青春逼人，看完後，我不問自取擅自把照片放到自己錢包的透明隔內，她瞪了我一眼，叫我好好保管，說只剩下一張，已沒有底片。

　　騎單車從三江墟到黃西小學不到15分鐘，我很熟悉那段路，一出三江就是橋頭，仍屬於增城縣，過了橋頭便是黃西，跨進了博羅縣，可能是農民的本位觀念，交界地區的路段沒有合作修葺，路窄多彎及起伏不平，她側身坐在我的背後，被拋得自覺或不自覺地觸碰到我的腰背，給我的感覺「淡淡然略過，神秘又美麗」。

　　下鄉前我不懂、即使懂也不會去「揩」女仔油，那一刻我進步神速，每到小路上我預知的彎位和起伏位，我沒有減速閃避去控制車的平穩，反

而加速，讓車的擺動和拋幅增加，以此增加她觸碰我的密度和力度，她知我蠱惑，也為了坐穩不失平衡，如我所願，她緊緊地抱著我的腰部。

印尼民歌《哎喲媽媽》唱：「甜蜜愛情，從哪裡來，是從那眼睛裏到心懷。」歌聲很溫柔。我那時是「甜蜜愛情從哪裡來？是從背後撞向心懷」，感覺很強烈。那天是1971年1月4日星期一。

我們下鄉的地方附近有駐軍，大隊開群眾大會，都有軍人到場，平時軍營放電影及每逢國慶、八一等政治節日，都會邀請知青去聯歡，大多數是女知青去，有女知青被軍人「相」中成對象，比男知青多了一條出路。

我們學校也定期有軍官來，在校務處給全體教師上政治課，講解老毛的實踐論和矛盾論，什麼唯物辯證與對立統一，再解釋雞蛋孵出小雞的內因外因——別人全神貫注，我卻無心裝載，發現那軍官很留意「橋」。那時我和「橋」已是公開的情侶，我不擔心會被「撬牆腳」。果然，有女教師告訴我們，那軍官向她打聽，「橋」有沒有對象。我開玩笑對「橋」說：「你還是自由身，可以考慮選擇做軍太還是做陳太。」

她還是那一句「問過阿媽先。」以前幾次，這句說話都只是幌子，她逗我。

1973年夏天那次卻是認真，我決心帶她偷渡，她雖膽怯，仍決心跟隨。本想叫她瞞著家人，免她母親擔心，她卻向她母親和盤托出，沒有讓她父親和兄、姐知道。自小母親對她如掌上明珠，亦深知她的性格有點男仔頭，只要認為對的事會義無反顧堅持，但每有心事都會和母親細訴，她認為這樣的冒險行為一定要「問過阿媽先」。她母親沒有反對，認定我是可以讓她女兒托付終身的人。出發日她神色凝重，難捨難分，交給我們兩條陳年人參，叮囑我們到海邊時嚼碎吞下，她每天會誠心上香，祈求上天保我們平安。那一刻我有一句到了嘴邊而沒有說出口的話「您女兒的生命比我寶貴，我不會讓她有任何閃失！」

八十年代初，香港，幸福的一家子

陳克治夫婦與眾孫兒，幸福樂融融

初到香港

袁家倫

【作者介紹】袁家倫，廣州市第二中學66屆高一級學生（因「文革」被迫中斷學業），1968年「上山下鄉」到東莞縣，歷經五次行動於1974年10月偷渡抵達香港。有關袁家倫的「起錨」往事，請閱讀本書的《用生命博取自由》。

本文是袁家倫抵港後謀生的有關記敘。

第一部分：初到貴境

那是一九七四年的十月，大哥明和我弟弟把我從差館領出來，初見香港這個花花世界，兩隻眼睛根本不夠用。來自一個封閉的國度，沒有聽過廣播，沒有看過電視，只看過《人民日報》描述香港的文章，什麼「朱門酒肉臭，路有凍死骨」，除此之外我對香港一無所知。走在繁華、喧鬧的街道上，心中無比的徬徨，這裡可有讓我棲身之地？就像一隻被關在籠中多年的小鳥一旦被放出來，並沒有覓食的技能，何去何從？有了自由必須要求生存，這是最現實不過了，我實在十分擔心，怎樣生活下去。

我弟弟比我早到香港差不多一年，起初他到工廠當學徒，一百塊錢一個月包伙食，在工廠裡睡，那只是晚上把摺床和被子搬出來躺下罷了。這時他剛剛辭了工，向祖母的朋友借了些錢買了些貨當賣衣服的「走鬼」小販。這些小販是沒有合法的牌照的，一旦被拉了，貨物都會被充公，可這些還只是初步的生存之路。弟弟和幾個無家的卒友合租一個房間，根本容納不了我，可是弟弟說給他一些時間，借點錢和我倆合租一個房間。姨

夫也是比我們早一點偷渡來港，由於他以前帶領香港飛機投誠回大陸，香港政府要把他送回大陸，好容易他找到同學胡先生，香港的太平紳士擔保讓他去美國。他根本自顧不暇，照顧不了我。父母有的同學朋友雖是非富則貴，不過沒人主動伸出援手。這也不怪他們，不但對大陸來的女仔有歧視，誰也會對這些前紅衛兵膽大包天偷渡客有戒心。同時我跟這些叔伯們簡直是天和地完全不同的社會階層，我是不會麻煩他們的。

大哥明把我帶回家，說能暫時收留我。其實那是他姊姊的家，我馬上體驗到什麼是寸金尺土了。他姊姊一家是住在蘇屋村廉租屋裡，三百多呎的房子裡面有四張碌架床。姊姊一家四口又加上大哥明父母和他三人，還可以讓我有一個床位。八個人住在一起幾乎走路也要擦身而過，可還能收留我那是多麼感激了。大哥明的父親是製衣廠的裁床師傅，母親在工廠剪線頭，姊夫在機場工作，姊姊在家裡車衣服，大哥明在尖沙嘴碼頭當苦力去搬運大米。這是香港典型的勞工階層，千萬不要小看這廉租屋，我往後在兩年之內搬了七次家，有廁所和廚房的廉租屋簡直就是窮人的天堂。

　　要是我能學車衣，阿明姊姊說找份工作不難，她也可以教我，可是我自己知道這對我來說是最最困難的。在廣州時本來想學習縫紉技術，亞慧教我車裁一條金山內褲，我費盡全力結果全軍覆滅，根本不成型，浪費了那珍貴的布票。不過使我明白，即使所有女人都覺得易如反掌的工作，對我來說我卻像個白癡。到底我有什麼技能？在現實的社會中，琴棋書畫只是有錢人的玩意。我把救命的稻草全放在報紙上，在求職這一欄五花八門，我把注意力集中在找推銷員工作上，可是都要有學歷的要求。

　　我從差館出來只穿上他們給我的一套衣服，身無分文。聽說有些救援難民的組織會給難民有物質上的援助，但我爸爸不讓我去領取，他說有臺灣的特務活動，怕影響家人在大陸的生活。我的朋友都知道我的困境，主動給衣服的，給錢的，越秀送了我一塊精工手錶，大哥明送我副眼鏡，其實這個時候大家生活都困難，在香港都沒有站穩腳跟，實在愛莫能助，大

家都幫忙實在叫我感激不盡。燙了個髮，換了衣服，化了妝之後出來的我土氣全消，什麼前紅衛兵？什麼知青？一下子還原二十幾年在家書香門第的淑女形象。其實我們這一代是最純潔的一代，一出生就被洗腦，學雷鋒無私心、無自私的金錢觀念，不知男女私欲，對弱者有強烈的同理心，為理想不怕犧牲生命。即使在這十年浩劫中曾出軌，無奈做出一些違反法律之事，可是一早灌注在我們腦海裡的正直形象哪能輕易洗去？改變只是外型，在內心還是很單純善良，在大染缸裡真有點不知所措。

少萍來探望我，她辭了工正準備移民到法國，她有空可以陪我去見工。在近半年之內，我的大多數朋友一個個地離開香港，因為各國有收容難民的政策，其中美國收容最多。

少萍說希望在離開香港之前幫到我，以她的經驗來說，叫我千萬別說自己來自大陸，香港人是會歧視你的，他們會視這些前紅衛兵如洪水猛獸，說他們是壞人。其實香港人不知道上面幾乎所有的學生都是紅衛兵，只是不同派別罷了，不是紅衛兵的學生都會被人孤立，這些事跟大多數的香港人是解釋不清楚的。

少萍說，我們跟香港人有什麼不同？一樣的知書識禮，舉止優雅，就是沒有他們認可的畢業文憑。少萍陪我走多幾間公司，做售貨員多半有底薪和傭金，我希望薪金能有七百塊以上才能租得起房間夠生活費。少萍說，妳儘管冒充一下，增加一點見工的經驗也好。她教我填寫一份英文的履歷，住在蘇屋邨，某中文中學畢業，做過某公司售貨員。在見工的時候，經理問我要畢業證書，我說畢業證書在石硤尾大火時被燒了，要回校重新申請，可能要一段時間。經理給我張英文報紙看，我裝著看得很認真，幸好沒有考我。工作需要填寫英文單子，卻是填寫皮鞋的顏色而已，雖然我在學校學俄語，這一點點英文也能懂。我很順利地在尖沙嘴妙麗手袋皮鞋公司找到一份工了，這時我到香港才剛剛半個月。在當時妙麗是間有名公司，生意很大，後來卻在大陸開放時敗於炒房地產。

我的工作是每天打電話給各校校長約見，希望他給一個機會給我們公司到學校擺攤銷售一天的學生皮鞋，當然給學生一個優惠的價格。只要能

見到校長，就有十塊錢的車馬費，能賣出皮鞋當然還有傭金。那時候香港有很多天臺學校，位於沒有電梯的廉租屋的頂樓，我不記得是五樓還是六樓。每逢要見校長，必須要帶七八款鞋子樣板。對個女孩子來說，穿著迷你裙高跟鞋，手提著重重的鞋子下了車找學校爬樓梯，實在非常吃力，其他的女孩子推銷員多半是找名校，不用爬樓梯。對於我來說剛剛走過萬水千山，買了本香港大地圖，爬樓梯只是小兒科。在天臺學校念書的一般是窮孩子，家長哪會帶孩子在尖沙嘴鞋店買鞋，一般在附近小鞋店買了算，這時能在學校直接買，還有折扣當然很受歡迎。我的生意很好，接到了許多單。同事們嫉妒了，教我不要每天把單都交出來，只交一半，第二天就不要上班，後天再交另外一半，不然會顯得其他同事偷懶。我聽從她們的建議，這樣倒好，可以有很多時間再找工作，也有時間逛逛街去認識香港。我當了幾乎七年教師，可是香港是不承認我們的畢業證書的，我也沒有什麼其他的工作經驗，也不知自己能夠幹什麼。但我感到這份工作對我來說不太合適，要扮一個出生在香港的小姐並不困難，可是時時刻刻都要小心翼翼，注意言行，不然會露出破綻。好像同事問我：「妳能給我tissues嗎？」我根本不知她說什麼，香港人的特點是說話中英文夾雜。我想我能有什麼可以給她的？大概只有面紙吧，我便從手袋拿出面紙。她們聊天講八卦明星新聞，我也不懂，只是少說話。大哥明的爸爸介紹一份工作給我，是在工廠當文員，有五百塊一個月，我婉拒了，因為租間房間要四五百塊。我一有空就學打字，學寫求職信。

我的好運終於到了，小芬帶我去見工，她是和我弟弟一起游到香港的，我幫過她，果然是好人有好報。這是一家畫圖畫在衣服上出口的公司，需要請畫師，老闆馬上拿顏色和布讓我試試，多虧了小學中學一直在美工組素描和在穗華家受鄭老師指點，老闆很滿意叫我馬上上班。這裡的同事都是從大陸來的，大家工作也很融洽。工資是按件計算的，多勞多得，一月來有一千多。我也不用花錢打扮，不用裝什麼小姐了，我做回我自己，那個愛說笑的瘋丫頭又出現了。我跟我弟弟在深水埗青山道找到一

間板間房，這就像電影《七十二家房客》那樣，幾家人合用廚房和洗手間，我終於能自己養活自己了。

第二部分：搬家

在香港住了二十年卻是搬了七次家，其中的辛酸難對人道。第一次住在九龍青山道，不能說是搬家而是建家。我和弟弟合租了一個房間，是頭房，應該是全屋最好的，因為有窗戶。其他的房間都沒有窗戶，這是用木板相間成每間六十呎到一百呎左右。全屋大概住七八戶人家，當然大家的說話聲都會聽見，沒有什麼私隱可言。樓下是大馬路，車來車往，人來人往，吵雜聲音沒完沒了。幸好當時年輕，每天太累了，回家倒頭便睡。全屋共用一個廚房，每家只能放一個火水爐用來炒菜，電飯鍋就放在各人的房間。全屋共用一個洗手間，經常有人在排隊。全屋也只有一個電話，每當鈴聲響起，那包租公就當接線生，不然誰也不願意接電話。我們睡的雙層鐵床是弟弟燒銲做成的，想不到他很快學到這手藝。剛拿到了工資的我節省著每一毛錢，從碗筷到內衣褲等等都得買。逛街的時候，看到布料我就會想著買些寄回家，父母和妹妹該多高興，在廣州買衣服要憑布票，買了床單就不能買衣服，多困難。弟弟年紀小從來不會擔心缺了錢生活怎麼辦？只有我在擔心生活才會覺得累。也許是大家姊習慣，肩負全家的擔子，永遠缺乏安全感。

剛剛才住了幾個月，我進了畫衣服的公司當畫師不久，弟弟叫我馬上搬家，不知道他惹上了什麼江湖恩怨，只知道他當了賣衣服的無牌小販得罪了黑道中人。我只得從報紙上找便宜的住所，我看到九龍城寨十三樓一套房子，一廳三房，有廁有廚房，租金只有其他地方的三分之一。同時我們公司同事李先生也在找房子搬家，那太好了，我決定跟他分租這房子馬上搬家。

我根本不知城寨是什麼地方，原來是個中國、英國、香港政府都不管的三不管地區。名義上是屬於中國的（清朝），所以香港警察不會進內

執法。裡面竟是藏污納垢烏煙瘴氣的地方：色情場所、販賣毒品、黑市墮胎、殺狗劏貓等等非法勾當。對我來說，能有棲身之地同時付得起租房的上期和按金就是好地方。搬家也挺容易，只有一張床，拆下來搬走就是，我只有一個小箱子，身無長物。有人告訴我附近有一個垃圾站，可以有空看看會撿到一些家私，我竟然找到了兩三張椅子，還挺不錯，真奇怪，香港人為什麼這樣浪費？後來才知道，香港地方寸金尺土，只要用不上就馬上丟掉。我還花了一百塊錢買了二手黑白電視機，這都是在廣州時買不到的。這真叫我喜出望外，後來大陸一開放，我馬上給爸媽添置一切能買的電器用品，那時候這些商品國內還要用外匯券在華僑商店購買呢。

　　我住的是十三樓，是頂樓。可是卻沒有電梯，沒有電話，朋友找我十分不方便，每天登樓下樓可想像多麼費勁。可是我有的是體力，曾經爬山涉水的，這些還能難倒我嗎？這裡每個房間都有窗戶，不過看到外面的都是墓地，一片白瑩瑩的，如果膽子小也許會很害怕，這裡每天下午三點鐘

才有水供應，但住頂樓的好處是可以上天臺做運動，也可以用小水桶到水箱打水用，不受制水的限制。

可是搬進來才一個禮拜左右就發生了一場浩劫，使我明白九龍城寨的厲害。那天下了班回家，家裡亂七八糟，原來遭盜賊洗劫一空。本來就是一窮二白，我只有朋友給我的五百塊錢，我不敢用，留著要是沒工作還有一口飯吃，現在更加變得身無分文。我覺得真奇怪，盜賊怎麼會對家徒四壁的房子會有興趣？後來看看樓梯就明白了，從十二樓到天臺的每一級樓梯都坐著一個癮君子，他們正在吸毒，為了買毒品有什麼事做不出來？不過他們總算有禮貌，當我上樓梯時會站起來讓我通過。這時我下了班還到美孚新邨中文大學校外進修部學習美術設計，晚上要十點多鐘才到家，很多朋友都擔心回家不安全，可是一直沒事發生。可能是兔子不吃窩邊草，住下來了也不是陌生人了，也可能城寨青年女子不容欺負，敢在這裡出入也許多少跟黑道靠上邊的，搞不好也許會引起打鬥。這些雖然是我自己的推測，無論如何我都感不到有一絲害怕，經歷過大風浪連死神都不怕的人，還有什麼值得畏懼呢？

在城寨住的日子，我覺得過得挺不錯，房東和同屋的李先生對我很好。李先生是一位印尼華僑，是印尼排華時回大陸念書再申請回去，他很沉默，很少講自己的故事。我和他都覺得在衣服上畫畫沒有什麼前途，當這潮流一過我們倆都會失業，聽說畫油畫工錢很高，我們都打算學油畫。他跟我們老闆陳先生學畫海浪，我付了學費到旺角畫室拜師學畫風景，我記得學費是六百塊錢一個月，挺貴的。我每個月的收入除了吃飯交租就是付學費了。我很喜歡畫畫，希望學會一門手藝。

不久畫衣服的畫室接不到訂單了，有一段時間不用上班，我看到報紙上有一家洋行請畫師直接畫畫在帽子上，但是要先起樣板，看能不能接到外國訂單。我真是太幸運了，我起的樣板客人都喜歡，接了一大批的訂單，我回家畫了起來，大哥明和我弟弟下班都來幫忙。這一下可好了，讓弟弟去美國的機票和行李的費用都有了，還幫弟弟還掉了借奶奶朋友的一萬元的債務，那時一萬元不是個小數目，三萬元就可以買城寨一個單位。

弟弟是以難民身分申請到美國去的，媽媽的一個同學做擔保。我也申請以難民身分到美國，不過到後來卻是為了太喜歡畫畫的職業，也因為我先生剛剛開始做生意，財政有點問題，我們放棄以難民資格移民美國的機會。

好景不長，房東的兒子要結婚了，房東要收回房子，我又得搬家了。弟弟去了美國，沒有人合租房間，費用比較多了。找了又找，還是在深水埗區找到一間房間，還是同一個單位間成幾個房間分租給幾家人，共用一個洗手間、一個廚房。這樣比現在的劏房還不如，至少現在的劏房會有獨立的廚房和廁所。我們叫二房東做包租公，這人是個怪老頭，他定立許多規矩，過了十一點半門鎖上，不開門。那時候有電影的午夜場票價特便宜，我怕回不了家也不敢去看。每當我做飯時候他老是在旁邊監控著，應該怎樣怎樣……起初我謝謝他，後來我忍受不了他嘮嘮叨叨，又想搬家了。

我看上了南丫島，這是香港的一個安靜、美麗的小島。小島上沒有汽車，還有綠水細沙的海灘，我租了一座製作鹹蝦醬的工場的三樓。工人只在一二樓工作，下了班整座樓都只有我一個人，太自由了！我想得挺美。那時我已經在灣仔友聯油畫公司工作了，下班只要坐幾毛錢的電車到中環碼頭上船到榕樹灣（這是南丫島其中一個碼頭），大概坐船半個多小時，下了船再走五分鐘就到家了。在不上班的日子，可以到沙灘游泳，也可以環島攀山，風景可漂亮啦，也可以招呼朋友來玩。最大的好處是在上班前在船上可以做功課、溫習、吃早點，因為我報了個英文班準備以後到美國去，只有在坐船的時間可以溫習和完成作業。下班時可以閉眼休息一下，看來我找了個合適又完美的家。不過我的美夢很快就破碎了，才住了不久，我發現當我上了電車，人家會對我有怪異的眼光，原來我身上充滿了鹹蝦醬的味道。我自己聞慣了倒是不覺得，沒有辦法，我是又該搬家了。

大哥明的朋友在香港灣仔租政府的一層舊樓，是準備拆的。在這裡住的人可能安置到廉租屋，這個朋友一家已經買了房子搬走了，只要我們出五千塊頂手費，就會成為這層樓的租客，每月租金才一百多塊錢，也許將來還會得到廉租屋，而且離我上班的公司很近。這層樓有三個房間，我們

可以有兩個房間和一個小廳，有廚房可沒有廁所，解手要到春園街的公共廁所。這房子還住著兩個老人家，一個住一間房間，另外一個住走廊的一個床位，這位是個病殘的老人，每時每刻都聽到他咳嗽和吐痰的聲音。在香港尋覓一個棲身之地多麼困難，特別對身無分文的新移民。記得剛剛來港時，我想買一間木屋，大概要五百塊，我也買不起呢。大哥明說，咱們結婚吧，好像一切都是水到渠成，搬到灣仔住這就是我婚後的第一個家。

　　這是多麼舊的房子，油漆石灰剝落不在話下，最要命是沒有洗手間，但是每星期有人會來收糞便，除了在鄉下我也沒住過這種房子。樓下是間大排檔，那些油煙直衝上二樓，後來我接了訂單回家畫畫整天待在家裡就覺得氣味十分難受。不要說老鼠蟑螂了，可能租客搬得七七八八，出入人少，居然看見有人在鬼鬼祟祟販賣毒品。把這裡當作新房，真很無奈，我連挑選傢俱的興趣都沒有，臨時的住房裡的傢俱還不是以後搬家會扔掉的嗎？不過居住在灣仔最大的好處是方便，樓下就是春園街市，人山人海，

賣菜賣肉和很多賣雜貨的小店，還有茶樓和大排檔。星期天休息我不畫畫了居然早上到街上當幾個小時的無牌小販賣牙刷，一般能賺到一百多塊錢，下午就跟朋友打麻將，然後大家一塊吃飯，當然由贏家作東。我十分開心，休息天能玩能賺錢。那時候的香港，經濟正起飛，只要勤快不愁沒活幹。看那些白髮蒼蒼的老人家，在家幫製衣廠剪剪線頭，或幫酒家摘掉芽菜根，給塑膠花黏合等等，都能養活自己。我們雖然生活不富裕，可是有盼頭，看著銀行摺子的數字增加，很快就會改善生活。

住了差不多一年多，又要搬家了。原來法庭傳令業主要收樓，要是不搬的話法庭的執達吏就會來接封了，還好免了一年不用交租。那時候我女兒出生了，我把她送到跑馬地托嬰所，是全托的，由有經驗的護士照顧，因為家裡的衛生條件實在太差了。托嬰所收費要一千多一個月，但照顧妥當，這樣我也放心多了。所以我們還在灣仔區找房子，結果還是找到一間舊房子，也是要交幾千塊頂手費，房東是香港政府。雖然只有一間房間，但客廳可以當作我畫畫的工作室，我還請了一位女學徒幫忙畫畫，接到的訂單也使我忙不過來。直到有一天大清早政府派人封了門，在清點誰是住在這裡的租客，原來政府需要發展這裡，要收回房子拆掉，要給每個租客搬遷費還補償每家人有套廉租屋。為了怕有人謊報租客要政府賠償，所以政府人員突擊檢查看看每家到底住了多少人。我們家分配了一間廉租屋在九龍順安邨，還有六千多元的搬遷費，要是我的畫室有商業登記的話還會分到商業的單位。大家都不知順安邨在什麼地方，原來是個剛剛建成的新發展區，各種的配套還沒有完善，我們先去看看，一看就欣喜若狂。

這個單位在二十九樓，飛鵝山腰，無敵大海景。可以看到對面海燈光璀璨的香港島，還可以望到啟德機場的飛機升降，面對西南景色美極了。可惜單位面積很小，只有三百呎，但有廚房和廁所，還有小小的陽臺，而且每月只需交一兩百塊錢的租金。樓下就有商場和市場，有幼稚園和小學，對比起骯髒的舊房子這裡簡直是天堂。我馬上決定搬家了，舊屋的鄰居很多不願意搬到九龍來，他們住慣了香港島，要挑港島的廉租屋。我把房子裝修得很獨特，一排入牆大櫃將房子間隔成了小小的畫室，上面

是儲物室，下面拉出抽屜就是椅子。女兒床下面就是書桌，大床後貼了金色樹林的牆紙，黃啡色的地毯，可以把女兒接回家由自己帶，好讓她在地毯上玩。後來生了兒子又再把房子裝修了一次，這次用竹簾把房子間成像一廳兩房的樣子，最重要是把電源插座藏好，把易碎物件都藏好，讓我畫畫的時候不必擔心孩子的安全。小小的房子有吧檯、畫室，一張大床兩張小床，後來我在家中教畫，還能擺上三張桌子，還能坐上十二個學生。鄰居喜歡我的設計，裝修房子都會照我家的式樣。在這裡我住了十多年，是我住得最久的房子。孩子們也十分留戀這裡的一切，做完功課小朋友們可以出門在大堂玩，鄰居大家關係都很好，雖然各家隔音不好，沒有什麼私隱，但都會互相幫忙照顧，這是私人樓宇沒有的現象。這裡是我最喜歡的房子，度過了不少歡樂的時光。

當有了點積蓄我第一次住上了自己購買的房子，是西貢井欄樹村屋，是當地原居民賣出來的，當地原居民的男丁可以分到土地建房子，向政府補了地價就可以賣出去。也沒有管理費，只要把垃圾放在村前垃圾桶就可以了。出門走五分鐘就到車站，交通十分方便。房子是三層西班牙式樣的，白白的牆，紅紅的瓦。我買的是地下的一層，還有個小花園，我種了兩棵桂花樹，現在還有杜鵑花、蘭花。我不喜歡鬧市，還是喜歡花花草草的近郊。想不到香港這麼人煙稠密的地方也有這樣幽靜之地。不過剛剛買房子時候由於供款能力有限，最初出租給空姐幾年。房子有七百呎，孩子終於也有了真正屬於自己的房間，兒子還養了一隻小鸚鵡。雖然買東西不太方便，要坐小巴或公車，蚊子較多，總的來說也是覺得很不錯。我們一家在九三年再搬家離開了香港到美國去，非常捨不得離開，香港對我來說是很有家的感覺，是從冇到有，一點一點辛辛苦苦去打拚，當然也非常感謝香港政府的廉租屋的政策給了我們援助，幫我度過了難關。我一生四海漂泊，從城市到農村，後到香港，再到美國，搬家無數次，在香港的日子總讓我永遠難忘。

在順安邨廉租屋內。

順安邨學校前和兒女一起。

袁家倫女士於2021年1月20日在美國西雅圖因病去世。

得知編者正在編輯一本反映南中國知青偷渡紀實的書之後，袁家倫於病中給編者發來一份她的畫作，作品名稱：自由的代價。

本書的封面《自由的代價》

作為對袁家倫女士的紀念，本書收錄了毅江先生《憶學姐家倫》一文。文章來自微信朋友圈，收錄時未征得毅江先生的同意，特此說明。

憶學姐家倫

毅江

　　聽到家倫在西雅圖病逝的消息，雖在意料之中，但仍感到難過。「文革」前家倫學姐與我同在廣州市第二中學讀書，當時她高我一級，相互間並無關聯。但她既是班上的學霸和團支部成員，又是學校武裝基幹民兵班長和籃球隊隊員，還兼任學生會壁報幹事，品學兼優文武雙全，在校內頗有點名聲。

　　然而「文革」一來，由於她「出身不好」，霎時變成她自己所說的「地底泥」，遭受到種種莫名其妙的屈辱。1968年底她和弟妹三人回家鄉東莞茶山插隊務農，在貧瘠艱苦的農村生活中，她們經受著難以想像的磨難。三個人累死累活地幹活，一年掙到的工分才值一百多元，因此年年超支，要靠父母補貼還債。人生出路何在？少女家倫充滿迷惘。

　　上世紀70年代初，廣東地區務農知青逃港之風盛行，前途渺茫的家倫也決心一試。別看她是纖纖弱質小女子，其頑強的意志卻令許多男子漢都望塵莫及。第一次偷渡走的是旱路，由於經驗不足失敗了。她再接再厲又進行第二次，結果也失敗了。不服輸的她接著進行第三次、第四次，但都以失敗告終。

　　一般人此時都會灰心喪氣放棄了，但家倫真是一位奇女子，她的字典裡從來就沒有「放棄」二字。她總結經驗教訓，做好充分的準備，又作第五次的挑戰！我後來聽到她這番不凡的經歷，既深深佩服又大為讚歎，試問自己若身處其境，真不敢肯定能否有她這般的意志和毅力。

　　第五次，家倫走的是水路，皇天不負有心人，經過長達六小時的游泳，終於到達了彼岸。在香港拘留所裡一位女警對她說：你們實在是太幸

運，一星期後港府將不再接收大陸難民，被逮住就會馬上遞解回去。家倫聽了不禁拍額慶幸。不久她被親戚接領出去，從此走向一條嶄新而又陌生的生活之路。

家倫在香港雖身無分文，無依無靠，但這些困難對於堅強的她來說根本算不了什麼。她很快就找到一份上門推銷的工作，經過一番艱辛努力，終於能夠自己養活自己了。為了省錢，她竟與別人合夥租住九龍城寨一棟舊樓的第十三層。上世紀70年代的九龍城寨，是一個充滿黑暗罪惡的三不管地帶，一個妙齡少女敢在這樣的地方出入行走與生活，實在令人難以想像，想來也只有充滿勇氣和膽量的家倫才能做得到。

家倫由於在大陸讀書時培養了一定的美術基礎，不久就找到了一份稱心的工作，任職油畫畫師，與同事們每日在畫室畫風景與人物的油畫，然後送到洋行再銷售到世界各地。她每天上班換上工作服，把顏色按需調好就埋頭畫畫，從頭到尾站立工作十多個小時。為了趕速度，她左手每個手指都夾著一枝畫筆，畫不同的東西可隨時換筆，最高記錄是一天能畫12張24×36吋的油畫。就這樣，家倫一個月能掙到三千多港幣，生活條件大為改善，終於在香港站穩了腳跟。

後來，家倫找到了她生活的另一半，然後買屋結婚生兒育女，過上了幸福安定的生活。那時她可以在家裡畫畫，鄰居們都喜歡觀看。久而久之他們希望家倫開辦一個畫廊，好教他們的孩子學畫。家倫於是在1984年創辦了安逸畫廊，教孩子們畫畫，從畫師轉型為教畫老師。在她的精心栽培下，小學生們畫技長進，在香港兒童畫展中多次取得很好的成績。

1990年代她舉家移民美國，在西雅圖買下房子落戶，在一個全新的環境裡生活，家倫上大學之夙願重燃。已年過四十的她先是在當地的社區學院學習了幾年，打好英文基礎，然後報考著名的華盛頓大學，並幸運地被錄取，與兒女三人同成為該校學生。

由於家倫有多年的繪畫經驗，於是在老師的建議下修讀雕塑專業。一開始她很不習慣，但學下去卻越來越開心。她覺得雕塑比繪畫的形式更為廣闊，可以用任何材料來進行創作，作品也可以擺放在任何地方。在學習

與實踐中，她和同學們較系統地學到西方的藝術觀念，相互接受或產生出許多的新思想和新事物。畢業時，家倫的三件作品均受好評，其中一件名《結合》，底座是中國古典銅杯，上面是一隻浪漫抽象的鋁制天鵝，以表現東西方藝術的結合。2004年，她與兒子同時在華盛頓大學畢業，在當地華人圈成為一時佳話。

稍後家倫又在西雅圖開設了兒童畫畫班，教那些可愛的孩子們畫畫，是她最開心的事情。她不僅教他們的繪畫技巧和顏色搭配，更重要的是培養孩子們對藝術的興趣，提高他們的創造力和想像力。家倫把孩子按年齡分為三班，根據每個學生的喜好來制定教學計劃，取得不錯的效果。由於常與孩子們打交道，家倫寫作和出版了多本自畫插圖的兒童故事書籍，其中一本《香港兒歌》，書裡的全部圖畫都是畫班的小朋友所畫的。

家倫自來美生活後，與在美國的二中校友加強了聯繫，大家主要通過微信等方式，相互交流其樂融融。她天資聰慧，愛好廣泛，把自己數十年的繪畫作品分為油畫篇和國畫篇，製作成視頻並配上解說，讓我們得以觀賞學習。她愛好唱歌，自己作詞配上粵曲小調並親自演唱，大家在微信上看後無不贊好。她還寫了幾本書，將自身坎坷經歷通過流暢的文筆表達出來，我們讀後欽佩之餘又覺受益不淺。

兩年多前，家倫來到三藩市灣區與校友們相聚，席上大家暢談甚歡。我們向她請教繪畫和寫作方面的問題，她都毫無保留地一一作答。她把自己出版了的一些書籍分送給各人，我得到的那本是有她簽名的《西雅圖風風雨雨》。書裡描述她生活中的35個小故事，情節雖平凡卻很具吸引力，過後我一口氣讀完並推薦給他人，他們看後也都讚不絕口。當時飯後大家紛紛合照留影，我與家倫合拍了一張，照片上的她衣飾精緻神態淡雅，珠圓玉潤的臉上洋溢著親切的微笑，我萬未想到此時她已是重疾纏身。

後來才得知，早在2014年夏，毫無徵兆的家倫在一次例行體檢中被發現患了二期肺癌。這沉重一擊並沒有打倒家倫，性格堅強的她立刻全力以赴地與病魔展開殊死的搏鬥。在家人、朋友和校友們的大力支持和關心下，她採用了各種中西醫的療法，先是動手術割除肺部病灶，然後進行化

療等等。在與癌魔抗爭的過程中她的病情時好時壞，但頑強的意志卻始終如一，面對死亡沒有半點恐懼。她常想，當年偷渡沒有死在山上海裡，這幾十年算是賺到了。就是這種樂觀的精神，讓她一次又一次地戰勝了死亡的威脅，艱難而又奇跡般地度過了七個春夏秋冬。

校友們被家倫堅強意志和樂觀精神所感動，常祈望她能戰勝病魔早日康復。當突然看到家倫在微信上的告別語：「由於藥石無效，我已經選擇不再治療，向大家告別，走在朋友前頭亦是一種幸福」，大家心情頓時如墜落深淵。但仍抱著一絲僥倖之心，希望奇跡能再次出現。然而奇跡沒有出現，一個多月後等來的是家倫的先生的沉痛訃告，家倫真的離開我們了。

家倫學姐一生對我們的啟迪，誠如她自己在其一書中所說：「就像飛出火海的鳳凰，發出正能量，希望鼓舞眾人，在絕路中千萬不要放棄，珍惜生命，尋找重生的契機。」

袁家倫：畫室軼事

袁家倫

　　當友聯畫室的老闆僱用我任職油畫畫師時，我簡直歡喜若狂！一個人能夠找到一份自己喜歡的工作而且還是收入不低，這實在是天賜。那是一九七四年，我剛剛到了香港不久，第一份工作是在尖沙咀妙麗皮鞋公司當公關，每天得約見各校校長尋找在學校推銷學生皮鞋的機會。直到有天朋友介紹我到一間畫室見工，那是直接把畫畫在衣服上，老闆要求我馬上畫，這真好，還不用看什麼學歷，我馬上就得到了工作。可是我知道這份工不會長，當衣服畫的潮流完了，我就會失業了。我開始把我的工錢都當

作學費，到中文大學校外進修部學美術設計，到油畫公司學油畫。可能我從小到大喜歡畫畫，也真謝謝十七中的徐榮貴老師的栽培（注：袁家倫初中階段在廣州市第十七中學讀書），在整個初中期間讓我能每天放學後，在畫室學校美工組畫兩個小時素描，因此我的美術基礎是不錯的。到1975年當我拿了人生第一張三呎長的油畫，憑著報紙的招工廣告去見工，這裡的老闆再讓我當場畫另外一張，就馬上讓我上班。

公司大概有二三十人，誰知全公司只有我一個女生，同事們都很年輕，大概都在二十歲左右。公司只有一個洗手間，也沒有分男女的。每天上班的時候大家都要換上工作服，因為一畫畫，那油漆霑在衣服上是洗不掉的。起初那些男同事要換衣服的時候還有些靦腆，他們覺得有個女孩子在場不太方便，可是慢慢的他們就把我當成兄弟一樣，也許在小小的畫室中也沒法避開，他們當著我脫衣換褲，談論女孩，照樣粗言穢語。這群男孩子一下班倒是斯文瀟灑，不過在畫室內卻是一派藝術家的狂態，說話無所顧忌。對我來說真無所謂，十三歲就開始畫大衛像，就算他們脫光了，我也會當成一件藝術品來看。在男生圈子裏生存是我一生中的趣事，我不會聽到什麼張家長李家短等等的八卦新聞，不會擔心誰會小氣又得罪了誰。尤其我是剛剛從大陸到香港不久，可能有些土氣，要是在香港的女生圈子工作，誰會看得起我這個大陸妹子？還是個前「紅衛兵」，嚇壞人，我定會被人孤立。我的第一份公關的工作，我是以香港女生的身份任職，小心謹慎，像個出色的演員，絕對不能露出破綻。但在這個公司裏我能做回我自己，好不痛快！也不怕別人知道我從大陸來而受排擠。後來也有過一個女同事，很新潮開放，很快跟男同事打成一片。他們相約一起晚上到南丫島去露營和裸泳，可是不知什麼原因這個女孩子很快就離開了公司，我取笑這些男生說她一定給你們這班色狼嚇壞了。我快離開公司的時候，來了一位女同事，很斯文自愛，男生都不敢惹她，她後來去了法國，我們一直都有聯絡，她是我的好朋友。

友聯油畫室就在灣仔杜老誌道，隔壁就是有名的杜老誌大舞廳，那時候簡直是金碧輝煌，燈紅酒綠。門前擺滿花籃和花牌，特別是花枝招展的

舞小姐，真是令人目不暇給。下午兩三點可能是茶舞開始吧，小姐們開始上班，男同事們都愛趴著窗戶看小姐當作一個小休息，他們評頭品足來找心中的女神是誰漂亮，有時爭執不下，居然找我作評判，看看我的意見。我們公司和舞廳宿舍共用一個樓梯，宿舍是供小姐們休息和換衣服的。我去上班時也會惹來一些路人色迷迷的目光，雖然我從不理會，但我也知道被人誤會了是個舞小姐。我的老闆說現在隔壁舞廳的生意大不如前了，那時候越戰還沒有結束，多少美軍上岸消遣，門前有時水泄不通，更加繁榮興旺。

我們畫室畫的油畫被送到洋行再銷售到全世界，人們總以為畫行貨畫總是抄襲名畫，我在這裡也為行貨畫叫屈。抄襲名畫當然有，但是最不好賺錢，抄襲要有九成和原畫相像畫商才收貨。我們經常要調顏色跟貨版對好才能下筆，花的時間特別多，我們交畫是按照每幅畫計算工錢，顏色和畫布是畫師出的錢，畫商不要的話，畫師血本無歸。另一種是自由畫，由畫師自由創作，由畫商挑選後再下訂單，選上的畫要多少張和多少尺寸

的，要求什麼時候交貨，一般都有幾十幅到幾百幅畫。畫商下了訂單後也訂下了飛機貨位，所以我們必須要按時交畫，不然畫商取消機位也就取消訂單。在往後二十年的畫畫生涯中，無論多少風風雨雨，幸好我一次也沒有誤過期。畫師們是分開畫風景、海景、花、動物、靜物、人物等等的，我是風景畫畫師也是最幸運的，沒有一次退貨。當我剛剛入行的時候當然不能馬上畫自由畫，畫得多了漸漸也能隨心所欲，把山、水、樹、雲朵搬來搬去，顏色隨著春夏秋冬變化，也可以用各種技巧：有筆觸的，沒筆觸的，現實的，抽象的，只用油畫刀的，因此創作其實沒有難度。現在看什麼國畫大師即席揮毫，旁人喝采，但油畫師即席揮毫卻是作為行貨對待，真有點不公平。

　　畫自由畫來接訂單有一個好處就是，由於樣板是自己畫的，當然是調色準起貨快。我太喜歡畫風景畫了，左一筆，右一筆，換天換地又換山，風景隨我心意變，很有滿足感。每天一上班，我立即調好一天所需要的顏色，把報紙截開一小塊一小塊的放在一起一大疊，用來清理油畫筆。我左手每個手指夾著一枝畫筆，起碼有三枝，畫不同的東西換畫筆就可以了。畫大畫是每次一張，畫小畫是幾張幾張一起來。我最高紀錄是一天能畫12張24×36吋的畫，畫商喜歡我的畫所以訂單較多。上班我感到無比興奮，感覺就像畫鈔票。我那時候住在九龍城寨，沒有電梯的十三樓，用的傢俱是撿回來的，掙了錢買機票和行李先把弟弟送到美國，很多用品還要等拿到工資後購買，可是這時我感到自己很富有，這種滿足感在我一生中在這陣子最強烈。那時候上茶樓吃一碟飯才四塊錢，我在晚上九點開始畫到十一點下班，還能畫十張8×10吋的畫足可以買十碟飯，跟以前在鄉下當老師只有六塊錢人民幣一個月的生涯真是一個天一個地。有時大家都下班了，我還可以一邊畫畫一邊大聲唱歌，還盤算著買多少外匯券讓廣州的爸爸媽媽買到洗衣機等等用品，還計劃著將來，心裡充滿著幸福的盼望。有時我想，富不富有可能是心理的一種感覺，是要通過對比，只要在地獄生活過了，現在一切都像在天堂。

袁家倫在畫室

　　其實工作環境不會很好，一千多呎的地方被間隔成十多間工作室。因為油畫要晾乾，畫室沒有冷氣。油漆、快乾水、火水、汗水的味道交織而成特殊的畫室氣味，不習慣的話不會好受。夏天下午一兩點，太陽曬到畫室我的位置上，像火一樣，我又熱又累，那些男同事乾脆赤膊上陣。下班時大家通常要用火水擦乾淨手上的油漆，再用鹼沙洗手，可憐我的手指都有黑邊，到過年的時候休息幾天，我的指甲才會清潔，有機會塗上指甲油。穿上那滿是油漆的工作服，在畫室裡我一年到頭都是髒兮兮的。我通常工作十二個小時，從早上十點到晚上十點，有時到十一點，通常我是最早到畫室，但最後離開畫室也是我。為了躲避猛烈的太陽，那麼中午我乾脆交學費上一個多小時英文課，可是上課時候晾著冷氣，都會昏昏沉沉睡著了，學習沒有多大進步，反而能夠休息一會，又能精神奕奕再投入工作。

公司有兩個老闆，姓周的專門管到洋行去接洽，姓遲的老闆管理我們畫師，他長得又瘦又黑，樣子挺兇，畫得不好他會粗言大罵，叫人拿回去改，改不好就不收貨，大家都很怕他。可是他對我不錯，可能我工作勤快又不愛頂嘴。他不但教我畫畫的技巧，還教我投資買股票，並不是炒股票。那時股票都跌得很低，他教我拿到工錢就拿部分去買些匯豐銀行和煤氣公司的股票，用來收取利息。他更教我要接受現實，比如有些來稿有明顯的錯誤，居然畫人只有四個手指，我把畫改動了，多添一個手指，遲老闆要我馬上改過來並警告我說，一個畫師就要畫別人喜歡的，不是畫你自己喜歡的，不然你就回家當畫家去好了。

　　公司同事們每天喜歡都開著商業電台，股市行情，歌曲，故事像十八樓C座等等，都似乎在對我再教育，使我更快地適應香港。很快我的工資是全畫室的第二名了，一個月有三千多。當時一個文員月入大概是五百到七百，老闆取笑我說，那天你來見工，我還以為你走錯了門是到隔壁去的，現在你掙的錢比隔壁小姐還多，又不用花錢買衣服打扮，你來這裡上班多好。真的我是很幸運，我生了孩子以後還能拿訂單回家畫畫，能賺錢又能看家。以致一年後美國批准我的移民申請也讓我給放棄了，我愛我的工作，也捨不得離開香港。

　　周老闆有很多生意，聽說還有開間麻將館，在發工資的時候他一般都會來。他一來公司就熱鬧起來了，因為他在午飯的時候都開賭局，由他來做莊，他們玩的是沙蟹，有時是二十一點。男生都摩拳擦掌想贏老闆的錢當加薪，我也會在旁邊看看他們的玩意。贏了的興高采烈，輸了的悄悄的回到自己的位置上畫畫。我看一定是老闆贏的多，不然為什麼每個月都來派錢？也怪公司的小夥子賭性太大，不然老闆也沒有市場。他們畫畫累了，在小休的時間也坐在地上一陣玩鋤大D，這不是大賭，只是他們日常的娛樂。我覺得這簡直是浪費時間，累了可以看看窗外的藍天、窗下的車水馬龍，那是另外一個天地。

　　我的男同事都很好，我跟他們很少聊天，因為實在太忙了。要是我需要他們幫忙的話，誰都會義不容辭。很多時後他們談的是男生最愛的話

題：女人和賭錢，我可插不上嘴，只能偷偷地發笑。在我隔壁工作室的叫祥仔，只有十九歲，瘦弱蒼白架著個近視眼鏡，燙著當年流行的長髮，笑起來露出小犬牙挺可愛的，他是畫海景的畫師，他喜歡在休息的時候到我這邊聊天，我也喜歡到他那裡偷師學學怎樣畫海景。他的畫板上畫了像女性生殖器官還畫上了牙齒，就像一張利嘴，怪嚇人的。他跟我談心事，說他愛上了一個有殘疾的女孩子，有結婚的衝動。我是挺現實的，馬上像個大姐姐說他，怎麼可能結婚？以後必定麻煩不少。他說他就是喜歡殘廢美，這有種楚楚可憐的美感讓人很想去保護她。我學到了殘廢美這個詞，而且祥仔是我一生中遇到的最善良的男孩子。

當我準備結婚的時候，我拿著喜帖到畫室去派發，這個畫室就像炸了鍋！男同事都說丟了眼鏡，想不到誰捧走了公司的夾萬（保險箱），因為我是全公司賺錢最多的第二名。也想不到我是願意結婚的像個普通的女孩子，而不是一部只會賺錢的機器，一天到晚都在畫室裡。他們大聲嚷著說是走寶了，以為我是很難追求的，老闆說他們通通是個笨蛋！大夥說不服氣我帶了個紅色炸彈給他們，要他們出賀禮，非要纏著我跟他們玩鋤大D不可，他們要把賀禮錢贏回來。我實在沒辦法只好跟他們一較高下，可是卻叫他們大吃一驚，我是個大贏家。他們不知道這種廣州叫「鬥大」的撲克遊戲，我從小就會玩。我嚇唬他們說我左腦發達，數學特別好，還有第六感，能猜中他們手上的牌，就像他們賭馬時有時問問我喜歡的號碼，我亂說一通，居然中的機會比報紙馬經提示的更多。跟我賭錢就說像送錢給我用，他們居然信服了，以後再不敢纏著我賭錢。在我的婚禮上，他們有些人看著我好像有點不認識的樣子，當然了，他們從來沒有看過我化妝後的樣子，日常只是看見跟他們一樣髒兮兮的我，看著他們迷惘的樣子，真好笑極了！

自從大陸開放以後，畫室和杜老誌舞廳都不存在了，這種行貨的畫室轉了去大陸，我的香港同事們不是去大陸開畫室就都轉行了。杜老誌道已經變得冷冷清清。我離開香港以後再沒有見過那些一直把我當成兄弟的可愛的男同事們，他們年輕的樣貌一直還在我的腦海中，一想起實在令人發笑，真有無限的唏噓，只能嘆一句往事如煙。

袁家倫的著作

袁家倫和她的自畫像

抵壘政策

【**注釋**】「抵壘政策」是香港政府1974年11月開始實施的一項政策，對入到香港市區的非法入境者給與居留權，對未入到市區的非法入境者即捕即解（送回大陸），此項政策終止於1980年10月23日，因作法與壘球運動的抵壘得分有類似之處，被簡稱「抵壘政策」

偷渡詞典

流行於當時青少年特別是偷渡者中間的一組詞彙

（第一批）

督卒：（粵語象棋術語）偷渡香港

起撈（起錨）：偷渡或走水路

撲（擒）網：走陸路過鐵絲網

扯旗：帶頭策劃

屈蛇：藏身集裝箱、船艙或車廂

蛇頭：帶家

度橋：想辦法

度水：借錢

過水：交錢

買屐：買舢板

著屐：乘坐舢板

買蔔：買球膽（浮水用）

攬泡：帶救生圈下水

瘦馬：單車

躪拐：騎自行車

操路：步行

堆位：沿途落腳點（山頭）

埋堆：宿營、躲進山裡

踩堆：探路

駁腳：接應

拐（杖）：帶家、嚮導

搵竹：找嚮導

操兵：練游泳

借兵：借錢

冥兵：缺經費

冥鋼：缺錢

冥路：沒門路

撲路：找門路

出煙：敗露

大港：香港

大圈：大陸（在區分卒友來自何方時特指廣州）

樟木籠：樟木頭（廣深線邊防警戒起點）

曬命：露宿、睡覺、等待

鋸緊扒：成功了（在香港吃牛扒）

一撇、兩撇：水程，1千米、兩千米

一鑊、兩鑊：一次、兩次（偷渡）

一板、兩板：一次、兩次（偷渡）

流袋：假證明

返介（解）：被港方送回

堅袋：真證明

蓋冞：蓋公章

大貓：狼狗

蛋：手錶或指南針

繆（音）：金戒指

陀地：當地人（尤指邊境兩岸）

咸龍：港紙

西紙：美金

點灰：出賣

被扇：受騙

報流：失手後報假名

扮蟹：失手被抓，被綁住串成一串

（第二批）

1. 撲火龍：爬火車偷渡

2. 督卒：偷渡

3. 撲網：跨越邊防鐵絲網

4. 較腳：偷渡

5. 屐路：用船去偷渡

6. 起撈：從水路偷渡

7. 班山：行山路偷渡

8. 盲公竹：偷渡帶路人

9. 集團：特指不良青少年團夥

10. 串仔：男性不良青少年

11. 串女：女性不良青少年

12. 爛春袋：男性不良青少年

13. 馬達：女性不良青少年

14. 爛番茄：不良女性

15. 生雞仔：好色男性青少年

16. 大圈仔：來自廣州的年青人，「大圈仔」出處是當年上山下鄉的廣州
籍知青們對自己所起的稱謂，是根據地圖上的圖例而派生來的。因為
在地圖上，除首都之外，所有標出省會、市、地區、縣、鎮的圖示圓
圈大小是依次有所遞減，廣州是省會城市，圓圈比較大，所以廣州知
青叫自己為「大圈仔」，引以為傲）

17. 卜佬：農民

18. 轉馬達：泡妞

19. 拖美mēi：溝女，拍拖

20. 拖青：溝男仔，拍拖

21. 拖工青：和已有工作的男友拍拖

22. 鋸鼻：溝女，與女孩親熱

23. 軍閥仔：以模仿軍人著裝為主的青少年

24. 油脂仔：以模香港人著裝為主的青少年

25. 青頭仔：處男

26. 白雲機場：平胸女性

27. 濕鳩gōug佬：小氣的男人　濕鳩滯：碰到麻煩事

28. 撐雞婆：好利害的女性

29. 男人頭：男性化的女孩

30. 乸型：女性化的男孩

31. 兵仔：小偷

32. 老春：出來混有相當年月的人

33. 棍仔：偷錢包的人

34. 鉗工：偷錢包的人

35. 拗（aǒ）骿（pìan）：偷錢包

36. 殺步兵：向行人下手偷東西

37. 抬棺材：偷行人的手提袋

38. 分精：分贓

39. 揶（yǎn）睛：幫行竊同夥做掩護

40. 大粒麥：高幹

41. 大春袋：高幹

42. 磨豆付：同性戀

43. 亞爺：公家

44. 老派：派出所

45. 老二：公安，因老大是軍隊

46. 灰佬：公安人員

47. 收買佬：押解犯人的警察

48. 駁腳灰：相當於現在的治安員

49. 街八：居委大姐

50. 報灰：報公安

51. 點灰：舉報，打小報告

52. 好猛鬼：形容好多便衣警察

53. 打呼（pīng）呼（pīng）有人進街偷嘢見到就拿著個盆來敲打，一種民間警報

54. 大貓：邊防軍軍犬

55. 羅馬：手銬

56. 戴羅馬：戴手銬

57. 擸lā：槍斃

58. 食花生：槍斃

59. 咬散：吃飯

60. 捧香爐：食碟頭飯

61. 蛊白灰：單吃白米飯，無菜

62. 絜炮：無飯食

63. 曬命：睡覺，不同現時口語解釋，現時曬命解釋為：炫耀

64. 扽（dēn）兵：攔路搶錢

65. 扽（dēn）心口：懊悔之情

66. 收浪（晾）：偷曬晾在屋外的衣服

67. 扴（nā）帽：搶別人戴在頭上的帽子

68. 班人：召集人眾

69. 擺場：在雙方約定的時間地點群體鬥毆

70. 斟場：雙方約定群體鬥毆時間地點

71. 開片：打架

72. 練（līn）袋：賭錢

73. 洪常青：大刀

74. 尺：長刀

75. 響：火藥槍

76. 火狗：火藥槍

77. 發令：起跑發令槍改裝成的火藥槍，裝一次火藥可連打兩槍

78. 包皮九：用玩具槍改裝成的火藥槍，裝一次火藥只能打一槍

79. 甲：家，房屋

80. 掃格：去人家裡打人，砸物

81. 旺格：被警察上門搜查

82. 曬飛格：離家出走，四處借宿

83. 棚（lǎng）飛：離家出走

84. 陳家全：走得快——中國第一位百米跑近10秒運動員

85. 地狀（藏）：私下收藏的財物

86. 老虎皮：軍裝

87. 工披：工廠工人的工作服，一般用牛仔布製作

88. 軍披：軍服上身外套

89. 軍叉：軍服長褲

90. 軍掛：軍書包

91. 凡立丁：原是一種布料，後因不良青少年喜用來做褲子，亦變成褲子
    代號

92. 帆布撈（lāo）：一種布做的平底鞋，原來是北方人穿著較多

93. 棍仔鞋：一種塑膠涼鞋

94. 白飯魚：白色凡布鞋

95. 柴酷（kū）：金戒指

96. 三樓：上衣口袋

97. 二樓：褲子口袋

98. 後抽（褲子後口袋）

99. 夾層：西裝內袋

100. 幾何：當時的一種用藍布做成的男用三角衛生內褲，穿時單邊用繩子綁牢

101. 上海裝：兩個上口袋的上衣

102. 剎車皮：女性衛生巾

103. 嗹（līan）罩：女性胸罩

104. 橫直帶：女性胸罩

105. 刀：撲克牌

106. 疍：手錶

107. 砧板：手錶

108. 卟（pōu）：救生圈，救升衣

109. 孖通：紅棉牌載重單車

110. 冧（音：淋）：出入通行證

111. 起冧（音：淋）：制作假證明

112. 一粒星：一角錢

113. 一隻蝦：一塊錢

114. 一條嘢：十塊錢

115. 王明：五塊錢

116. 飛鞭：十塊錢

117. 鋼：糧票

118. 國鋼：全國通用糧票

119. 省鋼：廣東省內通用糧票

120. 嘭（bāng）鋼：炒賣糧票

121. 子彈：乾糧

122. 鏰：香煙

123. 刨鏰：吸煙

124. 煲煙：抽煙

125. 裝香：點香煙

126. 蝱（māng）頭：煙頭

127. 拍蜢（māng）：撿拾、吸食別人吸剩的煙頭

128. 大頭釘：隨吸隨捲的自捲卷煙，一般捲成喇叭狀

129. 針嘜：隨吸隨捲的自捲卷煙，一般捲成喇叭狀

130. 求籤：買散裝香煙

131. 兵：銀紙

132. 萌：無的意思

133. 萌兵：無錢

134. 萌鏉：無香煙

135. 馬交：澳門

136. K城：香港

137. 貴枝：香港

138. 沙家浜：廣東省收容遣送站，坐落廣州沙河頂

139. 樟木籠：東莞樟木頭收容站

140. 黃華：黃華路監獄

141. 格仔：收容所

142. 市柴：廣州柴油機廠裡的少年工讀班，不良少年犯罪較輕的，會在那裡關押強制半工讀

143. 花果山：廣州一地名，當時算是城鄉結合部，有女性工讀班

144. 大份：較長的刑罪

145. 受：服刑之意

146. 坎：常指服刑時間，一坎代表一年

147. 籠：常指服刑時間，一籠代表一年

148. 劃火柴：公車上耍流氓

149. 偷柴：男性陽具勃起，像偷了根木柴藏於褲襠

150. 扯旗：男性陽具勃起，旗桿象形引用

151. 賣荔枝：穿短褲的男性下體走光

152. 鹹煎餅：女性下體

153. 探照燈：女性乳房

154. 國際碼頭：濫交的女性

155. 接波：去認識朋友介紹的女孩子

156. 射波：介紹女孩子給朋友認識

157. 彈青：介紹男友

158. 彈女：介紹女友

159. 走火：遺精

160. 偷籃球：懷孕

161. 科：意摸，通常用在情侶身上

162. 抹鍋：做愛

163. 擺柳：拉小便

164. 擺堆：拉大便

165. 紮馬：拉大便

166. 座地大包：糞便

167. 荷葉飯：糞便

168. 鳩笠：安全套

169. 踩屐（音：劇）：溜冰，溜冰鞋粵語叫雪屐

170. 擺掛：比人拉上臺批鬥

171. 企波台：比人拉上臺批鬥

172. 食二兩：勞教，當時勞教人員每餐只能食二兩米飯

173. 抓七：鋤頭形狀似「7」字，泛指去農村務農

174. 放胡蘆：吹牛

175. 走後門：托關係

176. 唔使問啊貴：不用調查了

177. 搵契爺：找醫生開病假單

178. 執死雞：到電影院或球場門口等退票

179. 收糧薄：比喻一個人死了

180. 釘蓋：比喻一個人死了

181. 嘍（lōu意「蓋」）蓆：比喻一個人死了

182. 嘍（lōu意「蓋」）氈：比喻一個人死了

183. 拉柴：比喻一個人死了

184. 出來跳：在江湖混

185. 喥（dūo）：借

186. 喥（dūo）水：借錢

187. 喥（dūo）鋼：借糧票

188. 喥（dūo）住先：先借著

189. 托水籠：借錢唔還

190. 好猛啡：很有錢

191. 空軍：身無分文

192. 宋江：輸光，粵語和「送光」同音

193. 扽（dēn）七：後悔

194. 潵（意「按」）春：騙人

195. 當七：無懼

196. 拜山：探監

197. 掟鬼：故意扔掉錢，意在祭鬼神

198. 打飛砣：撿風箏的一種方法，用細繩綁住重物扔出去搭上風箏的線往下拉

199. 過骨：過關

200. 雙思：戀人

201. 「裝」雙思：偷窺戀人愛撫、調情、發生性行為

202. 撬牆腳：橫刀奪愛

203. 東方紅：值夜班到天亮

204. 托叔：拍馬屁的人

205. 托：拍馬屁

206. 鶩（意「退」）吠：退縮的意思

207. 好猛：很有勢力，有來頭

208. 打躉：長期長時間在某地方出現

209. 跰（pian）琴：比賽琴藝，當年年青人流行彈吉他

210. 詐型：裝模作樣

211. 開傻：開始

212. 蛇王：偷懶

213. 鳩屎：形容人好勝，擺大款

214. 鳩嗡：形容人好勝，擺大款

215. 演屎：形容一個人好同別人攀比

216. 爛口：形容一個人滿口粗言穢語

217. 廢柴：沒用的人

218. 嗤朵：響名號，自己或是自己認識的人中能打有名氣的人或是幫派

219. 起朵：建幫派，一個人被認同，出名氣了

220. 埋堆：加入團夥或加入朋友圈子

221. 的水：頭髮雙鬢

222. 臘頭：用頭蠟做髮型

223. 大鏈衿：女青年紮的辮子很松蓋住耳朵

224. 屎塔蓋：女性髮型

225. 三級裝：男青年髮型

226. 一不怕苦二不怕死三不怕老虎咬大胝：能吃苦

227. 電燈杉掛老鼠箱：形容一對戀人身高差別很大

228. 腥過鹹魚臭過蟹：形容某事或某人狀況不容樂觀

229. 一聲令下，兩手舉起，衫（三）褲執齊，四肢無力，五花大綁，陸續
上車，七手八腳，八年徒刑，九佛農場，十分淒涼。（順口溜）

230. 黑撈：黑底寬緊鞋

231. 白撈：白底寬緊鞋

（來自網絡）

「老卒友」
陳斯駿先生

紀念「老卒友」陳斯駿先生

周繼能

2018年6月25日，陳斯駿先生在廣州逝世。

陳斯駿先生是在當年4月28日由居住地美國洛杉磯專程飛回香港，參加香港知青一年一度「五．一」拜祭偷渡罹難者活動的。陳斯駿先生，從四十三歲開始至四十八歲，曾經三次起程偷渡，三次均以失敗告終。

拜祭完畢，陳斯駿先生在當年五月初回廣州，由於在港過於奔波，加上身體有多種基礎病，一回到廣州就住進了醫院。

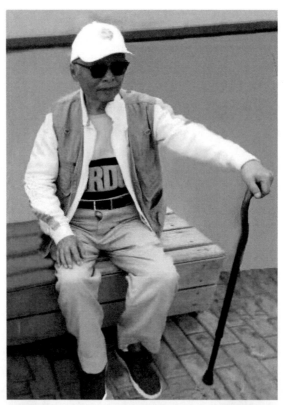

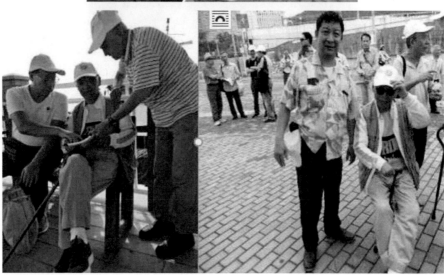

陳斯駿先生不幸於2018年6月25日在廣州與世長辭，享年88歲。可以說，參加拜祭偷渡罹難者活動，是陳斯駿先生人生的最後一幕。

　　2018年6月30日，陳斯駿先生的追悼會在廣州舉行，香港當年的偷渡知青專程租車上廣州參加追悼會，代表在港眾多卒友致送了花圈，送了尊敬的陳斯駿先生最後一程。

　　陳斯駿先生出生於1930年十月，幼年在香港度過，陳斯駿先生的父親是民國名人陳卓凡先生。陳斯駿先生1943年秋考入民國空軍幼年學校（四川灌縣），期待有朝一日與日寇血戰長空，抗戰勝利後，因不願捲入內戰，1948年8月脫離學校。1949年年底從香港返回大陸，入讀「南方大學」（中共建政後辦的短期幹部培訓學校），參加土改，1954年夏考入北京大學歷史系。

1957年，北大讀書中的陳斯駿先生中了毛澤東的「陽謀」，被劃為「右派分子」，連同父親陳卓凡、弟弟陳斯聰，「一門三右」，被打入深淵。

　　1959年陳斯駿先生去了內蒙古師範學院，被分派從事不相干的工作，1963年流落回廣州，先後在文史夜校、郊區中學當代課老師，最後只能在街道小工廠棲身。

　　政治上的受迫害，生活上的困頓，迫使陳斯駿先生開始了他的偷渡之旅，1973年12月，在他的43歲之時進行了第一次的越境行動，在海邊被截獲，此後於1975年、1978年再次啟動行程，均鎩羽而歸。幾次都經歷關押、遣送、強制勞動等不堪的經歷，他的三次「督卒」經歷在下面《驚心動魄的旅程——一個右派分子的三次失敗偷渡》一文中，予以記述。

　　陳斯駿先生的苦難於七十年代之末告一段落，統治集團中止了毛時代的倒行逆施之後，陳斯駿先生的「右派」頭銜得以「改正」，在共產黨內的開明派的幫助下，得以進入暨南大學教書，憑藉深厚的知識積累以及學術能力，陳斯駿先生得以晉升教授，為社會的教育事業貢獻了自己的力量。

　　1995年陳斯駿先生榮休，退休後的陳斯駿先生在廣州、洛杉磯兩地生活。一輩子飽受戰亂的顛簸、政治的迫害，生活的煎熬，終於在斯時享受到寧靜與閒適。

　　本書第三部分擷取自《驚心動魄的旅程——一個右派分子的三次失敗偷渡》有關偷渡的章節，以見證那個時代的一幕，種種的辛酸與艱苦危難，展示在讀者面前。

　　陳斯駿先生千古！

驚心動魄的旅程
——一個右派分子的三次失敗偷渡

陳斯駿

(一) 義無反顧

行動大計和「偷渡小集團」

「九大」傳達大會被逐（注：指作者在傳達中共「九大」會議精神的大會上被逐出會場），當然不是一件快事，但也沒有太大震動。我又經歷了一番考驗，但很快又想到，什麼考驗？真正的考驗在前面，敢於衝出牢籠才算得上是接受考驗。

和妻子談到了前程，兩人都得出同一結論，必須走出牢籠，中國雖大，已沒有我們容身之地了。我是在徹底絕望後，才想到「柳暗花明又一村」的。

和老友辛耀南兄談到上面說的事件，他笑笑說：「趕你出會場，也就是趕你快走。」他接著提了個切實的建議：「督卒，以你的條件，走惠陽線，到大亞灣海邊，乘自製的橡皮艇過去，可能更好。這條路要步行多日，但較安全。時間可選冬天，邊防會鬆些。」他還說，叫他兒子和我同行。

老辛是有心人，遇事考慮周到、審慎。他介紹了在惠陽鄉間的鄧汝銳兄和我相識。鄧兄年歲與我相當，經歷相似。和我一樣，在南方大學一期學習過（「南方大學」是中共建政後所辦的幹部短期培訓學校），後任教多年，一九五七派右，文革中被強遣惠陽務農。不久，他介紹鎮隆鄉農民

阿徐和我相晤。

　　我還有一個考慮：物色沿海漁、貨船，全家兩人一起走。偷渡行話，找船是謂「搵（音wen，粵語「找」之義）屐」，談得多，做得少，假的多，真的少。為此，我去過海豐、汕尾、番禺南沙和台山海宴找門路。真的找到門路，又擔心費用高昂。無奈，只好賣掉幾件結婚家俱和唯一值錢的雅士卡相機。

　　思前顧後，還是辛兄的建議切實，我考慮到，應物色幾個伙伴。

　　第一個伙伴是十六歲的阿田，個子瘦小的阿田，卻有敏捷身手和聰慧頭腦。他讀了小學，家貧，無力升學，成了老父（辛兄）的衣食助手。他想去香港，無非為賺錢養家，香港人人有望發達，他想有朝一日也辦間公司。

　　我認識老辛一家兩年了，熟知父子二人，家裏常有三、兩位走頭無路的流浪朋友借住。每到開飯，還有人跑來「黐（粵語，黏）一餐」。辛家的飯食，無魚無肉，僅麵碎加青菜，麵碎還是商店麵條的殘品、處理品，每斤一毛錢。如此窮困，仍不忘扶助比他倆更苦的友人，委實令人敬佩。

　　應該提到老友辛耀南人生的最後一幕，八十年代初，老辛尋機申請赴美定居，此時，他已高齡七十有餘。抵美後，他不顧年邁體弱，終日奔走於舊金山華人社區，力助弱勢人士。友人有感他的義舉，咸稱之「美國雷鋒」。我抵美後與他多次晤面，深受他達觀情緒感染。年前，他在街頭無端被暴徒打死，念及好人一生的老辛，夫復何言！

　　第二伙伴小岑，是牙醫學徒，他比阿田稍大，不到二十歲。說他是學徒，是因為他沒有科班學歷，不得正式行醫。其實他幹這一行已有幾年功夫，從拔牙、補牙、鑲牙到製作和安裝義齒，無不得心應手，他是從事牙醫多年的母親一手調教出來的。

　　小岑自信，自己肯定會成為出色的牙醫，但是不明白政府為什麼不給他機會，那怕是來一次考試。他說：「我不信我比不過正式科班的畢業生」。想去香港，無非是認為香港會給他創造正式就業的機會。

　　和我的動機迥然不同，阿田和小岑的念頭沒有任何政治色彩，純為

個人前程。我不明白，當年政府為什麼要懲罰那些有如阿田和小岑的偷渡者。我知道，三人以上是謂集團，一旦不測，我這個「為首」者是逃不脫的，必定會付出一定代價，我有思想準備。

順便一提，當局改革開放後，小岑總算找到門路，在廣州東華東路辦了一家牙科診所，如今也算一方名醫了。

游泳補課

從下定決心到付諸行動，一年多，並不說明我猶疑不決，反之，我知道，沒有一定的準備，倉促行事是不可取的。

首先要好好鍛鍊身體，四十出頭了，雖無病無痛，但體質已漸漸下降。右派生涯，失去工作，求衣食，應付無休無止的批鬥折磨，實際是在慢慢消耗生命。每念及此，我信心陡增，我必須行動，此生此世，這是再生的機緣。

游泳，既為日後行動，更為增強信心。年青時代我泳技不佳，在空幼同學中，我是二流水平。當年，同學下蒲江「沖大河」，我雖也隨大流，淺嘗數度，但自知水平低下，每有自愧之時。如今，泅渡怒海，越大亞灣、後海灣，自知無能、無力。但我不能束手，能游數上千米也好，游泳是培養信心的不二法門。

我差不多三兩天去一次越秀山、三元里泳池，哲君也去，孩子也少不了。小伙足兩三歲下水，到娃娃池泡泡，繼而到淺水池，用塑料浮圈。有一次，讓他自己玩，我倆游開，待返回，發現浮圈漏氣，遲幾分鐘，將不堪設想。孩子膽氣足，進步甚快，十歲時，已游得很好，初中時已到大金鐘水庫和珠江顯身手了。我想，孩子學泳，不僅為鍛鍊，潛意識裏，是否為他日後「督卒」呢？每念及此，不禁慄然！

自製橡皮艇

橡皮艇的主材料是橡膠布，廣州當局有明令，禁止無證購買，理由很簡單，有卒友利用此物製浮水工具。別說膠布，指南針也同理，大塊朱古

力（巧克力）甚至避孕套（可用以浮水）也有人注意。這個小麻煩難不倒我們，哲君去了一趟汕頭，帶回了足夠的醫療用膠布。製作主材料有了，氣嘴、黏合劑等也備齊。此時，才知找個製作處之不易。爸爸的友人、越秀區醫院鄭醫生是我們的同道，他曾因偷渡被批鬥。

平日，我們常談及共同關心的話題。這回，是他主動替我們解難，提供了他家無人居住的三樓客廳給我們當造艇車間。小艇的主製作人是哲君，阿田當助手。哲君心靈手巧，製成了不論外觀或結構都算一流的小艇。這工具可載二人，長一百八十公分，寬五十公分，氣口用兩層膠布製作，四個氣室，各有一個自行車氣嘴。一個氣室破了還有三個撐著。氣嘴是從香港購到的英國貨。製成後，阿田曾在郊外少有人跡處下水「試航」，效果還好。能載三人，不易漏氣，就算可以了。

若干年後，獨居多年的鄭醫生赴美定居，才過了兩年安穩日子，不幸車禍喪生。

和北大老同學李銘清談到我們的裝備，他提出要製作三副折疊划槳送我。老李是同班學友，反右時，成了前文提到的「中右份子」。數十年來，遍嘗政治逼害之苦，還好，他在北大學了木工和武術，日後就靠「班門」之技和南北「拳腳」也能糊口安身。

精神準備早有，物質條件基本湊齊，要考慮的是「擇吉」行動了。我平生不信神、不怕鬼，每行事，可謂前不怕虎，後不怕狼。共產黨人自命「無神論」，我並不信服。法國革命，雅各賓黨領袖羅伯斯庇爾有一句話：「沒有上帝，也要造一個。」這位政治家的坦率是令人欽敬的。中國執政黨創造了一尊至高無尚的神靈，並把他捧到玉皇大帝不及的高度。所謂「無神論」其實是：「偉大領袖外，別無聖靈。」換言之，一神論也。

寫到此處，我又想說幾句題外話：一九五八年，我參加了考古專業的實習，在陝西華山腳下的泉護村逗留了大半年。華山是天天見面的，但是無緣上山一遊，原因是我們抵達泉護村之時，已是深秋，不久，寒冬來臨，華山照例封山，停止遊覽活動。既然上不了華山，遺憾之餘，想起附近有個名氣不小的少華山，我沒有理由錯過這個勝地。幼年讀《水滸》知

道九紋龍史進和少華山的故事，我更是興趣盎然。我上了少華山，而且在山上大廟求了一簽，簽文中有一句「此生你有麟兒一」，是完全應驗的。我生平並無迷信，但也沒法解釋此一遭遇。

一九七三年十二月十二日，我過了四十三歲生日，正式「擇吉」，三十日動身。偷渡行家從來有不少禁忌，其一是和普通人一樣「忌七」，逢七、十七、二十七，皆「不宜遠行」，臨行酒宴，切忌七式菜餚，洋人說十三日、星期五是凶日，也寧可信其是。兩人行中，阿田虔信這一套。他對我說：「駿叔，你過去就是不信這個道理，才招來這麼多災難。這回，你可要聽我的！」

「隨和」這個好品性，我還是有的，我聽他的，我知道，三人行中，我是頭，要讓伙伴們對我有信心。

估計從惠陽到海邊要走十日左右，不能只吃冷食。我試製了固體酒精，配方是將切碎的肥皂與酒精混合，裝入燒瓶隔水蒸，兩者充份溶合後，倒出冷卻成塊狀。此物效果甚佳，一小塊可以煮沸一小壺水。二戰中，凝固汽油彈的製作，給了我啟發。

路上主食品是炒麵粉，麵粉加花生油和花生醬、糖炒製而成。臨行時還想起應混加粉狀維生素C，炒麵粉托鎮隆鄉阿徐製作。此外，買了些一斤一塊的巧克力和香腸、奶粉，就算是副食吧。

動身前幾天，阿徐和他兩個伙伴前來，替我們帶走了橡皮艇、划槳和香腸等物。萬事皆備，只待啟程。

「前程似錦」

臨行前一日，三個「卒友」小聚了一番，兩個小伙十分興奮，我也有幾分雄心，士氣如虹。

在廣州大沙頭碼頭登上開往惠州的輪船，碼頭閘口，掛著袖章的民兵在檢查旅客通行證。「文革」期間，凡中國百姓都必須安居「籠」內，想到外地走走，沒有通行證，是寸步難移的。話又不要說絕，在中國「走後門」是無處不通的。找關係，花小錢，五至十元，一張公社級通行證就可

到手。兩個人，每人各一張證，是小岑花十五元搞來的。

到惠州，大概凌晨五時，船停靠碼頭外，待檢查人員八時上班，才得上岸。旅客早知規矩，人人蒙頭大睡。時刻到了，民兵檢查員上船查證，有三兩個年青人被帶走了，估計是證件有弊。

上岸，先趕到汽車站，購就了去鎮隆的票，時間尚早，到茶樓找東西吃，只有炒素粉了。吃罷，見門口有鹽焗蛋賣，每人又吃了兩三個。不忘給阿徐打了個傳呼電話，此時，估計還有時間可以去惠州西湖散散心。

雖說是汽車，二、三十公里也走了兩小時，車到鎮隆已過了下午三時。阿徐和他的伙伴在公路旁等著。我們被帶到一處僻靜山後，阿徐等給我們吃了點心，接著就談了他們幾次上路的經驗。

阿徐說，從這裏到大亞灣海邊是一條直線，按正南走，不會有錯。公路、小路都不能走，有民兵崗哨。小山可跨越，高山不能硬爬，太耗體力。可從山山之間穿過，耗時間比拼體力要好。走幾天後快到寶安龍崗平原，要特別小心，那裏民兵成串成堆。快到龍崗，要夜行晝伏，過了龍崗和深圳水庫，海邊快到了，民兵越來越密，再往前走，邊防軍和「大貓」就來了。說實話，到這裏，說不好有什麼經驗，要看你們的運氣了。阿徐和他的伙伴幾次被「大貓」叼住，好在出身好，回到鄉裏，啥事也沒有。

小岑一面聽阿徐說話，一面忙著把食物一分為四，各人自帶一份，餘下一份備用，也由小岑保管。他背囊裏，還有疊好的橡皮艇，重負都由他承受了。途中，阿田有時和他換換肩。

太陽快下山了，晚霞滿天，映紅眾人面龐，彼此並無多言，只說了幾次「香港見！」阿徐對我多一份關懷，他說：「阿叔，我見過的卒友，數你年歲最大，祝你成功，你多保重！」

（二）途中和被捕

「香港之路」

　　人們遠行，往往有如此經驗：出發和頭一兩天以及到達目的地的過程，都記得清晰，途中如有突發事件或新鮮事也不會忘記。偷渡不同於一般，四十多年過去了，我記得途中許多細節。

　　我們行動的出發點惠陽縣鎮隆鄉，如今已升格為鎮。當年，我僅知鎮隆是惠陽大鄉之一，據鄧汝銳兄所云，此地亦乏善可陳，鄉民苦於窮困，鋌而走險，逃亡香港者大有人在，阿徐和他的伙伴們就走了兩三次。

　　如今，電腦中查索谷歌地圖（Google Maps）鎮隆鄉南下劃一條直線到大亞灣，距離約四十公里。離開鎮隆，南向前方，重重群山，有新墟鄉在前，當年行走間毫無覺察此處存在。如今，地圖上標有長流坑水庫，應是日後所建。

　　八、九十年代後修築的南北向的惠陽至深圳高速公路，和東西向的深圳至汕頭高速公路，都從這裏穿越而過，景觀已徹底改變。當年我們跨越龍崗平原時，可能只有幾條卒友們走出來的羊腸小道，龍崗南行至海邊的山徑，多鋪設石片，大概有上百年的滄桑了。越過地圖上所見的坪山鎮（當年稱鄉），海岸在望。我們被捕的地點，想應在鹽田以東某處海灘。

　　六十年代以後，惠陽南下直抵深圳一線，已形成一條「香港之路」。沿途群山連綿，荒無人煙，所經之處村民不少人以當嚮導為業。卒友們在深山密林走出一條條羊腸小道。這個傍晚，三人處於最佳競技狀態，從六時許，一口氣走了三、四個鐘頭。但是，臨行時阿徐指出的前方高峰老人山，並未見靠近，反而覺得挪遠了。阿田急掏出自製的指南針，證實偏東了。此時，三人才覺腳軟。我說，睡一覺吧，明早再走。阿田和小岑於是拾來大捆松針枝，在兩塊岩石間鋪了個「床」。近處忽然傳來淒厲的狼嗥聲，令人毛骨聳然，阿田嚇得縮成一團，我和小岑讓他睡在中間，一

夜無話。

次日，天蒙蒙亮，兩人不約而同醒來，身上佈滿水跡，寒氣沁骨。我拿出固體酒精，煮了一缸開水，沖了奶粉。阿徐操辦的炒麵粉，較之朝鮮戰爭時中共志願軍的同樣物品，肯定青出於藍而勝於藍。阿田摘了一片野蕉葉，倒上小把炒麵粉，調上牛奶，捏成半個乒乓球大小的粉團，輕鬆投入口中，我和小岑看著有趣，也如法炮製。

阿田說今天一定要走過老人山，不達目的不歇腳，三人於是邁開輕鬆的步履，向那個宛如彎腰老人的山峰走去。這裏的群山與華南其他地區無異，山腳長著幾種不知名的灌木，山上佈滿針葉松，山勢不算陡峭，三人一鼓作氣，越過四、五個山頭。一路未見人跡，但聞遠處伐木聲，空谷回音，清勁異常。下午二、三時，老人山已在跟前，士氣大振，小岑說，不過這座山，不休息。

三人沿山腰走過了老人山，九時左右才停下腳步，此時，阿田忽見幾十米外一塊岩石下有一窩棚，走近一看，這玩意原來是搭在空墓穴裏，不但有乾爽的針葉鋪「床」，還有蘆草蓋頂，三人躺下，雖然擠些，但十分舒適。窩棚裏有字條一張，寫著「Good Luck to You」（祝你們幸運）附近地上有些一分和二分硬幣，阿田說，這是給土地公的買路錢，他也虔誠地放了幾枚硬幣在地上。

半生中，我不是首次逃亡，一九四八年夏，我在空軍幼年學校脫逃離校（俗稱「開小差」），跋涉千里，橫跨半個中國，每念及此，也不無豪情貫胸。

一九四五年八月，鬼子降服，內戰爆發，我很快想到了前程。當飛行員，駕機打中國人，決不是我的選擇！這一年，我的思維空間，已被蕭乾、曹聚仁和約翰‧根室（美國記者，所撰《歐洲內幕》、《亞洲內幕》、《非洲內幕》等，膾炙人口）所充實。蕭、曹二人是我的第一偶像。蕭乾的二戰倫敦航訊，刊於重慶《大公報》，我從未錯過一篇。曹聚仁的新聞報導和小品文的深邃和引人入勝，使我十分迷戀。我逐漸醒悟，當一名國際新聞記者，是我的第一選擇。

說幹就幹，我讀了《新聞學概論》，認真加強了英文閱讀，還參加重慶亞偉速記學校函授學習。那時，我已知燕京大學新聞系和美國密蘇里大學新聞學兩個響亮的名字，我決心離校考大學。

往事的回憶伴隨著我首天的行程。

第二天和第四天，照樣凌晨上路。按阿徐的囑咐，快到龍崗平原了，要特別小心。龍崗這地方，說是平原，其實在我眼前只是群山中一塊谷地，方圓大約十餘華里，站在北端山上，可盡覽南端和兩翼。

第五天傍晚，有一場驚險，不可漏記。白天睡足了，三人興致勃勃，沿小徑疾走。小徑沒有任何修整，人們說，「路是人走出來的」，此言不虛。走了一個時辰，未見人跡，三人毫無戒備，大聲說笑。到了一個轉彎處，突見五十米外一獨立小屋，屋內射出微弱燈光，三人一怔，不由得停下腳步。正在此時，一頭大白狗從屋內衝出，聲勢洶洶，直撲前來，三人反應不慢，拔腿飛奔，白狗窮追不捨，吠聲十分恐怖。大概跑了百多米，我回頭一看，未見有人追來，於是煞下腳步，對身旁阿田說：「沒有人，一條狗，怕什麼？」兩人回頭，擺出人不怕狗的架勢，手裏的木棒（可稱盲公竹，粵人稱盲人所用探路竹杖），權當打狗棍。那狗猛然停步，盯了一眼，扭頭就跑，一路嗚咽著，好像受了什麼委屈似的。此時，兩人才發現小岑不知去向，按事前約好，阿田學國公鳥叫「咯咕，咯咕」，很快找到了人。

過龍崗前一夜，我們在一個小林子歇腳，偶然見到草叢中有一份彩色的傳單。風吹雨淋，文字支離破碎，無非是號召大陸人民起來反抗共匪暴政之類文字。台灣空軍已無事可幹，只能做些類此無聊透頂的玩意，也許這是我的某個同學飛到此處所為，我不免為他悲哀。

過龍崗平原，倒也順利，三人彎腰疾走，從中央穿插而過，田野沒有什麼作物，唯有凝重夜色可資掩護。遠處雖有狗吠，看來只是「例行公事」，並無威脅。後來聽說，「貓」也有怕「鼠」的時候，發生過多起民兵挨揍的事件，他們很少主動出擊。

龍崗遇險

　　到了平原南端，又見重重群山，連日陰雨，渾身濕透，三人都很疲乏，行軍速度大降。此時，兩個年青人的視力漸漸衰退，看來是夜盲症。他們一前一後跟在我後面，手持「盲公竹」探路。阿田抓住我的衣角，看樣子，真像廣州街頭的盲人行。我發現遠處一片耀眼燈光，不會有別的，肯定是深圳水庫。我興奮地指給他倆看。小岑說：「天啊！我怎麼看不見？」阿田說，只看見朦朧一片光。此時，我深感責任重大，如何把兩個衰弱的小伙子帶到彼岸？心想，寧願被擒，絕不拼命，安全第一。邊行邊沉思，不料一腳踏空，驚叫一聲，筆直墜下，頓時失去知覺。

　　約摸一、兩分鐘，我聽到兩人大叫：「駿叔，你有事嗎？快醒醒！」我頭痛若裂，渾身痠軟，在電筒光照射下，我看清了自己的處境，原來是在一個捕捉野獸的陷阱裏，陷阱深兩米有餘，底部狹窄，僅容一人屈坐。我悠過一口氣，說：「好彩！（粵語，好運氣）他們捉到了一隻會說話的野豬。」我用兩人放下來的尼龍繩系住腰身，兩人在上用力一拉，我運用肩臂力沿陷阱壁攀升，不算太難，爬了上來。小岑嘆了口大氣，阿田遞上水壺和一塊巧克力，嘴裏說著「大難不死，必有後福」之類的話。這個陷阱沒有機關，算我命大。

　　從出發至今七、八天了，三人已感體力不支。糧草將盡，那份備用糧是絕不能動用的，下海衝刺要靠它。途中見農田有蘿蔔、紅薯和花生，三人毫不客氣，「活剝生吞」。蘿蔔的辛辣、清香，紅薯的甜美和花生的蛋白質感，填補了對營養的渴求，也帶來心靈的平衡和信念。阿田拿出幾張糧票和零鈔，用塑料袋包好，放在農田裏，壓上小石子。小岑笑笑說：「解放軍叔叔不忘三大紀律、八項注意」。阿田說：「這東西用不上了，不如積積德。」

　　剛過龍崗平原，那兩、三天的確很不好過，淫雨連綿，想找躲雨的地方，毫無辦法。只好把橡皮艇拿出來，休息時，撐開擋雨。內衣褲也濕透了，我擔心大家受涼感冒，雖說帶足了常備藥。好在三人都頂住了，我是

過幾天被捕後才「垮」的。難得有一、兩天出了太陽，最要緊是脫下濕衣褲晒乾。

某日，路過一小河，三人把橡皮艇充足氣，人、物上了船，順利渡過二、三十公尺的河面，算是正式試航，小艇看來挺好使。

路遇好人

小雨不止，那天中午，三人在山徑上踉踉蹌蹌，忽聞身後有急促腳步聲，阿田和小岑正想走避，我說，聽聲，只有一個人，不怕。回頭一看，幾十米外，一個二十歲不到的男子挑著空擔，看樣子是趕集後回家。待他走近，我用客家話說：「阿弟，我們是落難人，請幫幫我們。」那人似笑非笑，說：「想去香港，今晚到海邊了。」他說著帶客家口音的粵語。阿田見他態度平和，說：「阿哥，可以給點吃的嗎？我們餓了兩天了。」那年青人猶豫了一下說：「你們在前面樹林等我，二十分鐘，我來。」

小樹林在一個山坡上，右前方有個冒著炊煙的村子，稀稀落落十幾座房舍，眼見那青年走進去。我對兩人說，不用擔心，有民兵來的話，看得清楚。

不到二十分鐘，那青年提了個竹籃走來，遠遠對三人笑笑，籃子裏冒著熱氣。走到跟前，阿田說：「什麼好東西，我看看！」那個青年不言語，打開蓋，九個飽子，還很燙手，兩人餓得發慌，各取一個，狼吞虎嚥，正是客家人年節做的米粉皮蘿蔔絲飽子，餡裏有三兩條肥肉絲，兩粒蝦米和幾瓣青蒜。阿田邊吃邊說：「這輩子是它最好吃了。」接看，又拿了一個入口。我說，趁熱吃了它。那青年也說：「對，不能帶走，萬一出事，你們不好說。」三人湊了些錢和糧票送了他。那青年望了我腳下七、八成新的解放鞋（一種綠布面膠底軍鞋），說：「阿叔，你到香港穿皮鞋了，你的鞋和我換了吧」，說著，脫下自己的破膠鞋。

阿田說：「阿哥，謝謝你的大恩大德，你貴姓？」那青年說：「有緣份，會在香港見面的。你們往南走，約摸一小時，右手半山有個山神廟，那裏有民兵，不能順路過，要從山腳走。過了山神廟，再上山，順著石板

路，今夜晚到海邊了。」

今晚行程有決定性意義，要養精蓄銳，三人找了個隱蔽的草叢，好好睡了幾小時。天剛入黑，在指南針引導下向南突進。一小時過，右前方山上果然傳來狗吠。後來聽說，山上這個廟是民兵哨所，是個「先進單位」，抓過無數偷渡客。準確地說，不是民兵得力，而是卒友撞上了虎口。這個廟位于密林圍繞的山腰，卒友往往走到跟前，才知怎麼回事。

海岸在望

幾個「救命」飽子起了作用，兩個小伙的體力大大恢復了，視力也好多了。沿著石板小徑，約摸九時，終於走到海邊。三人站在峭壁上，正前方是波濤洶湧的大亞灣，在對岸燈光的照射下，三兩個小島若隱若現。俯視右下方，五、六百米外有一條長堤伸入海中，沿堤燈火明亮，堤旁，停靠著三兩艘機船，左下方卻是漆黑一片。寒風凜冽難耐，兩人不由縮到一塊岩石後。兩個小伙望著我，似在等我下決心。我說：「都累了，今晚不要下水，風浪太大，小艇頂不住的。」

三人在可以望見公路的一塊大磐石下，找到一處茂密的草叢，剛躺下，兩個小伙已鼾聲陣陣。我無法入睡，在沉思：已到了海邊，看到了彼岸的燈光，但不能認為勝券在握。海岸公路上，邊防軍密密麻麻，幾千米海面，兇險莫測。危機感很快壓倒了興奮，我打定主意，力求成功，但必須安全第一。此時，我摸了摸腮幫，才知長出的鬍子又長又密。好在我帶來了爸爸給我的刮鬍刀具，這是他在東京留學時買的，用了快半個世紀了。水壺裏有水，還剩小塊固體酒精（本來就是肥皂），我鄭重其事地，給自己來了一番修飾。睹物思人，我這次行動沒有告知爸媽，事前只說我去花縣。下文會怎麼樣？我會給雙親帶來什麼？

「大貓」來了

次日，繼續熟睡至入黑。是行動時候了，倆小伙情緒高漲，不能給他們潑冷水，但是一兩句必要的話還是要說。我再三強調，遇邊防軍，不要

跑，不要反抗，我們要緊緊靠在一起。

公路在望，直線距離約摸五百公尺，但從藏身的大石不能直接下去，坡度太大，況且沒有草木掩護，只好偏東三、四百公尺，沿一個草木茂密的斜坡滑下去。三人一言不發，動作輕巧，精神抖擻。到了公路旁，環顧無人，彎身疾步穿過。就在此時，遠處傳來狗吠聲。早知狼犬能嗅到數千公尺外的異味，吠聲來自西邊，此時正吹著東南風，正好把異味送給狼犬。小岑說，糟！「大貓」來了，動作要快！

公路向南兩百公尺就是大海，三人急步跑到離海二十公尺的一塊大石後，小岑打開背囊，三人立即給小艇吹氣。人人全力以赴，通過肺部，把大氣注進這個給他們帶來無窮希望的工具裏。狗吠聲越來越近了，聽聲似不止一隻狗，危險已至跟前，除非天降奇跡。就在小岑吹好第四個氣室時，兩頭兇犬和兩個邊防軍已衝到三十公尺外。士兵們緊抓狗皮帶，狼犬迫不及待，要撲前來。當兵的大喝：「站住！別動！手放頭上！」驚惶失措的阿田下意識地拔腿向大海方向，想跑？我一把抓住他的手說：「不怕，沉住氣！」此時，兩頭兇犬已衝到三公尺外，但圍而不攻。兩枝半自動步槍槍口和冷光閃閃的刺刀，明白無誤告訴我們，想跑，是絕對辦不到的。

一名士兵上前，用刺刀對小艇戳了幾下，四個氣室扁了，我們三人也一下子泄了氣，另一個當兵的大喝：「狗日的，叫你們到香港發財！」我已經多年沒聽過地道的四川口音了，當年我說了五年四川話，此時此地居然也感到有些親切。

（三）拘留所五記

邊防哨所

一根繩子把三人綁成一串，押到邊防哨所，兩個士兵一言不發，狼犬也不答理我們。一路倒很平和，走了二十多分鐘。也許，這樣的場面，他

們和牠們大概見得多了，不足為奇。

牢房是一間獨立的磚屋，約摸十平米，沒有窗子，但在高處開了個比人頭稍大的洞。囚犯是看不見外面的，士兵可以用窺視孔察看動靜。門內一側擺著尿桶，地上，污穢不堪的稻草，發出陣陣惡臭。我雖是首度見識共產黨的牢房，但早有所聞，我也知道國民黨的牢房是什麼德性，共與國，一脈相承，又一例證。

當夜，發了一個怪夢：我周身發熱，偏偏有人把我推進一間擺了許多火爐的房子。醒來，唇乾舌焦，再也無法入睡。

次日，當然不要指望有早飯吃。八時許，士兵把三人叫到門口問話，無非是姓名、籍貫、職業。我自稱陳安，廣州郊區人，三十二歲，無業。須知，偷渡客多是年青人，我若說出實際年歲，會招來不必要的麻煩。問話畢，回到牢房，三人剛坐下，阿田問那當兵的：「解放軍叔叔同志，能給我們吃點剩飯嗎？」那兵大喝：「誰是你叔叔同志，臭偷渡的，欠揍！」說著，用槍口對他眉頭重重一戳，阿田登時暈倒，傷口涔涔出血。兩分鐘後他醒了過來，不禁號啕大哭。我嘆了口氣：「你怎麼叫他叔叔同志，下回叫班長，記住了。」

中午，聽到吃飯號聲，精神為之一振，半小時過，士兵端來一缽菜粥和三個破碗，粥裏有幾塊豬油渣。下午，來了個臉慈目善的士兵，說公路壞了，你們多住一兩天，明天，安排你們去勞動，又是四川口音。

當天深夜，我睡得迷糊，忽聞門外有吆喝聲。門打開了，渾身濕透的兩男兩女被推了進來。一個男的說：「又走衰運，三板（第三次行動）了，老天何時開眼？」另一個男的說：「那衰女帶的什麼路，撞到人家槍口上。」一個女的說：「不要怨她，還是怪我們命不好。」另一個女的，一進門就蹲在屋角嗚咽，嘴裏不知道說些什麼，只聽出是客家口音。

第二天清晨，眾人醒來，阿田先給他們打了個招呼。相逢何必曾相識，彼此同遭厄運，自然談到失手經過。原來他們是在海邊小梅沙被擒的，開頭不肯就範，各自奪路奔走，士兵打了兩槍，放狼狗截了後路。兩男一女是大圈（行話，稱廣州附近）仔，另一女子是寶安妹。

駿叔終於病了，頭痛、發燒，冷汗直淌。小岑要揹他去醫務室，駿叔說，自己能走，小岑說：「無病裝病，小病裝大病，此時不能做老實人。」衛生員打量了這個揹來的臭偷渡的，臉如土灰，兩眼無神，信了兩成。一量體溫三十八度五分，的確有病，於是給了幾粒藥丸，小岑畢恭畢敬說：「醫官，請你告訴班長，免了他勞動，可以嗎？」衛生員沒有吱聲。

次日晨，士兵把四個年青人叫去幹活，兩女子和駿叔免了，無事可幹，只好照樣躺下。大圈女和客家妹低聲交談，駿叔聽出了幾層意思：廣州招仔和黃女是戀人，廣州李仔答應娶客家廖女為妻，廖女發現李仔虛情假意。她對黃女說：「他在山上騙了我的身，如今要甩掉我。」黃女輕聲勸解，說李仔不是壞人。

過了一會，黃女對閉目養神的駿叔說：「阿叔，對不起，我們要換衣服，請你轉身，不好意思。」駿叔當然照辦，兩三分鐘後，黃女說：「阿叔，可以了，謝謝你。」駿叔回過頭來，只見兩女子臉上掛著信任的微笑。

難友們又繼續在哨所住了兩天。走的那天，一個持槍士兵押眾人上路。半小時過，來了公車，士兵命令難友們坐在車廂走道上，不準窺視窗外景物。車上坐滿表情呆滯的農民男女，個個衣衫破舊，臉有菜色。我坐在走道末尾，頭稍抬，後窗外，景物一覽無遺，途經之處，港英設下的高架鐵絲網連綿不斷，光天化日下，偷渡客不敢活動，自然見不到邊防軍。有一段開闊的海岸，沙灘上伏著一具男屍，看樣是淹死的，被浪打回岸上，軀體腫脹得十分可怕。他身旁的掛包打開了，只見口盅一個。掛包上的紅五角星，和眼前的景色形成微妙的反差。車上乘客對此沒有什麼反應，只有後座一中年男子說：「又一個冤鬼」。

「老深」和蘇先生

到了深圳站，乘客都下了車，車子繼續前進，到了收容所大門口。卒友行話稱此處係「老深」，由民政局和公安局共管。此時的收容所，除拘

留偷渡犯外，想也不會有別的營生。

　　進得大門，頭一個程序是搜身。獄卒（只能如此稱呼）喝令犯人（也只能如此稱呼）交出錢鈔、糧票和小刀之類物品，違者，查出來一頓好打。一個農民模樣的男子，挨了兩棒，坐在地上呼天搶地，獄卒給他兩巴掌，登時靜了下來。第二程序是問話，大多記下姓名、籍貫、職業了事，個別形跡可疑者，叫到一邊問話，我屬此類。

　　問話的人態度尚好，他看著一個小本子，冷冷一笑，說：

　　「你叫陳安，不止三十二了吧？」

　　我答：「不是三十二，就是三十三，家裏人這樣說的。」

　　「那裏人？」

　　「廣州郊區。」

　　「什麼村？」

　　「哦，哦，石牌村。」

　　「什麼職業？」

　　「職業？我沒有職業。」

　　「你靠什麼吃飯？」

　　「哦，我種地，也做小生意。」

　　那人沒看出破綻，揮手要我走開。

　　收容所的牢室有些專業水平，磚地上兩尺餘有一列水泥砌成的「床」，與北方的炕相似，房門內側照例擺了大尿桶，犯人不多，床上，橫七豎八躺著十多個。阿田、小岑不知去向，招仔等也未見蹤跡，我找了個靠窗的床位坐下。窗子是典型的牢室格式，尺半見方，裝上拇指粗的鐵條。

　　環顧全室，右方牆角，六、七個身強力壯的潮汕青年在聽一個乾瘦的中年人講故事，從他們的淫笑中可知故事內容。左邊，一個瘦高個躺在半掩的蚊帳裏唉聲嘆息，奇怪，這人床旁還有臉盆、水桶。看見我在打量他，瘦高個把臉轉了過去。

　　當晚，收容所舉行了一場鬥爭會，瘦高個的表現引起我很大興趣。

兩個越獄的偷渡犯被抓了回來，聽說他們是前幾天剪斷電線，趁黑爬牆逃走的。這樣的事沒有先例，有關部門十分震驚。

　　鬥爭會在收容所天井舉行，偷渡犯都出來接受「教育」。兩個倒霉鬼被五花大綁押到會場，首先是所長訓話，他聲色俱厲，喝令兩犯跪下，然後長篇大論當前階級鬥爭形勢之嚴峻和階級敵人之瘋狂，人們感興趣的犯案經過一字未提，接著三兩個犯人輪流上來發言，一聽內容便知是事先安排好的。鬥爭會結束了，突然有人從犯人隊伍中跳出來，他大叫：「我要發言！我要發言！」我一看，此人正是蚊帳內的瘦高個。一個獄卒要阻止他，所長擺擺手，說：「讓他講！」

　　那人說：「小姓蘇，你們很多人都知道我。我就是從香港來的，香港是人間地獄，窮人做牛做馬，有錢佬花天酒地。你們過著社會主義幸福生活，身在福中不知福。這兩個人渣罪大惡極，我建議政府嚴懲兩個死不悔改的反革命，不殺不足以平民憤！」話說完，他轉身看看正在點頭的所長，得意地笑了。

　　這個蘇先生是何方神聖？我想弄個明白。次日，我搞到一張破紙，又撿了大門口一個火爐裏的小塊炭，寫了幾個字，給家人報平安。我對蘇說：「先生，你可以走出大門，請你找個信封，替我寄這個給家人的平安信，地址寫在紙上」。蘇烏黑著臉，說他沒有功夫，我掏出一元鈔票，說給他買郵票。當年，外埠平信八分郵資，一元可以買四、五個雞蛋。蘇急急一把接過了錢。我趁機問他：「先生，你是香港人，怎麼會落到這裏？」蘇嘆了一口氣，說：「問這個幹什麼？我給你寄信就是。」

　　深圳收容所，每三天遣走一批人，這兩天逮到的偷渡客很多，我所在的牢室已有人滿之患，走道上躺著人，尿桶邊也蹲著人。我估計自己很快會被遣走，蘇的底細未問到，心中不無遺憾。

　　那天上午，蘇在床沿枯坐，望著我，微微一笑。我知時機已至，走近他說：「先生，要分手了，你不想和我說幾句嗎？」蘇苦笑，說：「你對我有這麼大興趣？」數年前，蘇是香港一貨船水手，經常來往港粵之間。他出身疍家（一種水上居民），廣州珠江河面有許多親友。他自幼嗜賭，

某日，與貨船東主的兒子賭牌，贏了一千元，對方不但賴賬，還說要炒他魷魚。蘇一時性起，掄起大棒給他兩下，不料那人不經打，當即氣絕。蘇走投無路，駕私人汽艇走避廣州，當時，「文革」初起，珠江邊防鬆弛，沒有人攔他。到廣州後，賣掉汽艇，在珠江黃沙水面疍家親友家一住數年。後來聽說自動投案可減刑，於是划小艇潛回香港，但在珠江口被中方截住，這一來他成了來路不明的偷渡犯。他一再向收容所當局說明在港犯案經過並要遣返香港服刑，幾年了，無人理睬。蘇後悔打死人，更怨自己不該走避廣州。他說，如果注定要死在監獄，他寧可死在赤柱（香港監獄所在地）。

隔壁女囚室有十數個年青女犯，和三、四個她們帶來的幼童，其中還有兩個帶有吃奶的嬰兒。某日，放風，我同室一個潮汕人指著一個女犯說：「那女仔真不凡，她和男友同行，在梧桐山上，男友跌落山坑，腿骨折了，她自知不可能把男友救起，於是放一把火，把民兵和邊防軍引來。男友得救了，那女仔說，她甘願坐十年牢。

「樟木籠」裡

不久，我和一批百多人被押解到東莞縣樟木頭鎮。這地方是廣東南部鐵路、公路和水運交通樞紐。到了這裏，偷渡犯按單位地點或籍貫，分區囚禁，然後押回原地，這是中轉站。

犯人們登上敞篷車前，每兩人分贈一副戲稱為「大羅馬」（一種名牌手錶）的手銬，到了火車站居然用上了一個班手持衝鋒槍的武警列隊「伺候」。備有豬籠車供專用，犯人上得車來，武警喝令犯人站立，不得坐下或躺倒，百多人居然全都塞了進去。我忽然想到，以沙丁魚罐頭喻車船擁擠，實在不夠恰切，說像蘆筍罐頭就對了。車裏，密不透風，悶熱之狀，自不待言。好在車程僅一小時多，到站，車門打開，一陣新鮮空氣迎面撲來，眾犯不禁齊聲歡呼。什麼是幸福？世俗有無數答案，此時，我卻悟到，苦難盡頭即幸福。

下得車來，許多人大呼：「報告班長，我要小便！」此時，班長們

只關心大事，不要有人溜走，小便，就忍著吧，有女犯實在忍無可忍，大嚷：「班長，我憋不住了！」於是，只好尿在褲襠裏。

樟木頭收容站當然也是民政、公安共管，行話稱之「樟木竉」。它較之「老深」要大兩三倍，獄卒的兇殘，也勝一大籌。入得大門，兇鬼們即喝令眾犯脫衣檢查。男的剩一條底褲，女的可留件內衣。一個愣小子沒聽清命令，連底褲也脫了下來。在場兩女卒上前亂棍齊下，喝罵流氓。獄卒上前逐個搜身，看不順眼就狠狠一棍。我一向主張不吃眼前虧，也從來愿同當權者「合作」，也不知為何背上也挨了兩記。

眾犯排隊，各領一條髒不堪言的黑薄被，我拿了被子走進牢室，正待找個歇腳處，不料腦後卻挨了重重一拳，暈倒在地。醒過來時，耳旁有個聲音在叫：「阿叔，你醒醒！」睜眼一看，是在邊防認識的招仔，而自己手中的被子已不知去向。招仔環視眾人，說：「這位阿叔是我的朋友，誰拿了他的被子，請擲回來，要被子，拿我的去。」我掙扎著站了起來，說：「要被子，盡可開口，背後暗算，哪像要去香港闖世界的好漢。」一壯漢對身旁一矮子說：「還給他吧！」那矮子神色悻悻，把被子擲還給我。

入夜，幾個小伙子在合唱北韓電影《賣花姑娘》的插曲，他們不會唱五十年代的抒情曲，「文革」期間，除了頌毛曲和語錄歌，也別無可唱。來自友好鄰邦的歌曲，就成了唯一的選擇，電影中人物花妮和她盲目妹妹的悲慘故事，可能勾動歌者的某個心事。小伙們唱得動人，聽者也無不入神。那邊牆角，有人在獨唱《禪院鐘聲》，這人很能掌握這曲子的特殊韻味：寺院的幽閉、冷僻和修行人的怨艾、絕望，表現得恰到分寸。招仔躺在我身旁，他說「阿叔，講個古仔（粵語，講故事）吧！」

躺在我另一側的，是一個整天唉聲嘆氣的中年人，此人姓張，原是廣州百貨公司的財務員。也許是夫妻不和，可能是在公司不得志，不想在廣州混了，要去香港投靠姊姊和姊夫。

要我講故事，找對人了，不是自吹，我一向有信手拈來的能耐。我想，此時此地，講《基度山恩仇記》最合適。這部小說我讀了不下三次，

許多細節都記得清晰。我曾經仔細推敲過小說中人物和情節，認為許多地方可以改進。我曾和一友人說，如果讓我講基度山，我會保留和加強原著的傳奇和浪漫色彩，但要重重渲染它的悲劇氣氛。主人公唐泰斯的命運，以悲劇始，也應以悲劇終。故事講了兩個晚上，唐泰斯和法里亞神甫的特殊友誼的傳奇色彩和出人意表引起小伙子們的很大興趣，唐泰斯復仇情節的突兀和痛快淋漓，聽者無不歡欣雀躍，有兩個小伙甚至興奮得拍掌叫好。我注意到，那個打了我一拳的矮漢也在聽，他對我投來帶有歉意的淺笑。

躺在我身旁的老張，不知有沒有聽，我剛講完，他卻坐了起來說：「老陳，我佩服你。」

樟木寵是個鬼門關，獄卒們不信菩薩，不服基督，也不知馬列是何物，僅知手中棍棒威力。所長是個中年客家人，塊頭魁梧，他常掛在嘴邊的話是：「在樟木寵，是我說了算！誰不服氣，可以去告我嘛！」告所長？誰有本事？有一大圈仔倒是說過，不信這廝一輩子不去廣州，到廣州，要叫他在中山四路嘔血。揍所長，只不過是發洩窩囊氣的一廂情願，現實是所長專門找大圈仔下手，拳擊軟腹和大皮靴猛踢膝蓋，是他的絕招。所長的手下鬼卒更喜用棍棒猛擊腰背，有兩個面目猙獰的雌鬼卒，不知從那層地獄找來，專用以對付女犯。她們的拿手戲是抓住女犯頭髮，用力按下，迫使對方屈膝跪下，另一招是猛踢下陰，受害者無不跪倒求饒。

挑動潮汕人和大圈仔互鬥，是所長分而治之的手法。潮汕農民牛高馬大，鬥毆兇狠，瘦小的廣州仔往往不是對手。但大圈仔擅長心計，喜玩弄栽贓、嫁禍手法。一個晚上，眾人剛睡下，三個鬼卒突衝入牢室，拽走三個潮汕人，到天井，棍棒齊下，挨打的不知所為何事，哀叫：「打我做呢？（潮語，做什麼）打我做呢？」躺在我隔位的一個廣州仔，躲在被子裏竊笑：「山人略施小計，中矣！」

鬼門關裏有兩宗如今提起也令人震慄的慘事：一個農民模樣的犯人，大腿挨了邊防軍一刺刀，傷口上滿是膿血，成堆的蛆在爬行，大腿腫脹如水桶，數十尺外惡臭撲鼻，獄卒讓他躺在走廊上，此人連哼也不會哼了，

不久，被抬走，八成是死了。另一個青年犯人，陰莖被狼犬咬掉半截，尿道上很快長了肉芽，無法排尿，痛苦萬分。此人跪在走廊上，扶著胯下物哀呼救命，照理，治療不難。顯然，對「臭偷渡」的，不必講人道，讓偷渡犯都看看他的下場吧！

因犯罪或政見不同而外逃者，為數不多，當局十分注意此等人。外貌出眾、舉止有度的三十歲以上男女，往往受到更多的「關照」，一個自稱是廣州市市長秘書的青年人，被拽出天井，三個獄卒圍著他拳打腳踢，所長站在台階上看著獰笑。

我被捕後自稱是農民，深圳一關是混過了，但未能逃過這鬼門關。

大概每隔兩天，就有一批犯人被解走，每三天就有一批來自深圳的入來，六、七天後同室難友大多離去，招仔也走了，我開始著急。就在這一天，獄卒把我叫到辦公室，一個幹部喝問：「陳安，你的真名是什麼？坦白交待！」我知道難以隱瞞，說出了真名姓。那人冷笑，說：「算你聰明，要想免費住樟木籠，吃大頭菜，你就別說。」後來才知，對可疑人物，來歷未查清，一般不遣走。自作自受，這場「聰明誤」，讓我在鬼門關裏多待了五、六天。遣走那天，依然是兩人一副大羅馬，這一批只有三十多人，沒有「專列」卻上了硬席客車。押解武警把車上乘客趕到一邊。兩人的座位，擠了四個犯人，和豬籠車相比，這當然又是一種幸福。有些乘客拿出食品給犯人，武警佯作不見。

「沙家浜」中

總算到了舊地廣州沙河收容站了，好多年前，我和妻子、孩子去拜謁十九路軍陵園，路過此處。看到收容所大門上的招牌，七歲的孩兒問，什麼是收容站，我和他說個笑，說這地方專門把姓容的人都收了進來。孩兒笑了，說他不信，他學校同班就有姓容的。

如今，這地方把我「收」了進來了，那時真沒想到。行家稱這地方為「沙家浜」，把「文革」樣板戲的神聖名字，安在這地方，大概算得上是黑色幽默了。

收容所的主牢室很大，原來可能是劇場或禮堂。應該是觀眾席的地方，每隔二、三尺設一條又髒又破的蓆子，算是舖位。每人發一條黑薄被，那上面，痰跡、血跡和不堪入鼻的氣味，混和在一起。歲末嚴寒，敢挑剔嗎？我的「同銬人」程仔，為我在舞台上找到舖位，簡直可算是包廂了。

　　第二天，我被叫去問話，一個幹部說：「你有四十了吧？看你模樣讀過書，怎麼在街道混？是不是當過右派？」

　　我沉默不語。那人又說：

　　「你寫個檢討，只要沒有前科，我們不會為難你。」我估計，他們和我工廠聯繫了，不然怎知我在街道？我寫了一個歪七斜八的東西交上去，沒有必要交待什麼，寫上「階級覺悟不高」、「嚮往資本主義生活方式」之類套話便得，反正沒有人會看。

　　牢房裏大多是二十歲上下的小伙子，其中不少人已有兩三次失手的經歷了。程仔不滿二十，滿臉毫不在乎神情。他笑嘻嘻說：「我四板了，我要走夠十板，如果還到不了香港，那是上帝的旨意，我認了！」九十年代，我在廣州羊城賓館偶遇程仔，他果真走了十板，兩次已到了香港，但被港英返解。他不但「認了」，還在改革開放中「發了」。他說：「原來上帝的旨意是要我在廣州發財，他老人家為什麼不早說呀！」

　　第三天，正在午飯，獄卒叫我和一個小伙子立即上路。一個操普通話的幹部對我們兩人說，去一個地方勞動一段時間。說著，拿出一副大羅馬，叫我們自己銬上，此人態度甚好，說話溫和。

　　上了從沙河大街出發的十一號公車，看到人來人往，我臉上有些發燒，但根本沒有人注意到我們。押送人坐在後座，一路不停抽煙，一直凝視窗外。我的伙伴兼「同銬人」姓張，他個頭矮小，臉上掛笑。他對前座一位老婆婆說：「阿婆，我們督卒不成，落難至此，有吃的，請賜一點。」阿婆從一筒核桃酥裏拿出兩個，說是給孫兒的，你們吃一點吧。鄰座一位阿嬸也拿出兩個柑子和一把花生。押送人對張仔說，好啦，好啦，不要打擾人了。

到了長堤，上了駛往南海縣里水鎮的小輪，張仔如法泡製，在船上賺了不少同情和食物。我沒有胃口，只吃了個柑。張仔說：「落難至此，要顧個肚子，面子顧不上了。阿叔，你不想吃？我不客氣了。」張仔很能吃，剛吃過午飯，幾塊餅和麵包，一些水果和糖果、花生，轉眼吃光，押送人嘆了口氣，說吃夠了吧？

到了一個叫金沙圍的地方，小輪停靠，上岸走幾分鐘，到了一座平房面前。押送人說，此地叫廣州第一教養院，偷渡不成的幹部和工人，送來此地勞動，表現好的的早走。一面說，一面打開手銬。他說，這玩意是規定要戴的，你們別見怪。此人姓陳，他說，人家稱他陳隊長。

一進「傻窿」

金沙圍沒有牢房，可以隨處走動。這裏的勞動隊原有十人，連同我和張仔，剛好一個步兵班，十二人。小伙子們都是工廠工人，最大的二十二，最小的十六。我很快看出十人已分成兩派，各有頭目，先來和後到成了他們拉幫結派的唯一界限和理由。第二天中午，以分菜不勻為導火線，演了一場武鬥。小伙子們雖未至頭崩額裂，但也已眼青鼻腫。陳隊長知道了，當夜開了檢討會，隊長說，選個班長吧，讓他來分菜。我年紀最大，兼又「無黨無派」，理所當然眾望所歸。當夜，小伙子中年歲最大的余仔對他身旁的十六歲的方仔說，昨天不該為一小塊肉和人打架。我聽了，笑著說，餐餐食大頭菜，保證不會打架，眾人想起在樟木籠的伙食，不由得哈哈大笑。

我（小伙們都稱我阿叔），算得上「年高德劭」了，從此再沒有分菜不勻事，兩派矛盾也隨之消弭。每天晚上，我講故事，也講香港的風土人情和歷史掌故。方仔說，原來香港不准隨地吐痰，我今天才知。

小伙們奉命做些不算重的活，諸如到碼頭卸貨、挖紅薯之類。陳隊長安排我早晚到菜地淋水、施肥、書寫黑板報，勞動十分輕鬆，中午甚至可以睡個小覺。有一天，在辦公室為幾件雨具漆寫號碼。我的仿宋字有點水平，阿拉伯數字也像印刷體。陳隊長在旁觀看，他說：「你的墨水不少

嘛！讀過大學吧？怎麼回事？混得不好？你的單位來電話，說你五七年遭過罪，怪不得會去冒險。我早看出你和他們不一樣。」

我說：你知道我的底細，我不該瞞你，我在大學教過書，淪落到這步田地，不是我的過錯。」

陳隊長會意笑笑，說：「這就是你逃港的原因？」我點點頭。陳淒然說：「走到絕路，窮則思變。有人可不是這樣，只要有口飯，混到那天算那天，唉！」

次日清晨，陳隊長和我在菜地淋水。四顧無人，海闊天空，他談到了自己。

他叫陳更生，江蘇揚州人，四十出頭了，可說是我同齡人。一九四九年初在家鄉念高中，「解放」了，參軍南下，趕上了湘南和桂北幾個戰役。他在連隊任文化教員兼文書，倒不一定要衝鋒陷陣，但他有強烈的榮譽感和責任心，當解放軍不打仗，簡直無法想象。連長有時叫他參加軍事行動，但不許他冒險犯難。那時，解放軍中知書識墨人很受愛護，連長是文盲，知道文化知識的價值。部隊調到廣州附近後，年歲不小的連長奉命復員，他決定回鄉務農，臨別，連長對陳更生說：「小陳啊，你的路長著呢，當兵在你是大才小用，多讀幾年書吧。」陳先是調去公安部隊，在公安幹部學校學了半年，派到廣州市一個區公安局辦公室工作。

一九四九年底，陳入了共產黨，但很快發現，他的理想和現實有很大差距。在單位裏，他發現老實人總是要吃虧的，堅持原則的人遲早會倒霉的。一九五六年，陳的上司辦公室主任叫他去市公安局為幾個人辦理申請去香港的通行證。十分偶然，他發現，這是一件非同小可的行賄案，受賄人正是辦公室主任。陳義正辭嚴批評了主任，主任自知理虧，不敢發作，陳更生沒有向局領導報告此事，他以為主任會改錯的。兩年之後，主任升了處長，秋後算帳的時候到了。陳更生先是被貶到一個街道公安派出所，繼而被踢到區民政局，最後就淪為這家教養院無人理踩的小幹部。

陳更生說：「這個教養院的人大多是公安局調來的犯錯幹部。我不敢說他們全是受冤的，但像我這樣的人，肯定不止一個。」

我問他有沒有向上級申訴，陳說：「有呀，那個人已經銷毀了所有罪證，上面說，口訴無憑，不能冤枉好人，那人既是好人，我當然就成了壞人了。」

陳更生老是一臉愁容，手裏老是拿著一枝點著的香煙。

「廣州市第一教養院」從字面上看，莫測高深，事實它是民政局屬下的一個收容所。主要對象是已經沒有醫療價值的精神病人，還有一些被社會和家人遺棄的殘疾人。我見過幾個原因各異的毀容男女，他們身心正常，只不過不願再見到那給他們帶來無盡苦難的社會。民間叫這家教養院做「傻窿」，「窿」在粵語中是「洞」之謂也，換言之，許多傻子掉到這個洞裏了。

我見過許多穿著灰色病服的精神病人，他們大多衣衫不整，滿臉垢跡，形神遲鈍。偶爾也見幾個服裝整齊，甚至可以說是潔淨的病人。教養院的一角有個「特區」：一座高牆圍住的平房內，若干個鐵籠囚禁了一些完全喪失理智的武瘋子。他們的床褥佈滿屎尿和嘔吐物，病人的恐怖叫聲，令人毛骨悚然。醫護人員不敢接近他們，只是每日送上一缽含有鎮靜劑的稀粥，他們吃與不吃，全然不理。這些病人是死是活，只能從他們能否嚷叫做出判定，我生性好奇，不顧病區污臭，曾入內一睹。

幾乎每天都有人死去，一名專職的運屍人用小艇將死者運到河對岸，自有火葬場來車運走。那個運屍人十分可怕，就像個會走路的死屍，據說是個病情穩定的病人。我有一次特意走近他，打算「採訪」他。那人十分暴躁，大叫：「你問什麼？是不是想和我爭食？」據說，他每運一屍，可得三元酬金。

教養院不是軍營，沒有人吹起床號。每天拂曉，附近的山頭，也許是高地，就有個嘶啞的男聲傳來：「同志們！開會啦！今天，我代表黨委會做報告，題目是『目前形勢和我們的任務』……」睡意猶酣的小伙被吵醒了，罵了聲：「又是傻佬書記！」其實，也該起床了，過一會，起床鐘敲響了。

我見過這位「書記」，他很有派頭，比一般病人整潔得多。每天清

晨，有些病人列隊去勞動，他總是昂首大步走在前列。有小伙子說，此人原是廣州市某局書記，五七年劃為右派就瘋了。他的黎明演講日日如是，風雨不改。沒有人聽完他的全部演詞，人們起床後的吵鬧，掩過了他嘶啞的湖北腔調。

病人宿舍前有一小片空地，屋前和兩旁種有數株黃菊和大麗花，花株四周圍有幾塊破磚，形成一個可稱花圃的地方，花葉生意盎然，惹人喜愛。每天晚飯後，一個衣著整齊的病人準時來到，他仔細地把煙蒂、紙屑和草根、落葉掃到空地的一旁。隨後，他提起一個放在牆角的破水壺，走到正前方五十米的一個水池，灌上水，給花枝淋上水。接著，他把垃圾掃入簸箕，倒在水池旁的窪地上，掩上土，最後帶著自得的神情離去。

我想結識這位種花人，兩次走近招呼他，他頭也不抬，毫無反應。他是聾子嗎？一個很「正常」的病人告訴我，此人不聾，只是不願和任何人交談。

某日，我又走近了他，發現他在喃喃自語，他在唸一份履歷表：「最高指示：要忠誠老實；姓名，王述剛；性別，男；出生年月，一九二四年五月；籍貫，湖南邵陽；民族，漢；政治面貌，中共黨員；何時何地參加革命，一九五一年在長沙參軍；證明人及其單位：李玉安，省工業廳；何時何地參加反動黨團，任何職：一九四八年在邵陽參加三青團，無職；何時何地受過何種獎勵：一九五四年在湖南省軍區，三等功；何時、何地受何種處分：一九五五年在省工業廳，開除黨籍、公職。

那個很「正常」的病人告訴我，念履歷表的人正是王述剛。聽說他十年前就瘋了，老婆改嫁了，他無親無友，街道把他送到這裏，我在散步時多次遇到那個「正常」的病人。他五、六十歲，算得上溫文儒雅，每逢與我相遇，次次點頭微笑。我第二次到「傻窿」，他見我，還特意走近和我握手，說歡迎我到來。

那天，他一人在珠江畔獨吟：「十年生死兩茫茫，不思量，自難忘。千里孤墳，無處話淒涼，縱使相逢應不識，塵滿面，鬢如霜。夜來幽夢

忽還鄉。小軒窗，正梳妝。相顧無言，唯有淚千行。料得年年腸斷處，明月夜，短松岡。」（蘇軾：《江城子》）從他口音，可判定他是地道廣州人，他酷愛詩詞，以至成痴成呆，有人叫他「傻佬」，他總是寬厚地笑笑，說：「同志，我姓陳，叫我老陳，好嗎？」

老陳很不正常，他已病入膏肓，我見過他女兒，她說：「我爸本是語文教師，他姓田，不姓陳（古時，陳、田一家）他連自己姓什麼也不知道了。他一生很本份，也可說是膽小怕事。一九四九年前，他就是中學語文教師，以後在師范學校當語文組長。他太迷古詩詞了，反右時人家說他借古非今，劃他為右，他為自己辯護幾句，人家說他態度不好，送到青海勞改。那年我八歲，媽是家庭婦女，為生活，媽當了傭人。四年後，爸回來了，整個人變傻了，連媽媽也不認得了，他只記得我八歲的樣子，一直到現在，他只記得八歲的我。先生，我二十二歲了，每個月，我來看他一次，叫他爸爸，他總是說：姑娘，你不是我女兒，我的女兒這麼高，他比劃自己的肚皮。」

田姑娘流下傷心的淚水，說：「我媽兩年前中風，癱在床上。我們家真慘啊！」

我問：「姑娘，你應該讀過書，你靠什麼養這個家？」姑娘說：「我讀過初中，媽病了，我只好在街道工廠當雜工。」

後來我知道，田姑娘和爸爸一樣，也酷愛古詩詞，讀書時是才女。田姑娘的媽久病後走了，田老師沒有多久也隨之而去，田姑娘把爸爸遺灰取回去，供在家裏，和媽擺在一起。

「傻窿」是個很有人情味的地方，每星期，犯人家屬可以來「拜山」（粵語，上墳拜祖，此處喻探監）。我老伴來過至少兩次，每次，她帶來我喜愛的西洋菜雞湯和油水很足的東莞臘腸、雞仔餅。「盼星星，盼月亮」，一個星期一次的盛典，令我們感到人間的溫馨。

回到家裏，爸媽頗有怨氣，老人家怕的是我的安全，媽媽說，你不知道自己有妻有兒嗎？我真不想你和表兄（上文提及的林哲可悲下場）一樣。想到兒子的多年狼狽處境，老人倆還是諒解的。爸曾說，你能成功，

我會高興的。幼弟斯驤每月都給我幾元補貼家用，四兄斯凱處境不佳，他和嫂嫂也盡其所能幫助我。

（四）再接再厲

還有二百米

我的奮戰沒有結束，一年多以後，起了「第二板」，但又以慘敗告終，這是一個十分遺憾且無奈的故事，事隔多年，這段經歷常常以惡夢的形式再現。

我花了一百元買了一個深圳邊防證，持證人的出生日期是一九二五年，從相片上看，此人相當蒼老，不過，這無關緊要，必須拆開封套換上我的相片，蓋上與原印章吻合的水印，再粘合塑料外套。這個「手術」是老伴哲君操辦的，她動手能力很強，簡直具有特工的技能，連水印也仿製得天衣無縫。

上了開往深圳的列車，乘警坐在車廂後座，一副沒精打彩神態，他居然不查證，也不瞧我一眼，這個邊防證算是白買了、白帶了。

到深圳，我把邊防證裝在一個準備好的牛皮紙信封裏，寄回廣州家中。我並不認為此行必勝，此證還會有用。

動身前，在樟木寵相識的卒友老張，送我一張「後海灣邊防圖」，這是住在邊防前哨福田鄉一位農民兄弟繪製的。製圖人是文盲，完全不懂比例製圖常識，但憑他對地形、地物的熟悉，畫出了這個實用的「導游圖」。先後有三、四批卒友，在這張圖的引導下，成功到達彼岸。最可貴的是一位成功的卒友在這份圖的基礎上，加了一些很實用的注解，再托人帶回廣州。這張圖的精華在於標出了幾個邊防暗哨的大概位置，我熟記在心，胸有成竹。

順便說說，卒友老張在這張圖引導下，不久，終於成功趟水到達彼岸落馬洲。

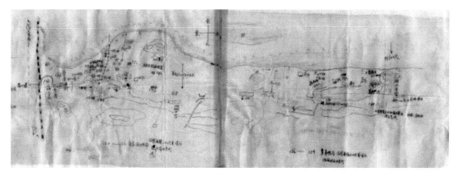
此圖就是前文所說的「後海灣邊防圖」，陳斯駿先生保留了幾十年。

　　我沿著公路西行，走出深圳，途經蔡屋圍、福田等地，沿途只見幾個騎車人，沒有人正眼瞧我這個偷渡客，我的神色與服飾無異於中年農民。臨行日，與北大難友銘清老弟和熊兄在越秀山曾一聚，留下相片一張。我當時的形象與「bog佬」（粵語，農民）無異。

　　銘清老弟日後處境還可以，他在佛山科技學院任教，所創武術社很有成績。熊兄幾十年苦難已到盡頭，此次特意來與我一晤。一九五八年，熊兄在北大被捕，無端入獄十餘年，出獄後又在家鄉監督改造多年。「平反」後，獲准赴港，很不幸，銘清老弟已於年前病逝佛山，他走得太早了。

　　兩小時有餘，行抵地圖所標的雙橋。沒錯，公路兩旁都是蔗田，蔗比人高，十分茁壯，四顧無人，我鑽入蔗林，找到一處乾爽地，扯了些蔗葉舖地，躺了下來。估計此時應是下午三時有餘，可以休息兩個鐘頭，很快入睡了。

　　一陣寒風催醒了，天色轉暗，我打算過一小時行動。待天色黑透，我吃了些甘蔗和香腸，再閉目養神十分鐘，該起身了。

　　鑽出蔗林，彎身跨過公路，沿蔗田間小徑向燈火輝煌方向突進。新界在望，前面約兩華里到海邊，不會迷路。走到一處墳地，我蹲身觀察，在對岸燈光襯托下，右前方約一華里的一座小村輪廓十分清晰，村裏燈火稀落，幾聲狗吠，有氣無力。畫圖那位農民兄弟說，這裏幾個村的年青人全

跑了，民兵全是中年人，他們並不兇惡，人人想積積陰德。

快接近暗哨了，我伏地爬行，半小時過，抬頭一望，前方一排穿天楊。正如地圖所示，越過穿天楊，海邊到了。我有幾分激動，也知道成敗關鍵已至。越過穿天楊，我知暗哨已在身後，前面有一片礁石，我迅速穿過，水邊佈滿泥濘和貝殼，前方海面十分平靜，正如已知，水深不過胸腹。我終于在水中前進了，新界燈光十分耀目，成功在望！

此時，雖已十一月，但海水毫無寒意，我反而感受到幾分溫暖。對岸叫落馬洲，我推想應是勒馬洲，也肯定有個典故，到香港，再弄個明白。

涉水走了一個多小時，水深始終未過胸腹，有些地方僅及足腕。前面幾百上千米外的景色，十分清晰，沿岸燈光連綿不斷，燦爛輝煌，攝人心魄。我忽然想到，港英當局在新界沿岸的燈光佈置，定有其含意，個中三昧如何，待日後再來了解。正在此處，水深陡增，但仍可行進。

約二十分鐘後，忽見一小艇從西划近。艇上二人，一士兵持槍，一便衣撐船，糟了！此時，艇上人大喝：「站住！站住！再走，打死你！」我毫不遲疑，潛入水中，正在狼狽突進間，又聞吆喝聲「出來！出來！再不出來，開槍啦！」我估計小艇已靠近，而我在水下已感窒息難耐，此時，似乎別無選擇，誰叫我不會潛水呢？活命第一，待我出得水來，小艇離我不及四、五米。又一次慘敗，天不祐我，奈何？

被拉上了小艇，我回頭再望望南端的燈光，很明顯，還有二百米就到岸了。

到了邊防哨所，牢室裏已有一卒友，是一個十六七歲的女娃。剛見面，她很有禮貌，叫我叔叔。我問她的底細，她一五一十告訴我。女娃姓劉，自稱阿芳，增城人，和比她大四歲的哥哥共同行動，兩人在到達邊界前走散（她說，可能是在松崗）。她獨自一人，靠指南針走到邊界。沒想到竟一頭撞入一個暗哨……她非常擔心哥哥，說哥哥膽子很大，他一定會衝到香港，老天保佑他！

次日晨，士兵叫我和阿芳到廚房幹活。炊事兵操廣東西江口音，個子矮小，態度和善。他給我們二人吃了熱菜飯，叫做一些摘菜洗菜的輕活。

一會，來了一個徒手的士兵，說海灘打死了一個人，你們去認認。阿芳聽了，臉一下煞白，渾身發顫。走十幾分鐘，那士兵把兩人帶到海邊。一塊岩石旁站立一個持槍士兵，腳下伏著一個死屍，阿芳在幾十步外已行走不穩。那持槍士兵用槍尖把屍身翻了過來，叫二人認認。阿芳一見，慘叫一聲，暈倒在地。子彈打中那人後背，從前胸貫穿，地面血不多，從水邊到伏屍處，約摸五、六米，有一條殷紅的血帶。

士兵把阿芳扶走，我再也沒有看到這個可憐的女娃。她告訴我，去香港，為的是找他們兄妹的生母。生母六、七年前去了香港，父母離異，繼母待兩兄妹很不好，如此而已。

舊地重「遊」

沿著老路，我到了「老深」，只逗留了兩天。次日放風，見「老熟人」蘇先生正持掃帚在天井走動。我走近，打了招呼，他抬頭望我，但無反應。他頭髮稀疏且全白，鬍子已多時未刮，神色遲鈍。我估計，此人命不久矣。我不明白，把他遣回香港，可謂舉手之勞，為何寧願囚他七、八年？真個匪夷所思。我後來聽說，蘇終於在不久後命喪深圳收容所。他的故事並無引人入勝之處，但多少說明當局草菅人命乃至於此。香港當局不知是否知道，它的小民正在此間牢獄受苦受難多年。如今，香港當局人士若有機會讀到我的記述，不知是否應對港人就此事作出解釋？

到樟木壟也沒有逗留太久，三、四天後就遣走了，在這裏有幸結識一位奇人，此生，也算是一個小異趣。

同囚室，有一老翁，鬚髮皆白，他乍見我，操潮陽鄉音，大聲嚷叫：「老兄弟，有緣份啊，來！來！我這裏有地方！」我走近他身旁，他伸手拉我坐下，說：「老兄弟，今年貴庚？我五十出頭，叫你老弟，沒錯吧？」接著，他自報家門：潮陽縣橋頭鄉周財發，說他已走了六次，湊夠十次，到不了香港就認命。我見他口音中含贛南腔，對他的經歷頓時產生興趣。我估計此翁年青時曾隨家人赴贛南逃荒。

談起他的經歷，果然是童年隨父母逃荒贛南全南，父母雙亡後，他被

當地鄉民收為義子，十餘年前義父母逝去，他返回潮陽老家。老周說，他少年時學過草藥，也學過相命，如今就靠這兩技吃飯。

談起彼此逃港經歷，他說，去香港，不為吃飯，他無妻小，一人吃飽，全家不餓。他說，去香港，是為了多一番經歷，香港人不會說相命是封建、迷信，在香港，靠相命吃飯，心安理得。老周很愛說話，一整天，沒有停過口。

相命，是一個十分奧秘的行業，我從來認為，不應籠統視之為封建迷信，用行政暴力取締更不可取。高明的術士，實際是以人為研究對象的哲學家。一個相命大師，應該深刻認識社會和人文，懂得政治和歷史，換言之，懂得人間世事態的來龍去脈。所謂看生辰八字，觀氣色掌紋，可能是故弄玄虛的一種技巧。如果說此中也有幾分合乎理念的內核，我只能說自己至今仍毫無所知。

離開樟木竉前夜，老周給我相了命。他說：「阿陳啊，你為什麼非去香港不可？走香港，是押上一條命，你有妻有兒，不為自己，也應為妻兒啊。我替你算算，看你半生，童年生活平穩，也可說順遂。你二十多歲時遭惡運，翻了船，後來的日子也不好過，而今走香港兩次，我勸你收手吧。五十歲你才轉運，再走也是白走。」他凝視我一陣，又說：「家裏有老人嗎？你回去，一年內一個老人要走了，這是命中注定，無法改變。」，臨別，他再次諄諄告誡：「阿陳啊，收手吧，你五十才轉運，記住！」。他給我留下香港元朗一友人地址。又說，去潮陽，一定來橋頭找他。讀者先生不妨繼續讀完本文，你們會發現這位老術士說中了我後半生那些事。也不妨和我一起探索相命術的奧秘，對人類、對社會，我只能承認所知甚少。順便說說，我沒有和他談到自己的生平，沒有提及家庭和父母的情況。

二進「傻窿」

沿著老路，我再次到「沙家浜」一「遊」，逗留時間也不算長。最後一站仍是「傻窿」。這一回，是成批有單位牢友由武警押往金沙圍，浩浩

蕩蕩二十餘人。當天晚飯後，陳更生隊長來到牢友住地。剛見我面，他僅微微一嘆，並無言語。我發現他憔悴多了，人明顯消瘦，咳聲不斷，手上仍是一枝點著的香煙。第二天，他把我叫到辦公室，開頭一句話是：「老陳啊，我真不想在這裏見到你，你運道不濟啊。」又嘆一口氣，說：「你這把年紀了，走這條路，不行啊。」又說：「我佩服你，你沒有向命運低頭，有人就不是這樣，有一天，混一天，唉！」我知道，他幾次提到的「有人」就是指他自己。

陳更生像上回一樣，不叫我幹重活，十多二十天後就通知街道派出所把我接走。很自然，我和他就這樣成為朋友。我和老伴拜訪了他一家，見到他妻子、女兒和破舊住處。他也不止一次來看我，向我借了兩本史書。

我不能說我對這地方有感情，卻發現「傻窿」接納了我，我不但有了陳更生這樣特殊的朋友，有了田老師這樣「心心相印」的難友。讀者們知道，我和田老師遠沒有機會交心，說「心心相印」似不切，但是我的確了解他，了解他的愛和苦難，知道是誰把他推向地獄，剝奪了他僅有的愛。

甚至那個不願和我交談的王述剛，我也深知，知道他為什麼會瘋，知道他在人吃人（在中國，的確有過這樣的年代）的社會中，是一個不能再卑微的角色。他沒有朋友，沒有親人，沒有妻子，沒有孩子，什麼都沒有，只有兩三株明媚的花枝在眷戀著他。

（五）屢戰屢敗

籠子裏的彷徨

押回廣州後，在派出所逗留了兩個小時，起初，沒有人打理我，我一人在一個小房裏呆坐個把小時。他們大概想叫我好好反省一番。

隔了一會，到「傻窿」押我回來的那位所長，進來和我談話。他和我剛見面時說：「你撞了兩板，算你倒霉。你敢再次以身試法，我絕不饒恕，一定送你去三水『食三兩』。」三水是廣東省最大的勞改場所在地，

「食三兩」是勞改的別稱，指勞改犯人每日口糧定額：三兩七錢五分。

所長不愛講政治，他的教誨句句切實。他又說：「你每月工資六十五，共產黨沒虧待你呀，我堂堂一個所長才五十六大洋，照你說，我也應該去督卒呀？」

回到工藝廠，那個綽號「補鑊（粵語，鍋）佬」的書記，把我叫到辦公室，劈頭一陣好罵：「屌那媽！（廣東「省罵」）你好啊，去香港，有本事，別回來，我虧待你啦？你一個月六十五，還嫌少？我才多少？照你說，我也該去香港發財了。」

派出所所長和工藝廠書記，教訓我的腔調，居然分毫不差，我沒有笑出聲來。

書記叫我到拋光車間幹活，不用動腦，也不費力氣，我甚至可以認為領導在照顧我。

批判大會是必不可少的，街道工廠大總管即勞動服務站站長，親臨主持。她比派出所所長和工藝廠書記高明多了，開頭就從階級鬥爭形勢講起，接著就聯繫被批判人的家庭出身和個人反動歷史，大講當今階級敵人的瘋狂反攻倒算⋯⋯

上台發言的都是平日表現積極的大姊，口吻幾乎完全一樣，最後，一位督卒香港失手的黎姓小伙子工友也上來檢討。他說了一句引發哄堂大笑的話：「我前天聽說，香港的蘿蔔一斤要二十元，早知道，我才不會去香港。」會後，有兩個發言批判我的大姊走近我身旁，低聲耳語：「剛才的話，你別在意，我們都希望你成功！」如今寫這本小書，我為了讓讀者看得下去，偶爾也用調侃的筆法。其實，當時當日，我非常、非常愁苦，因為我直至此時，始終看不到曙光，漫長的黑夜，已把我驅到絕望的懸崖邊緣。

如今有些朋友在談及我的經歷時，不免讚賞幾句，說我敢於面對人生，面對苦難，鍥而不捨。我感謝朋友的好意和鼓勵，但不能不對他們講實話。此時此刻我已有幾分麻木，我只是在無奈的、慣性道中順勢而動的一個無助的小卒，命運正把我驅向滅亡。

我的第三次行動是在一九七八年十一月，有了一個新伙伴，二十多歲的玉雕工人陳錦浩，小伙子瘦削、修長，終日沉默，朋友間戲稱他「啞佬」。我是在摯友梁錦雄家與他相識。梁家經常有幾個獨身的大青年出入，人稱「寡佬俱樂部」。錦浩老弟不愛說話，甚至未向我提及去香港動機。只是有一天突然發問：「你何時再走？我和你做伴，好嗎？」

　　我倆決定仍按第二次行動方案行事，這條路簡捷、安全，可謂最佳選擇，要辦的只是物色一份邊防證。當年，與督卒有涉的行當已形成一個業務。只要找到可靠關係，從購買以至改製證件都有人代為辦理。

　　行動前不久，得知港英當局有關「抵壘政策」的訊息。由于近年偷渡香港人數躍增，港英有感不勝負荷，決定採取限制入境措施。其內容為，偷渡入境者必須安全越過市區某一界線，否則被捕後反解回中國。港英並未公布此一界線何在，我估計，九龍與新界交接的界限街可能就是。至于「抵壘政策」，其取意不外壘球賽中，跑至下一壘時，只要及時觸壘，就可過關。按我理解，這也是港英對偷渡者的一項甄別政策：能勝利到達市區者，身心必然較為優秀者。

　　為什麼我非要走不可？真的面臨絕境，無路可走了嗎？

　　當然不完全是，如果我願意，我可以在「籠子」裏活得「好好」的，至少，會比陳更生過得好些。

　　世上有這樣的當權者，他們把統治下的百姓當作羊群，只要羊群「馴服」了，那就是長治久安了。我真不明白，我曾經知道的有理想、有抱負的革命黨人，在獲得政權後，為什麼會變成「羊群」的暴虐壓迫者？

　　這是很淺顯的道理：人絕不是羊群，歷史告訴我們，人類一直在進步，自然的人和社會的人一直在進步，要成為名實相符的人群領路人，當然應該明白這個淺顯的道理。

　　還有一個理由：我不甘心目前「活著」的處境，如果讓我「活下去」，但不讓我接觸自己的專業愛好和堅守自由思考的尊嚴，「活著」還有什麼意義？

　　我要走，我非走不可！

蔗林裏的夢

到深圳途中，又重覆了上次行動的經歷，乏事可陳。火車上，錦浩老弟坐在前面隔行靠窗位置，始終凝視窗外景物。我發現，這個青年人，無論身處何地，始終是一言不發，同一姿勢、同一形象，車上乘警照樣沒精打采，沒有檢查證件。

到了深圳，我倆慢條斯理地走入郵局，把邊防證寄回廣州。我分明感覺到自己的麻木和遲鈍，我甚至想到，如果此行仍失敗，我不會有勇氣再走一次了，如此心理狀態，不像是臨陣吉兆！

走上公路，我倆並肩而行，我對錦浩說：「找些話談談吧，還要走個把兩小時。」他微微一笑，說：「你說好了，我聽著。」此時此刻，我已經沒有心思講故事了，兩人就這樣一步一步走到前文提到的雙橋，四周杳無人跡，我們潛入蔗林……

如今想到我的第三板，想到此次的可悲的結局，我忽然憶起在蔗林裏的一個「白日夢」，我常做夢，一向很注意我的夢境和情節，我曾記下十數個情理曲折的夢，並加以分析，我發現，夢中的幸運遭遇，往往與現實相悖。

童話《阿麗思夢游仙境》之類，出自于文學創作，它有連貫的情節和完整的故事，而我等常人做夢，往往內容支離破碎，情節荒誕、突兀。

夢中，我真的到了香港，在一所住宅裏，見到了父母親和兄弟姊妹，還有幾位老友張臂歡呼我的到來。住宅外的景色的確是香港，我的確成功了，但身旁有另一個「我」在說話：「你在夢中，不是真的！」我驚醒了過來，身旁的錦浩老弟在輕輕地打著鼾。這個夢很真，無比的真，但它的確是假的。

狼犬之吻

從蔗林跨越公路，直到海邊，實際距離不會超過一公里，動身前，我和錦浩再三談到這段關鍵的路程，決定成敗的路程，危險是在接近暗哨的

四、五十公尺之內。行家稱此決定生死的幾十公尺行動為「衝線」。像上次一樣，我伏地爬行，錦浩緊隨在後，他很沉著，沒有任何畏縮之態。這段路非常平靜，只聽到草叢中無名小蟲的唧唧細語。很快越過一排熟悉的穿天楊，前面的海灘不寬，雜亂的礁石和滿地泥濘，帶來了壓抑感和不祥之兆。

就在此時，前右方五十公尺外，突然出現兩頭狼犬，一聲不吠，衝向前來，兩名士兵緊隨其後。我驚叫一聲，對錦浩說，蹲下別動！士兵手中刺刀已在我四、五公尺外晃動。一個士兵用刺刀指著我，大喝：「上！」

兩頭兇犬先後向我撲來，又撕又咬，我的手緊摀住下體，別的地方就顧不上了。錦浩跪地哀號，向上兵求情。士兵操湖南話，說「看你還敢不敢偷渡？」兇犬沒有咬錦浩，卻繼續輪番向我撲來，把我的外衣褲全部撕爛。事後檢查，手腳傷口竟達十二處之多，胸背還有幾處抓傷。準確些說，狼犬的目標並非皮肉。真要咬人，脖子是最易下手的，撕咬手腳，也易如反掌，狼犬的目標是卒友的身上物，把你衣褲撕碎了，看你如何活動。這些狼犬聽說來自西德，接受過嚴格訓練。事前事後，我聽說，偷渡客被咬，如膽敢反抗，士兵「有權」命狼犬往死裏咬，有人敢打傷狼犬，士兵會當場處決「兇手」。

押到哨所，我口渴如火燒，向哨兵求一口水，挨了頓臭罵，記不起罵什麼了，只知又是湖南話。兩人被推進牢室，我渾身無力，躺地呻吟，腦子裏一片空白。錦浩老弟難得開口了，他說：「不知狗為何不咬我，咬我兩口，你就可以少受點苦。」我居然有閑心說：「你太瘦！狗才不咬你！」

一夜難眠，次日天亮，錦浩老弟敲打牢門求哨兵給點葯，說阿叔傷很重。那哨兵很和善，說狗咬不礙事，過幾天會好的。事後聽說，邊防狼犬執行任務時牙齒都裝有不鏽鋼套，牠們執行任務咬人後，即拆下清洗，狼犬因而不受感染，因此，卒友被咬傷口也一般也不易感染。

半生中有過數次恐怖的感受，幼時也曾被桂林郊外野犬威脅過，也可說至今想到，也還有幾分後怕。但此次「狼犬之吻」，倒「輕鬆」地承受

了下來。當然，說現場毫無驚恐感受，誰也不會相信，但驚恐確有之，疼痛則沒有太多，也許是心理的震慄已壓下了肉體的切膚之痛。

如今，我經常與美國鄰居的狼犬在散步路上相遇，雄壯的寵物，向我靠近，友好地嗅我的衣褲，我豈有恐懼感？和當年柏林牆下的東德警犬和深圳邊防的狼犬相較，牠們豈非同一血緣？大貓也好，兕犬也好，牠們是無辜的，污水本來就不該潑向牠們！

三進「傻窟」

還是熟悉的老路，處處可見並不陌生的臉孔。但在「老深」牢室，已不見蘇先生的舖位和他的特殊裝備水桶和臉盆。不會有人再提到這個可悲的香港人了。到了樟木籠，甚至不覺此處的恐佈和猙獰，餐餐大頭菜的飯食似也不太難下嚥。我很清醒，清醒到感觸到自己的麻木和喪志。

狼犬撕碎了我的衣褲，我身上可說只剩幾條破布，好在底褲還算完整。到「傻窟」後，求隊長給我工廠打個電話，叫妻子給我帶衣褲來。

到「沙家浜」接犯人的「傻窟」來人是一個獨臂的姓雷的隊長。我有一絲不祥的預感：陳更生怎麼啦？到了金沙圍才知道雷隊長不姓雷。此人左臂只剩不到一尺的一段，當地人賜他綽號「擂漿棍」（粵語，搗米漿的木棍）不知情的初到者以為他姓雷，他的真姓倒無人知曉。

陳更生真的走了，他年前逝於肺癌。我感到真實的悲痛，真實的震動。乍看，是手中的香煙把他引走了，我曾勸他戒煙，說此物是肺疾的媒介。他苦笑答我：「這輩子，和它已分不開了。」

陳更生，從一個參軍的高中生，到這家教養院的無人理睬的小幹部，他的大半生，走過從理想到疑惑以至毀滅的道路，不論從什麼角度看，都沒有出奇之處。但我卻清醒地看到：一個小人物對中共統治和道義的徹底幻滅過程。陳更生的經歷太平凡了，在中國可謂比比皆是，以致無人會為它噓唏。悲劇之所以悲，不在其過程，而在其後果。

勞動隊新任隊長姓阮，「雷隊長」只是一個管教人員。阮隊長來自部隊，表面上他很兇狠，後來，我看出他原是面惡心慈。他對我說：「這些

卒友個個都不是省油的燈，剛來，不能不給點下馬威，時間長了，他們會知我老阮不是沒良心的，誰不是父母生養的，要不是走投無路，誰想去督卒？」他還說，他原是上尉軍官，「不知上輩子做了什麼孽，發配到這個鬼也不來的地方。」阮隊長和我也交上朋友，後來兩次來看我，每次都帶小禮物：一串田雞。

我的偷渡史大體上講完了，可以說，三次「旅程」可謂有足夠的險和驚，但總算保住小命，我沒法解釋此中原因，也許是我這個人的「氣數未盡」吧。第二次行動之時，孩了已知我的無奈之舉，他那時已讀了《西游記》，我臨行，他苦笑說：「爸爸，你多保重！我派六丁、六甲保護你。」我寧願相信，世上真有孩子從《西游記》得知的六丁、六甲神將。

轉機將至？

押回街道後，沒人再搭理我。可能是因為「四人幫」倒台了，政治氣氛有所緩和，派出所長也不提「勞動改造」了，我也不想回原工廠再受窩囊氣。

苦思冥想，我已至人生窮途，再無前程可言，但心猶不甘，此生此世，我無負於人，無負於國，何以驅我至此絕境？

這幾年，我家連遭舛運，老父母相繼於一九七六、一九七八年仙逝。老術士周財發的一個預言，加倍的應驗了。倆老人的晚年生活慘淡無光，災難迭起。「文革」初期的個別批鬥，中期的「學習班」集鬥，以至後期的牛欄「集訓」，成了父母晚年生活的里程碑。

在爸爸陳卓凡的追悼會上，省委統戰部來人示意我，代表家屬講幾句父親「緊跟共產黨，數十年不變」之類的話，被我堅拒！

媽媽見我督卒兩度鎩羽歸來，她苦無多言，某日，她說，有一條出錢買赴港通行證的路，如真有其事，她會為我籌借錢銀以遂我夙願。父母親都沒有熬過黎明前的黑暗。

我的遭遇為許多老友所知，他們在憤慨不平之餘，為我竭盡全力，力爭有所解脫。友人中，省社科院的黃彥和張磊出力最大。

黃彥，五十年代畢業于中山大學歷史系，繼而長期任職於省社科院，是知名的孫中山研究專家。黃家與我家是兩代世交，彼此相知甚深。

張磊，是北京大學歷史系學長，我初入北大時，他是研究生。畢業後任職廣東省社科院，他是中國近代史和孫中山研究的知名專家，長期任省社科院院長。

黃、張二兄知我當時處境困厄，首先為我解決吃飯問題。社科院其時正在編輯《孫中山全集》第一卷，有數十篇英文資料待譯。孫中山著作中，以英文發表者不在少數。孫中山自己曾提及：「我必須承認，即沒有一位朋友的幫助，我將不能用純熟的英文寫出任何東西。」（《覆伏爾霍夫斯基函》）

早在六十年代，黃張二兄曾委我翻譯蘇聯學者葉爾馬采夫所撰《孫逸仙傳》（孫中山，名文，字載之，逸仙是他的號。西方普遍稱他為逸仙），其時，我在花縣新華中學任代課教師。黃、張本來是找中山大學外語系某老師翻譯，由于譯者不熟悉這段史實，只譯了幾頁。由我接手後，三、四個月苦戰，三十萬字，即告完稿。此書沒有出版，僅以打印稿留作內部參考。

在國民黨編輯的《國父全書》中，若干英文著作已譯成中文，但謬誤甚多，黃彥和張磊主張悉數重譯。近年也發現了許多新的資料。《全集》第一卷中，譯文共六十餘篇，其中有四十餘篇是我重譯或初譯，這件工作成了我復職暨大的「晉身之階」。

此一工作得到金應熙教授的鼎力指導和支持，我的譯文都得到他細心校譯，金教授其時任暨南大學歷史系主任和省社科院副院長。金教授是資深史學大師，他學貫中西，在史學界人緣甚佳，他已魂歸道山，願他安息。我在省社科院的筆譯，每月收入數十元，糊口是不夠的，但重大意義不在此，暨大歷史系由此得知我的實際水平。

此時，可謂我「黎明前的黑暗」，但師友中的力助接踵而來，令我感戴莫名。北大歷史系教授、恩師張芝聯知情後，介紹我與中山大學歷史系教授端木正相識。端木先生一九五七年蒙難派右，處境困難，但盡其所能

助我一臂。他既介紹我到中山大學教材科刻印鋼板，又安排我做些英、俄筆譯。張芝聯、端木正兩先生己仙逝，願他倆永生！

一九七九年秋，有傳聞說，中共中央擬對右派份子作甄別平反，對此類消息，我一向不敢相信。但正在此時忽接同班學友李培浩來信，說他正奉命為我作右派問題甄別，並透露時任中共中央組織部長胡耀邦決定為右派平反之事。李培浩當時在北大歷史系任教，他傳來的訊息，我當然是相信了，但難免有三四分疑惑。即使中共中央真為右派平反，政策落實到我身上，我又如何能越過三次「投敵叛國」的罪名呢？

學友李培浩次年病逝，我八二年赴京公幹，到他家慰問了他的遺孀，銘清老弟叫我帶上祭文，叫我在他靈前誦讀。在校時，他倆是摯友。

後來，我才知道，當局對偷渡香港罪名的解讀，有過幾度更改。最初，稱之「投敵叛國」，後來，周恩來認為不當，改曰「非法探親」，改革開放後，鄧小平承認中共政策有錯失，導致偷渡成潮，又說問題不是解放軍能解決的。政策有所更改，邊防的鎮壓措施也有了相應的緩和，動輒開槍打死人的事件的確是少了。

後記

　　《用生命博取自由》一書編竣，作為編撰者，我覺得有幾句話要向讀者諸君說一下。

　　曾經發生在南中國的偷渡大潮，驚濤拍岸，萬萬千千的勇敢者，「用腳投票」，投奔怒海、翻越鐵網、跳上那蜿蜒的「火龍」……逃離，逃離苦海！奔往自由的彼岸，這一頁歷史不應被遺忘。

　　我本人不是「卒友」，我亦是「老三屆」，1966年高三畢業，1969年1月離校，因「該同志堅定地站在毛主席革命路線一邊，積極投身無產階級文化大革命」，留城，被分配到工廠「接受工人階級再教育」，所以我沒有「上山下鄉」的經歷，朋友圈子中也沒有一個偷渡者。我與「卒友」們僅有的交集，已經在本書《你聽說過「逃港費」嗎？》一文中有過交代：

　　　　說起偷渡者被抓回來的，我倒接觸過幾個。那時我在一個機械廠「接受工人階級再教育」，機械廠最重的工種要算鍛造車間了，我是鍛工；鍛工最辛苦的要算燒「反射爐」（把鋼胚燒紅的爐子）了，我是燒爐的。那時車工、鉗工偷渡被抓回來，一般被送到鍛造車間「改造」。此時，我們都把燒反射爐的工作「禮讓」給了他們，他們哪敢說不？可不久因為生產原因，他們都恢復原職，燒爐子的差使還得由我來幹。某日，我幡然醒悟：老子沒有偷渡，卻天天享受「改造」！他NN的！

　　直到2014年，我在網絡上看到香港知青立碑紀念偷渡罹難者的消息，

經人介紹認識了香港偷渡知青這一個群體，我與他們交往，自2015年之後，我參加了每一年的「5.1」罹難者拜祭活動（2020年之後因疫情無參加）。

我是第一次聽說當年偷渡者的歷程，他們下鄉流放的淒苦，他們爬山涉水的艱辛，他們被關「格仔」的磨難，他們在怒海中的掙扎，他們被鐵絲網、蠔田剌出的一條條血痕，他們被狼狗追截撕咬，他們遭鯊魚拖入水底，他們被「反偷渡」的子彈擊中……雖然是同時代人，生活在同一片天空下，這一切我居然茫無所知。我被震懾住了，心靈顫動，覺得有責任將這一切記錄下來，為歷史留住一筆。

并非僅僅是苦難的展示，偷渡者的行動顯示了對命運不公的抗爭，是普通人在暴政統治下爭取人權的偉大壯舉，深刻地影響了中國的歷史進程。統治集團中的一些人，正是從大量人口外逃的事實中，意識到"我們的政策不行"，從而產生"改革開放"意念的。其實，豈止是"政策不行"，而是他們的制度破產。

我開始採訪身邊的「卒友」，通過他們的介紹又採訪到更多的「起錨」者，用筆記錄下他們的經歷，並著意搜集有關偷渡者的資訊，在網絡上陸續發表——幸虧當時還有一些空間，經過幾年的積累，形成了本書。

本書所記述僅僅是偷渡潮中的滄海一粟，即便在我手中，未能形成文本的素材還有很多。我能做的，只是為歷史記下寥寥數筆而已。

後面說一下本書的起名。

書名《用生命博取自由》來自袁家倫的自傳，她的自傳原文名稱叫《怒海沉浮》，我覺得太一般化了，於是擷取文章末尾的一句話來作她文章的標題。文章在網上一經發表，引起世界各地卒友的共鳴，紛紛在文末留言，通過這個媒介，分佈地球各個角落的卒友與香港卒友建立了聯繫，不少人專程回港參加2019年的「5.1」拜祭活動。順理成章，我將此句話用作本書的書名。

在編輯本書的過程中，不止一位朋友向我提出：不少人偷渡僅僅是為

了經濟的改善，你下下用到「爭自由」，是否有所拔高？

我想起了2015年在參加「5.1」拜祭活動中認識的一位「卒友」。

在前往海島拜祭的船上，我與一位卒友交談，他就是陳雲傑。我問他：你在香港買樓（房屋）了嗎？

他回答：「點買得起啊？得嗰兩千幾蚊一個月。」（怎麼買得起啊，我得兩千多元一個月。）──陳雲傑住的是「公屋」。

我又問：那麼你會後悔偷渡來香港嗎？

陳雲傑突然提高聲調：「冇後悔嘅！冇後悔嘅！」（重複說）「我在大陸就是兩個字：恐懼！恐懼！」（又是重複說）「我在香港就是兩個字：開心！開心！」（再次重複說）

事後我才知，陳雲傑的母親本是窮人家，前夫早死，去鄉人家做傭工被收作填房，生下了陳雲傑及妹妹。結果陳雲傑的父親在「土改」中被劃為「地主」，陷入囹圄。母親帶著兩個子女流浪，最後來到廣州，在「龍導尾」（貧民窟）搭建窩棚棲身，靠做苦工、小販養大一雙兒女。陳雲傑成年後被清洗到農村務農，就是這樣的苦日子也不能維持，母親被一個來到廣州的鄉民認出，舉報她是「地主婆」，一家人又陷入更大的苦難之中，無端當了「地主仔」的陳雲傑不得已逃港。

陳雲傑告訴我，抵港後在酒樓打工，第一個月就得到人工四百元，欣喜若狂，馬上寄錢回大陸給母親。他說，在香港，謀生容易，冇工做了，或者想換工，只要到廟街榕樹頭站一下，很快就能找到新工作。

更重要的是：頭上那頂「地主仔」的帽子沒有了，做人只需埋頭埋腦「搵錢」，其餘一切無需擔心。

我能感受到陳雲傑其實是在說「自由」。

本書第三部分，收錄了一位「老卒友」陳斯駿先生的偷渡經歷。陳斯駿先生在北京大學畢業，1958年被劃為「右派分子」，自此跌入地獄，他於四十三歲至四十八歲間曾三次偷渡，均以失敗告終。他以下面這句話詮釋了他心目中的「自由」觀：

還有一個理由：我不甘心目前「活著」的處境，如果讓我「活下去」，但不讓我接觸自己的專業愛好和堅守自由思考的尊嚴，「活著」還有什麼意義？

編者

2021年11月

陳雲傑

國家圖書館出版品預行編目

用生命博取自由/周繼能編著. -- 臺北市 獵海
人, 2022.03
　　冊；　公分
　ISBN 978-626-95657-0-2(上冊：平裝). --
　ISBN 978-626-95657-1-9(下冊：平裝)

　1.CST: 人物志 2.CST: 偷渡 3.CST: 中國

782.187　　　　　　　　　111001713

用生命博取自由（下）

編　　著／周繼能
出版策劃／獵海人
製作銷售／秀威資訊科技股份有限公司
　　　　　114 台北市內湖區瑞光路76巷69號2樓
　　　　　電話：+886-2-2796-3638
　　　　　傳真：+886-2-2796-1377
網路訂購／秀威書店：https://store.showwe.tw
　　　　　博客來網路書店：https://www.books.com.tw
　　　　　三民網路書店：https://www.m.sanmin.com.tw
　　　　　讀冊生活：https://www.taaze.tw

出版日期／2022年3月
修訂三版／2023年6月
定　　價／500元